imaginist

想象另一种可能

理
想
国
imaginist

市场与政府

中国改革的核心博弈

作者_ **张维迎**

西北大学出版社

图书在版编目(CIP)数据

市场与政府 / 张维迎著．—西安：西北大学出版
社，2014．9（2015.1重印）
ISBN 978-7-5604-3493-3

Ⅰ．①市… Ⅱ．①张… Ⅲ．①企业体制－中国－文集
②企业产权－中国－文集 Ⅳ．① F279.21-53

中国版本图书馆 CIP 数据核字（2014）第 234619 号

市 场 与 政 府

张维迎　著

西北大学出版社出版发行

（西北大学内　邮政编码：710069　电话：029-88302590　88303593）

新华书店经销

山东临沂新华印刷物流集团有限责任公司

（临沂高新技术产业开发区新华路　邮政编码：276017）

开本：635毫米×960毫米　1/16　印张：26.25

2014年10月第1版　2015年1月第2次印刷

字数：227千字

ISBN 978-7-5604-3493-3　定价：65.00元

序 言

　　　　市场经济的内在矛盾在于市场体系自身包含着反市场的力量——政府。这是一种"异化"。市场要有效地运行，不能没有政府；但政府力量的扩展，可能导致市场本身的毁灭。因此，如何在发挥政府的积极作用的同时有效地节制政府对市场的破坏，是每一个市场经济国家面临的难题。

　　这是我1986年写的一篇文章中的一段话（见本书《市场经济中的政府行为》一文），也是贯穿于这本文集的主题。

　　说市场的有效运行离不开政府是容易理解的。市场经济建立在私有产权、自由竞争和企业家精神的基础上。如果没有政府对私有产权和自由竞争的有效保护，人们追求自身利益的动机就不能变成为他人创造价值的行动，企业家精神就不能得到有效发挥，市场经济就不可能存在。

为什么政府有可能变成市场的破坏力量呢？这是因为，政府发挥作用的前提是政府具有的强制力，而政府本身也是由人控制的，控制政府的人与生活中的每个人一样，也在追求自己的利益，既不比普通人更好，也不比普通人更坏。因此，他们最容易被诱惑，利用自己手中的权力谋取私利，以"公共利益"的名义侵害别人的产权，剥夺别人的自由，阻碍企业家精神的发挥。由于人类本身的"无知"，他们也可能好心干坏事。如果政府的力量过大，市场不仅难以有效运行，甚至可能彻底消失。

要正确理解政府与市场的关系，我们必须把市场参与人和政府官员都还原为生活中活生生的个体。人们对市场的误解和对政府的迷信与如下的错误观念有关：私营企业追求的是个人利益，政府追求的是公共利益，因此，私人的动机总是"坏的"，而政府的动机总是"好的"。说政府行为"应该"以"公共利益"为目标，这没有错，但"应该"不等于事实。政府决策本质上也是个人做出的，抽象的政府没有思维能力，从来不会做任何决策。政府官员也是活生生的人，他们有血有肉，有私利，有情绪，有七姑八姨，有狐朋狗友，有思想也无知，有上进心也有妒忌心。他们的决策在多大程度上符合公共利益，完全取决于他们面临的约束条件。

私营企业决策和政府决策的最大区别是前者以营利为目标，后者不以营利为目标。这既是政府的优点，也是它的缺点。之所以是它的优点，是因为政府可以做那些对社会有价值但难以用市场价格和利润指标衡量，因而私营企业不愿做的事情，如社会秩序的维护和公共产品的提供。但正因为政府不以营利为目标，我们也就失去了衡量政府业绩和约束政府官员的重要机制。

　　这一点可以从私营企业和政府获得收入之方式的不同看出。私营企业的收入来自价格，政府的收入来自税收。价格是自愿的支付，税收是强制的征收。在私有产权得到有效保护和充分竞争的条件下，私营企业要赚钱，就必须为消费者创造价值，并且其所创造的价值必须大于它们使用资源的成本，否则，企业就会破产，因为消费者愿意为产品支付的价格不会高于他们从中获得的价值。市场竞争，就是企业为消费者创造剩余价值的竞争，只有那些为消费者创造了足够大的剩余价值的企业才能在竞争中生存和壮大。相反，由于政府的收入来自税收，即使政府的行动不为社会创造任何价值，政府也可以获得收入，政府官员也不会失业。因此，政府官员具有更大的寻租空间，政府通常并没有积极性和压力为社会创造价值，却总是有不断扩大预算规模和活动范围的内在冲动。所以，政府主导经济的社会，通常是老百姓相对贫穷的社会，政府强大的财力并不是社会富足的象征。

　　税收支付服务成本的政府运行机制掩盖了经济学的一个基本原理：天下没有免费的午餐。在许多普通人看来，政府提供的服务都是"免费午餐"，不吃白不吃。所以人们就竞相要求政府提供越来越多的服务，而这种来自社会的"需求"正合政府官员的胃口，因为政府提供的服务越多，政府官员寻租的空间越大。结果是，整个社会陷入"囚徒困境"的悲惨境地。这也意味着，"按需生产"这个市场竞争法则作为政府行为的准则是不恰当的。

　　经济学理论为我们正确理解市场与政府的关系提供了重要的工具。但很遗憾，传统经济学理论也给了我们很多误导。"市场失灵"

是经济学家的发明，它为政府干预市场提供了理论依据。而事实上，经济学家所谓的"市场失灵"，很大程度是市场理论的失败，或者是政府干预导致的市场紊乱，而不是真正的市场失灵。比如说，一些经济学家认为，卖者与买者之间的信息不对称将导致市场的消失，而事实是，信息不对称是市场本身创造出来的，有分工和专业化生产，就有信息不对称；如果没有市场，每个人生产自己消费的东西，也就没有所谓的信息不对称。而市场之所以"愿意"创造信息不对称，是因为它有解决信息不对称的手段。经济学家阿克洛夫证明了在二手车市场上，信息不对称将会导致"逆向选择"，越是高质量的车越难以出售，他因此获得诺贝尔经济学奖。但他的这一推断与现实根本不符。观察一下现实中的市场，真正难以出售的是"坏车"，而不是"好车"。现实中的人没有经济学家假设的那么理性（rational），但确实比经济学家想象的更有智慧（smart）。逆向选择最严重的经济通常是政府管制最多的经济，而不是市场更自由的经济。比较一下当今中国和美国市场秩序之间的差距，这一点就再明显不过了。其他诸如"外部性理论""垄断理论"等所谓市场失灵理论也存在类似的问题。环境污染最严重的国家，通常是政府干预最严重的国家；而最严重的垄断，是政府用法律和行政手段强加的垄断。由此看来，经济学家首先必须对经济学理论本身进行反思。

　　或许，传统经济学最大的缺陷是忽略了市场的声誉机制。市场通常被类比为"看不见的手"（invisible hand），而事实上，市场也是一双"隐形的眼睛"（invisible eyes）。市场是有记忆的，每个人在交易中的所作所为，不论好坏，都会被记录下来，积累成他的声誉。好的声誉意味着更高的信任、更多的客户、更大的利润。正因为如此，在市场经济中，诚实就成为最好的竞争策略。如果没有政府保护的话，那些坑蒙拐骗、不讲信誉的企业终究将被市场淘汰出局。市场的声誉机制不仅能解决信息不对称问题，也有助于解决生产者与消费者的价值分配和所谓的外部性问题。过分贪婪的企业不会有忠诚的客户，不注重利益相关者的企业也不会有好的名声。

　　正是由于忽略了市场的声誉机制，各种各样的政府管制就登堂入室，成为解决"市场失灵"的灵丹妙药。但事实是，政府管制常常又成为声誉机制最大的破坏力量。政府管制越多的地方，企业越不注重自己的声誉，市场秩序越混乱。但大部分人又不明白这一点，把管制导致的市场混乱归结为管制不够。结果是，管制越来越多，市场越来越混乱，整个社会进入恶性循环，最后可能只有管制而没有市场了。

　　自从人类进入文明时代以来，政府就没有停止过对市场的干预。从古埃及托勒密王朝对物价和工资的管制，到美国尼克松政府的工资—物价管制；从古希腊雅典的粮食监督员，到20世纪纳粹德国的物资统配官；从汉代汉武帝实行的盐铁专卖，到今天中国的国有企业对电信、石油、铁路等重要产业的垄断；如此等等。政府管制的手段层出不穷，花样翻新，不胜枚举。尽管有些管制也取得了一些短期效果，但总体而言，管制不仅导致了效率的低下，而且带来严重的社会不公和腐败，甚至导致了严重的饥荒和社会的崩溃。但直到今天，每当管制失败，政府就会把罪责归于被管制对象的贪婪和管制不够，而不是管制本身。正因为如此，如何防止政府对市场的破坏是人类面临的永恒的挑战。

有一种观点认为，过度迷信政府不行，过度迷信市场也不行。这句话抽象地讲，也没有什么不对。但在我看来，人类面临的真正危险不是过度迷信市场，而是过度迷信政府管制。因为，在市场与政府的博弈中，市场总是弱者，政府总是强者。享受市场好处的人们并不会感谢市场，很少为市场说好话，而有希望从政府管制中得到好处（哪怕只是想象的）的人总是不遗余力地推动管制。何况，政府也有财力资助自己的拉拉队。

中国在计划经济下彻底消灭了市场，国民经济出现严重困难。邓小平认识到市场的重要性，由此开启了市场化导向的改革开放，带来了中国经济增长的奇迹。但过去十多年的经验表明，市场的理念和力量还是很脆弱的。中共十八届三中全会确立了"让市场在资源配置中起决定性作用"的指导思想，政府也加大了减少行政审批的改革力度，并说要建立公平竞争的市场制度。但这不等于说有关市场与政府关系的认识问题就解决了。以往的经验表明，计划经济的思想和做法很容易在"规范市场"和"宏观调控"的名义下死灰复燃。理解和捍卫市场经济仍然是我们面临的重要任务。

本书收集了我过去近30年间写作的33篇文章，其中有3篇写于上世纪80年代，曾收入我80年代的文集《价格、市场与企业家》（北京大学出版社，2006年），其他写于过去20年，大部分曾收入《产权、政府与信誉》（三联书店，2001年）和《通往市场之路》（浙江大学出版社，2010年），也有几篇未曾正式发表。前一段时间，凤凰财经、新浪财经、网易财经等网站把我过去发表的一些文章重新放在网上，并加上标题诸如"张维迎 28 年前文章论公款消费""张维迎 27 岁文章曝光"云云，没想到这些旧文很受读者青睐，被许多网站和微信群转载。这可能是因为（如一些读者说的）我的观点超前，也可能是因为我们这个社会变化太慢。不管怎样，它说明即便我早期写的东西，在当下也有现实价值。鉴于这几本书都已停止印刷，读者难以买到，加之编辑出版时由于时间限制，每本书的主题也不很集中，我觉得有必要把分散在不同书中以及还没有发表的有关"市场与政府"关系的文章结集成册，这就有了出现在读者面前的这本书。

张维迎

2014 年 3 月 24 日

目 录

I 市场的力量

市场的力量

根据美国加州大学伯克利分校经济学家德隆（Bradford DeLong）的研究，人类在 250 万年前到公元 2000 年的历史中，花了 99.4% 的时间，即从旧石器时代到 15000 年前，世界人均 GDP 达到了 90 国际元（这是按照 1990 年国际购买力核定的一个财富度量单位）；然后，又花了 0.59% 的时间，到 1750 年，世界人均 GDP 达到 180 国际元；从 1750 年开始，到 2000 年，即在 0.01% 的时间内，世界的人均 GDP 增加了 36 倍，达到 6600 国际元。换句话说，人类 97% 的财富，是在过去 250 年——也就是 0.01% 的时间里创造的。

如果把德隆的研究画成曲线图，可以看到，从 250 万年前至今，在 99.99% 的时间里，世界人均 GDP 基本没什么变化，但在过去的

---

* 本文是作者为《认识商业》中文版写的序，完成于 2009 年 6 月 16 日，曾收入《通往市场之路》一书。

250 年中，突然有了一个几乎是垂直上升的增长。世界上最主要的发达国家也是如此，无论是所谓的西欧衍生国，如美国、加拿大、澳大利亚，还是西欧国家本身，包括英国、法国、德国等 12 个国家，还是后起的日本，经济增长都主要发生在过去一二百年的时间里。

仅仅数字还不能说明所有问题。想象一下，我们的祖辈，也就是在 100 多年前的普通中国人能够消费的东西，和古代秦汉隋唐时期没多少区别，甚至可能还不如宋代。在欧洲也一样，一个普通英国人在 1800 年时能消费的东西，古罗马人都能享受到，甚至罗马人比他们享受得更多。而我们今天能消费的东西，是 100 年前的人无法想象的。

有人测算过，按照零售商库存记录的商品种类计算，在 250 年前，人们能够消费的商品种类大致是 10 的 2 次方，也就是上百种而已，而现在，我们能消费的产品种类是 10 的 8 次方以上，有上亿种。

为什么人类的奇迹在过去的 250 年里出现，而中国的经济增长只是在过去的 30 年里出现？是不是人变得比原来更聪明了，比过去的人智慧更高了？当然不是。人类的智商、智慧，在有文字记载的历史上，没有太大的进步。今天的中国人再聪明，我相信没有几个能超过孔子、孟子、老子。在西方也一样，人类的智慧在过去两三千年内没有太大的变化。

难道是资源变多了？也不是。人类的资源不仅没有变多，相反，与土地相联系的自然资源还在慢慢减少。那是什么发生了变化？唯一答案，就是人类实行了一种新的经济制度，即市场经济。西方国家在 200 多年前开始走向市场经济，所以在 200 多年前开始起飞。中国在 30 年前开始走向市场经济，所以在过去的 30 年里发生了巨大的飞跃。

　　市场经济为什么能创造巨大的财富？经济学的鼻祖亚当·斯密在他的《国富论》里指出，市场就像一只"看不见的手"，将每个人的"利己之心"转换为"利人之行"；也就是说，在市场经济中，一个人只有为他人创造价值，才能获得自己的利益。这就是市场经济的奇妙。为什么呢？在市场经济中，每个人都处在社会分工体系的链条中，为交换而生产；一个人对社会的贡献有多大以及他能分享多少，是由别人说了算而不由他自己说了算。在市场上，任何人不为别人创造价值，就不可能获得收入，所以你必须努力为他人创造价值。价格提供了一个信号，什么东西有价值，什么东西没有价值，要在市场上经受考验。比如，你说这个东西非常重要，但如果没有消费者为你出钱，就证明这个东西没有价值。而且，没有人愿意付出的价格，超出你为他服务的价值。当两个企业竞争，我们说某一个企业更有优势的时候，意味着这个企业能为消费者创造更多的剩余价值，即消费者剩余。企业之间的竞争，是为客户创造剩余价值的竞争。

　　市场经济又被称为商业社会。商业社会是陌生人之间的合作。在传统社会中，合作往往只在熟人之间、有血缘关系的人之间进行，比如兄弟姐妹，或者同一个村的人、同一个教堂的人进行合作，很难找到陌生人之间的合作。而人类今天的合作，早就超越地区，超越国界，走向全球。今天我们所消费的商品，99%的生产者你不认识；一个企业的产品卖出去，绝大部分消费者它也不认识。正是这种大规模、大范围的合作，使全世界的财富以惊人的速度增长。

　　但要使陌生人之间达成合作，有一个非常重要的问题必须解决，那就是信任。如果没有信任，陌生人之间的合作就没有可能，人类就没有办法享受市场经济的好处。要理解这一点，必须认识企业、利润和企业家。

企业是市场经济的基本核算单位。比方说，中国有 13 亿人，每个人都生产自己的商品，到市场上去卖，谁能信得过谁？换一种说法，如果把市场上所有商品的商标都去掉，你敢买什么东西？可能敢买土豆、大米、水果这些最简单的商品。像汽车、电脑、矿泉水、投影仪这些质量和功能不容易辨别的东西，你敢买吗？你不敢，市场上 99% 的商品你都不敢买。

那怎么办？有一个办法，我们 13 亿人分成了不同的组，比如说分成 30 个组，河南人、河北人、山东人、陕西人、北京人，等等。有了这个分组之后，我们不认识每个人，但我们知道这是山东人，那是广东人，就可以做出某种判断。企业就类似社会的分组，每个企业有自己的一个名字，谁骗了我们，我们可以追诉它，或者它这次骗了我，下次就不买它的东西，它就要完蛋。当社会划分为企业的时候，每个企业都必须对自己的行为负责，这样我们才能建立信任。如果没有企业，每个人只从事个体生产，就做不到这一点。

企业何以使得我们可以相互信任？答案与所有权配置和利润有关。比如一个企业由一万个人组成，理论上，每一个人都可以成为所有者。这个企业每年的利润是一个亿，一万个人平分，每人拿一万块钱。这样似乎很公平，但想一想，如果出了问题，谁来负责？如果要求人人都负责任，结果可能是大家都不负责任。

现实中，企业用另外一种方式来分配责任，即一部分人承担过失责任，另一部分人承担严格责任。承担过失责任的人拿合同收入，即，如果他没有迟到早退，没有旷工，没有违反工作规定，干了一个月，到月底一定要领到工资，这就是员工。另一部分人，即老板，要承担严格责任，或者叫剩余责任。用一个通俗的说法：什么叫员工？别人没有发现你的错误，你就没有错误，这就叫员工。什么叫老板？你没有发现别人的错误，那么所有的错误都是你的，这就是老板。老板没有权利在消费者面前由于自己没有犯错误而要求收入，而工人可以在老板面前因为自己没有犯错误而要求收入，这就是老板和雇员的区别。

老板拿的是利润，但这个利润并不好拿。利润是收入剔除成本的剩余，可能是正的，也可能是负的。所以它是一种激励机制。一个企业生产产品，我不认识里面的工人，为什么要信任他？因为有人承担剩余责任。最简单的例子，如果你是餐馆老板，厨师洗菜不干净，有人吃了拉肚子住院，你必须负责。利润的存在，使企业所有者承担剩余责任、严格责任，任何一个员工犯的错误老板都要承担，因此，他必须有办法激励和监督员工。这样，顾客才能放心购买企业的产品。

进一步讲，不仅仅是企业的员工，包括企业供应商犯的错误，企业也得承担责任。比如说你买了一个品牌的计算机，计算机的某一个零件，如屏幕、芯片、风扇出了问题，甚至电池爆炸了，要承担责任的，首先是计算机厂商，而不是零部件的供应商。换句话说，一个品牌企业，实际上是用自己的品牌在消费者面前立了一个军令状，打包票说，你买我的东西，出了问题我负责。这样，才有大家可以信赖的市场，才有陌生人之间的合作，才有社会财富的不断增加。

所以我说，市场经济是一种责任制度，利润是一种考核方式。市场通过企业划分核算单位，通过利润追溯责任，从而让每一个人对自己的行为负责。一个企业，只有有能力承担责任，才能赚取利润。

拿利润的人是企业家，他承担着为整个社会组织资源、生产产品，并且监督其他人的责任。我们谈市场经济，绝对不要忘了企业家。企业是企业家的事业。只从价格的角度，不能真正理解市场经济。

企业家最适合以企业所有者的身份承担严格责任，是因为他有两个基本的功能。第一，应对不确定性。市场中充满了不确定性，企业家必须预测未来。这是 1921 年美国经济学家奈特提出来的观点，他在《风险、不确定性与利润》一书中证明，没有不确定性，就没有经济学意义上的利润；利润是对企业家承担风险的补偿。第二，推动社会的创新。创新是企业家的责任，不是技术专家的责任，技术专家只是在发明，创新是把发明变成一个对消费者有价值的东西。创新是"创造性地毁灭"，比如现在用的 MP3、iPod，毁灭了索尼的 Walkman，而索尼的 Walkman，是对卡式录音机的毁灭。每一种新产品，都是对原来某种产品的毁灭。这是熊彼特在 1911 年的《经济发展理论》中提出的重要观点。企业家必须为创新的成败负责。

我们正处在全球化的时代。所谓经济的全球化，就是全球经济的市场化。每个国家，每个企业，每个人，都处在全球化分工的价值链上，市场把他们连接在一起。在全球化时代，任何一个地方发生的事情都可能影响到每个国家、每个企业、每个人。由美国次贷危机引发的全球金融危机，就是一个明显的例证。全球化也意味着更为激烈的竞争，更大的不确定性。每个国家，每个企业，每个人，只有更好地理解全球商业环境的变化和市场经济的游戏规则，更具有创新精神和创新能力，才能在激烈的竞争中生存和发展。

市场的失败，还是市场理论的失败？

我今天讲的问题是"反思经济学"，也就是说，我要对教科书当中的经济学（主流经济学）提出一些批评。我们知道对于经济学的批评并不新鲜。过去的一个批评是，认为主流经济学美化了市场，因为为了证明市场的有效性，主流经济学家做了很多假设，而这些假设都不现实、不成立。我的批评则刚好相反，我认为现在的主流经济学不是美化了市场，而是丑化了市场。市场的有效运行根本不需要经济学的那些假设。用了这些假设，人们就会用假设的现实性评价市场，这就败坏了市场的名声。打个比方，有一个长得很漂亮的女子，一个画家给她画画，这个画家是凭着自己的想象画，画出来的像一只漂亮的猴子，但说这就是那个女子。人们就开始针对这幅画像纷纷议论。有一些人认为，尽管不完全像，但大体上是对的，毕竟鼻子在眼睛下面，

* 本文根据作者于 2011 年 5 月 5 日在北京大学的演讲整理修改而成，未曾公开发表。

嘴巴在鼻子下面。然后，他们所做的事情就是不断为这幅画像辩解，同时不断修改这幅画，以使其更接近女子的真实相貌。这是谁做的事情？就是芝加哥学派做的事情，像米尔顿·弗里德曼这些人，做的就是这样的事情。

另一些人做的完全相反。他们根本不知道女子长什么模样，只是根据这幅画像就说这个女子长得太丑了，于是提出了各种各样的整容方案，并且就根据这些方案对女子进行整容手术，结果越整女子越丑，然后又不断提出新的整容方案。这就是市场干预学派（包括凯恩斯主义）做的事情。他们认为，因为市场并不满足经济学的假设，所以市场不可能像经济学证明的那么有效，所以政府必须干预。

我现在提出另外一种思路：既然这幅画很不像，我们能不能画一幅新的画呢？这就是经济学范式的转变。

经济学的本来面目

几年前，世界经历了二战以来最严重的经济危机。这次危机由美国次贷危机引爆，蔓延至整个金融系统和实体经济，席卷全球。危机发生后，有人认为自由市场又失败了，甚至说，2009 年以后将是社会主义拯救资本主义，尽管是开玩笑，还是反映了重要问题。政府干预的力量越来越强大，其政策依据来自主流的新古典经济学。

回顾历史，20 世纪 30 年代，西方经济学界发生了一场大争论：社会主义计划经济有没有可行性？以米塞斯、哈耶克为代表的一方，即所谓的奥地利学派，认为不可行，因为它没有办法解决经济核算问题；但是以兰格为代表的另一方，认为社会主义计划经济是可行的，而且运用新古典经济学模型证明了它能够解决计算问题。许多西方主流的新古典经济学家在争论中站在兰格一边，而不是米塞斯和哈耶克这一边。包括像萨缪尔森这样的经济学家，在1948年出版的经济学教科书里，也认为，从理论上讲，兰格是对的。

这就出现了一个问题：教科书里的主流经济学，本来是为了证明市场的有效性而发展出来，为什么变成了反市场的理论？

在经济学鼻祖亚当·斯密的著作中，经济学是研究发展和变化的；但是现在的主流经济学框架里面，不研究经济发展和变化，而是研究市场怎么通过价格机制达到均衡。问题或许就出在这里。

亚当·斯密的《国富论》全名是"国民财富的性质和原因的研究"，关注的核心问题是一个国家怎么能变得富裕，人民生活怎么能得到改善。要理解过去两百年的人类发展和未来发展，亚当·斯密的增长模型是最有用的。

亚当·斯密认为，经济的发展，人民生活水平的提高，依赖于技术进步和创新，即劳动生产率的提高。劳动生产率的提高靠什么？靠分工。分工后，劳动熟练程度会提高；人们转移工序的时间减少；每个人只做一件事，容易改进技术，发明新机器。而分工受到什么影响呢？亚当·斯密特别强调了市场和市场规模。没有市场，每个人只能自给自足，分工是不可能的。进一步，劳动分工的深度受到市场规模的制约。市场规模越大，分工越细；分工越细，技术进步越快；技术进步越快，财富的增长越快；增加的财富反过来又扩大市场规模。这样就形成了一个正向循环。

这就是亚当·斯密的基本理论框架，它能够解释，为什么全球化导致过去两百多年的经济大发展，为什么中国过去三十年发展如此之快。由于有全球市场，中国企业可以做更细的分工，每一件产品都可以大规模生产。比如可乐吸管，义乌一家企业供应全世界使用量的70%，这在过去是不可想象的。

亚当·斯密的理论总结起来有两个，一个是分工理论，一个是市场这只"看不见的手"。但是非常遗憾，《国富论》发表一百多年后，经济学就开始慢慢走得有些偏。大概从19世纪70年代开始，主流理论放弃了亚当·斯密研究的发展、分工、技术进步，转而关注市场均衡和财富的分配。这样一种模式，简单地定义为新古典经济学，也就是现在主流经济学的模板。这个模板出了问题，在它上面所做的研究都是扭曲的。就像画画一样，形状已经错了，后来怎么涂颜色，效果也不会很好。

主流经济学的谬误

现在的主流经济学，也叫新古典经济学，按数学语言讲，核心内容就是求解约束条件下的最大化，即证明了在一定条件下，市场交易能够实现资源最优配置，使社会福利最大化。但是，这个结论依赖于很多假设，这些假设主要包括：

首先，每个人是同等且完全理性的。完全理性在亚当·斯密那里是没有的，亚当·斯密只认为人干事是有目的的，他没有假定人有很高的计算能力。到马歇尔开始，认为人是深思熟虑的。最后发展到现在的理性预期学派，认为普通人的计算能力相当于计算机。

其次，经济活动没有外部性，意思是你做任何事，后果全部由你承担，不影响他人。

第三，技术、资源、偏好是已知的。这个社会有什么可用的技术大家都知道，企业在可用的、可知的技术中做选择。

第四，规模报酬是递减的，不存在规模报酬递增现象。这和亚当·斯密的分工理论是冲突的，因为分工专业化会带来技术进步，带来规模报酬递增。

第五，信息是完全的、对称的。信息是所有人共享的。

第六，竞争是充分的、完全的。任何一个行业都有无数个小企业生产相同的产品，每个人只能是价格的接受者，在给定的价格下决定卖多少、买多少，而不能影响市场价格。

最后，所有的变化都是外生的。

在这样的条件下，根据最优化方法，证明了市场在帕累托意义上有效。也就是说，在这个状态下，除非有人受损，不可能有任何人再得到好处。在这个过程中，亚当·斯密最关心的经济发展和技术进步问题被抛弃了，只剩下均衡以及实现均衡的条件。

因为市场的有效性是在这些假设上证明的，而在现实中，几乎所有这些假设条件都不满足，因此，一个自然的推论是市场会失灵，只有通过政府干预，才能恢复市场的有效性。这样，本来要证明"看不见的手"有效性的理论，变成了反市场的理论。

具体来讲，经济学家主张政府干预经济，主要有几个理由：

第一，外部性。有效市场理论假设不存在外部性。如果有外部性

（公共产品也可以归结为外部性的一种），市场就失灵了。第二，垄断。只有完全竞争的市场才是帕累托有效的，如果完全竞争达不到——而且现实中确实不可能达到，市场就会失灵，需要反垄断政策来矫正。第三，信息不对称。新古典经济学假定信息是对称的，实际上信息是不对称的，所以市场会失灵，需要政府干预。

每一个理由都不成立。

外部性问题：政府要给靓女补贴？

外部性的概念最初是由英国经济学家马歇尔提出来的，他想协调一个问题，即技术进步和"看不见的手"之间的分裂。在亚当·斯密的著作里，一方面是分工、专业化导致技术进步，因此有规模经济；另一方面是市场的自我调节。马歇尔认为，市场竞争和技术进步可以同时存在，但需要用外部性概念来协调。

马歇尔的接班人叫庇古，他在这个概念基础上提出了政府干预的理论。庇古在1920年出版的《福利经济学》一书中指出，在经济活动中，如果某厂商给其他厂商或整个社会造成不需付出代价的损失，就是外部不经济。这时，厂商的边际私人成本小于边际社会成本，依靠市场不能解决这种扭曲，必须通过政府干预解决。类似的，如果厂家不能获得自己产品的所有边际价值，就存在正的外部经济，市场竞争也不能达到社会最优。这样，一个产业如果存在负的外部经济，政府应该征税；如果存在正的外部经济，政府应该补贴。通过税收或补贴，政府可以矫正市场失灵，帮助实现帕累托效率。

技术进步具有显著的正外部性，这是人所共知的事实。根据外部性理论，如果没有政府补助，听任人们在市场上自由竞争，技术进步就会太慢。

但这一推论与现实不符。市场经济最显著的特点是什么？是技术进步。19 世纪前，人类技术进步的速度不超过 0.05%，意味着每 1500年人均收入才能翻一番。但是过去 200 年，技术进步率达到 1.5%，是过去的 30 倍，意味着每 50 年人均收入就可以翻一番。正是由于资本主义市场经济的出现，技术进步才如此快速。

因此，没有理由说，因为技术进步有外部性，如果没有政府补贴，技术进步就不会出现。外部性理论把市场经济最重要的贡献说成是市场不可能做到的事情，真是荒唐之至。

有外部性是不是一定需要政府干预？不一定。打个比方，女孩子打扮得漂亮一点，有正外部性，因为旁人也可以从她的漂亮的打扮中得到愉悦。按新古典理论，经济学家会告诉你，由于有外部性，这个人选择的化妆水平一定低于社会最优水平，所以政府应该补贴她。这很荒唐。现实中可以看到，没有政府补贴化妆品，女孩子们都打扮得很漂亮，甚至有些过度。不能因为理论上认定个人边际收益不等于社会边际收益，就导出政府应该干预市场的结论。

诺贝尔经济学奖得主科斯和张五常认为，外部性问题，包括环境污染问题，本质是由于产权界定不清楚。政府要做的是界定产权。比如二氧化碳的排放问题，我们只能用市场的办法才能解决它。经验也表明，世界上搞计划经济的国家环境破坏都比较严重，搞市场经济的国家污染相对比较少一些。气候交易未来可能是很重要的市场。

所以说，外部性不一定构成政府干预经济的理由。

垄断问题：反垄断法反对的，恰恰是竞争本身

垄断这个概念在英文里出现，最初特指政府赋予某些个人或企业的特权，例如国王特许东印度公司经营东印度的贸易航线，其他企业不准与其竞争，这就叫垄断。所以说，一开始垄断的名声就不太好。

后来，经济学家把垄断沿用到市场结构分析中。比如，因为有规模经济，先进入的企业可以占很大的市场，就会形成完全垄断或者寡头垄断，而如果每个企业的市场份额很小，对价格没有影响力，就叫完全竞争。按主流经济学理论，市场有效性是建立在完全竞争基础上的。现实中，完全竞争难以达到，所以需要政府反垄断。美国很早就有反托拉斯法；中国 2007 年通过了自己的反垄断法。

关于反垄断的理论基础，微观经济学是这么说的：一个垄断者，价格需求曲线不是水平的，而是倾斜的。那意味着你有市场影响力，不是价格接受者，而是价格制定者。根据企业最优决策法则，边际收益等于边际成本。现在，由于你的需求曲线向下倾斜，边际收益小于价格，导致价格高于边际成本，由此产生了效率损失，所以要反垄断措施纠正。例如，美国政府曾起诉微软垄断，要拆分它；对一些大企业如美铝、IBM 等等，美国政府都做过反垄断制裁。

对照现实，这是很奇怪的逻辑。因为真正的市场，面临的是有没有这种产品的区别，而不是假定已经有这种产品的情况下，怎么定价的问题。比方说，微软作为软件企业，它的产品价格不可能等于边际

成本。如果价格等于边际成本，比尔·盖茨是不会生产软件的，软件行业也就不会存在。在微软已经存在的情况下，你要它按照边际成本定价，这是很荒唐的一件事。

在新古典理论里，价格是外部给企业的一个参数，必须接受它，这样才叫完全竞争。但在现实中，价格是企业竞争的基本手段。好比企业做广告，就是培养消费者对产品的忠诚度或传递有关产品的信息，使需求曲线更倾斜一点；还有价格歧视，同一产品对不同的人要价不同，也是为了吸引更多的顾客。按照反垄断的逻辑，这也是不允许的。但这些都是企业竞争的基本手段。可以说，反垄断法反对的，恰恰是市场竞争本身。

对反垄断法的实际效果，经济学家阿门塔诺（Armentano）在1972年的一篇研究论文指出，没有案例能够支持它。简单地说，企业合并之后，价格普遍降低了；反过来，政府强令拆分的，价格普遍提高了。这是什么原因？因为企业合并后，提高了效率，节约了成本，这个节约的成本一部分可以让利给消费者。所以反垄断法对消费者不一定有好处。

新古典理论的"完全竞争"，其实是没有竞争。熊彼特的经济发展理论说得很清楚，如果每个企业都是"完全竞争者"，没有利润，没有资金从事研发，是不可能有技术进步的。企业之所以搞研发，就是希望有一种与众不同的产品或专利，形成独特的竞争优势。企业开发新产品、申请专利、采取特殊的定价策略和广告策略、并购投资，等等，都是市场竞争的重要手段。

垄断要反，但应该反的是政府用强力施加的垄断，即政府只允许一部分人经营，不允许其他人进入的政策，而不是市场上自发形成的高占有率。从历史上看，没有一个企业能够持续统治市场。不管是微软，还是英特尔，如果不能真正满足消费者的需要，或者定价太高，早晚会垮台。IBM 原来很牛气，后来被戴尔、惠普打倒了。微软占软件平台百分之七八十的份额，但是它不敢松懈，就像比尔·盖茨讲的，微软离破产永远只有 18 个月。这就是竞争的压力。竞争程度不能按市场上有多少个企业衡量，而要看有没有自由准入。

如果有企业采取侵犯别人权利的办法去竞争，政府一定要管。但这是产权的保护问题，与反垄断无关，采取这种不正当竞争的可能是很小的企业。在这个前提之下，不要限制企业的规模，也不要认为企业数量越多，竞争越激烈。衡量垄断的唯一标准是有没有政府的政策保护，与企业大小无关。

回过头看，反垄断法的后果是什么？很可能变成落后企业反对先进企业的工具。有些企业竞争不过别人了，就起诉别人。像现在，任何两个企业并购都要由商务部批准——例如，生产电饭煲的企业的并购还要商务部批准，是很荒唐的。

信息不对称问题：市场是一双隐形的眼睛

新古典经济学假定信息是对称的、完全的。一个推论就是，如果存在信息不对称，就需要政府去监管企业。"非对称信息将导致市场失灵甚至消失"，这是诺贝尔经济学奖得主阿克洛夫的"旧车市场"理论，食品安全检查、药监局、馒头办公室等等，都建立在这样的理论基础上。

听起来蛮有道理。牛奶有三聚氰胺，消费者怎么知道呢？如果政府不管，我们不都喝了有毒的奶吗？

提出这样的问题是因为我们低估了市场的力量。新古典经济学只知道市场是只看不见的手，没有看到市场还有一双隐形的眼睛——声誉机制。长期看，市场竞争生存下来的企业，都是声誉良好的企业，欺骗无知的人并不是最好的竞争策略。企业有积极性提供信息，消费者也有积极性获取信息。从这个角度看，新古典经济学有很多矛盾，比如依据反垄断理论，企业做广告，一方面会增强市场支配力量，属于垄断行为，但另一方面，它向消费者介绍产品，树立品牌，恰恰是解决信息不对称问题的重要手段。

在很多情况下，是政府干预导致了市场信誉机制的失灵。简单地说，如果什么都要政府审批，企业不会在乎自己的声誉好坏。在市场竞争中，企业要讨好消费者，但是，如果能不能进入这个行业、能不能卖这个产品由政府说了算的话，企业就会去讨好政府官员。讨好政府官员比讨好消费者更容易，因为消费者很多，政府官员是少数人。

打个比方，卖房子时，如果要讨好消费者，200套房子要讨好200个家庭，平均每个家庭三到四个人，你要讨好七八百人。但如果是政府官员审批的话，一个处长，你只要保证送上三套房子就行了。由此不难理解：政府部门获得审批的权力，并不意味着问题的解决，反而往往是腐败机会的滋生。事实上，许多政府审批名为规范市场，实为官员寻租。20世纪90年代北京有个规定，获得模特从业资格，要经过政府组织的考试。这有什么道理？模特站在台上表演，观众认可就行了，关政府什么事？市场上，你找不到任何一家服装公司会雇佣不合格的模特。

市场与企业的关系：不要反感大企业

现实中，没有完全竞争，信息也不对称，市场如何运作？超市里卖的矿泉水，消费者不认识生产它的企业老板，更不认识制造它的员工，为什么敢喝？如果把它的商标去掉，你还敢喝吗？相信大部分人不敢。原因在于，企业是一个声誉机制，承载着一系列连带责任。有了连带责任，才能建立信任。简单来说，某组织有一个名字，这个组织的人之间就存在连带责任。没有名字，就没有连带责任。

举个例子，全中国 13 亿人，某个人骗了你，你很难记住他。但中国有 34 个省级行政区，每一个省级行政区都有一个名字，如陕西、河南、河北、北京，等等。如果你是陕西人，你骗人了，会破坏陕西人的声誉，其他陕西人就会认为你是害群之马，对你进行约束。事实上，过去的商会的一个重要功能就是约束它的成员不去骗人。这是解决信息不对称的一个办法。

如果按主流经济学的定义，完全竞争的市场由无数个原子式的小企业组成。但在这样的市场上，信任是建立不起来的。每个人一个名字大家记不住，所有人都叫一个名字也不行。所以，在多数行业中，最后往往形成几个大品牌，这样消费者可以记住它们，相信它们。因此，我们不要反感大企业。没有它们，市场经济不可能有效运行。

在企业内部，承担连带责任更精细。简单地说，什么叫老板？就是对所有的员工承担连带责任的人。假如你是一个餐馆老板，你的员工菜没洗干净，客人吃了拉肚子，谁负责？是你——你不能说你不在场，你不负责。作为老板，你不仅要对所有员工的过错承担责任，还要对上游供应链上的厂家承担连带责任。譬如一个牛奶企业，奶源不是你生产，饲料不是你生产，但是牛奶中检测出三聚氰胺，不论是谁加进去的，你都要承担责任。有能力承担这种连带责任的，就是品牌企业。一个企业有多大的能力承担责任，就有多大的利润空间。如果你没有能力为他人承担责任，就做个体户，只对自己的行为承担责任，当然也不可能赚大钱。

从这个角度理解，一个行业只有几家大企业不是坏事。亚当·斯密反感大企业，他曾提到，大企业老板们凑在一块肯定是想坑害消费者。实际上，没有大企业，就不可能有大范围的市场。科斯把企业理解为市场的替代物，认为市场交易成本太高，需要企业替代市场，这个观点可能有问题。企业不是市场的替代物，而是市场本身的运行方式。正是企业的存在，降低了市场的交易成本。如果没有企业，信任关系建立不起来，我们就不会买牛奶喝；自己养奶牛太贵，就不喝牛奶，喝稀饭——这就是自给自足，不存在市场了。

因为信息不对称，要求政府干预，或者针对大企业制定反垄断法，都是不合理的。市场中，由于存在声誉机制，我们可以跟陌生人合作，交易各种各样的产品。企业的品牌和市场的信任在此过程中建立起来。因为这个原因，人为地限制企业规模是不对的，那其实是在破坏市场秩序，破坏市场的有效性。

埋葬凯恩斯主义

凯恩斯理论是主流宏观经济学的核心部分，也是政府干预经济的重要依据。人们接受它，首先是因为无知——就是说，由于人的本性使然，我们对世界的认识很肤浅。其次是利益问题。有了这个理论，一些人可以拿国家的钱去投资，政府可以名正言顺地制造通货膨胀。

现在流行的凯恩斯主义经济学的"三驾马车"理论，颠覆了经济学的一些基本常识。它认为 GDP 等于消费加投资加净出口。消费包括个人消费和政府消费；投资可以是私人企业投资也可以是国有企业投资；净出口就是出口减去进口。根据这个理论，要想增加 GDP，或者靠增加消费，或者靠增加投资，或者靠增加净出口。出口不行了，就增加投资；投资不行了，就促进消费。宏观经济政策就是这么说的。

"三驾马车"作为一个恒等式，没错。但用它来解释经济增长，就犯了大错。

人们之所以创造 GDP，是为了消费。但按照凯恩斯主义理论，我们不是为了消费去创造 GDP，而是为了增加 GDP 才刺激消费。比如我们制定 8%、9% 的增长目标，为了达到这个目标，拼命刺激消费。消费本来是目的，现在变成了手段。2009 年金融危机时，汽车销售不好，就补贴汽车；家电销售不好，就补贴家电……这就是为了追求 GDP 而消费，目标和手段完全颠倒了。

再看投资。为什么要投资？因为投资可以提高生产效率，增加未来的消费。今天投资 1 块钱，明天可以得到的回报比 1 块更多。如果不这样，投资就是浪费，就不值得进行。但看一看我们现在，投资是为什么？为了增加总需求（或者说为了增加就业），投资与效率毫无关系。如果不考虑创造价值，只是为了增加 GDP，创造就业机会，办法有好多。让一千万人当小偷，然后再让一千万人当警察抓小偷。这两千万人都有工作了，但有什么意义呢？

再看净出口。亚当·斯密和大卫·李嘉图两百多年前就指出，贸易是互惠的，所以自由贸易创造财富。这才是我们需要贸易的原因。但现在的宏观经济学家不这样认为，他们回到了重商主义时代，认为只有出口大于进口才能增加财富。比如，一个国家出口 100 万，进口 90 万，出口大于进口，贸易对 GDP 的贡献是正的。如果一个国家出口 1000 亿，进口 1100 千亿，出口小于进口，贸易对 GDP 的贡献是负的。这不是很荒唐吗？现在，每次金融危机之后，所有国家都想办法限制进口增加出口，搞贸易保护主义，理论基础就在这里。但结果是两败俱伤。

还有储蓄问题。我们常说，经济要发展，要增加投资。投资哪儿来？靠储蓄。但是凯恩斯主义理论说，储蓄是坏事，花钱是好事，还把它表述为"合成谬误"现象。个体的善不等于总体的善这个现象是存在的，但用到储蓄上就不合适。凯恩斯理论其实是一个经济波动理论，我们却把它变成了经济发展理论。如果中国"十二五"规划就建立在这样的基础上，将造成巨大误导。

新古典理论的矛盾与缺陷

新古典经济学理论，批判它的人很多，包括凯恩斯本人，但它的生命力很强，为什么？因为它形式上太完美，让人着迷，所有毛病和缺陷都被认为是可以原谅的。

过去一百多年，主流经济学的各种创新都没能摆脱新古典理论的范式。经济学家做了大量努力，包括提出经济增长理论，无论是内生的还是外生的，想把增长问题放进去，但就是放不进去。经济发展的动力是技术进步，这显而易见，但技术进步哪来的？新古典增长理论不知道，所以生产率的提高被称为"剩余"。新近出现的内生增长理论要好一些，涉及人力资源投入和知识储量的自我积累，但还不够，因为不是所有投入都有成果。日本的研发费用占 GDP 的 3%，在发达国家里最高，但过去二十年经济停滞不前。我们需要更好的理论，解释生产率是怎么提高的。

好的经济学应该是个统一体。过去的新古典经济学不研究发展，所以出现了发展经济学；又因为过去的经济学主要研究均衡，没办法解释经济周期，所以又出现了宏观经济学。于是，经济学出现了四分五裂的景象。

有人想为新古典理论辩护，不断修补它，如芝加哥学派，但由于他们的观点建立在新古典理论的范式上，难免爱屋及乌。比如弗里德曼认为，理论是否正确和假设没有关系，不需要限制假设，甚至越不现实的假设，越是好理论。这有点强词夺理了。应该说，如果理论的假设和现实偏差太大，即使预测对，也不一定是好理论。预测对，可能是因为"瞎猫碰上死耗子"。

芝加哥学派是在新古典主义的框架下为市场辩护，所以经常出现矛盾，比如他们对反垄断法的看法就前后不一致。20 世纪 60 年代前，芝加哥学派坚决支持反垄断法，认为只有完全竞争的市场才是有效的。20世纪80年代后，他们态度开始改变。这是因为前面提到的阿门塔诺的论文中提出的问题没法解决。最后他们提出政府失灵理论，对抗市场失灵理论。结果变成了一个经验问题：政府会失灵，市场也会失灵，就看谁的失灵更多。这就是逻辑不一致，对市场支持不彻底，所以不能决定谁输谁赢。

　　经济学有这么多问题，一个重要原因是受数学应用的束缚。数学本来是经济学研究的工具，它促进了经济学的发展。但现在，经济学几乎变成了数学的奴隶。所有经济问题都以数学上可处理来设定，如果数学上不能处理，就避而不谈。亚当·斯密的分工交易、规模经济等重要理论，经济学家们放弃了，只剩下均衡，就是因为数学上没办法处理分工和技术进步。企业家这么重要，应该说是市场经济中最主要的推动力，但在主流经济学中看不到企业家的身影，也是因为没办法用数学来模型化企业家的决策。

　　保罗·克鲁格曼说："经济学是沿着数学阻力最小的方向前进。"真是一针见血。现在很多人写经济论文，你问他为什么那么假设，他说不这样假设数学上没法处理。这就是本末倒置，削足适履。用数学是为了研究经济学，而不是让经济学去迎合数学。经济学要真正进步，一定要放下数学这个包袱。

经济学的曙光

　　经济学是不是一塌糊涂，没希望了？曙光还是有的。要理解市场，不得不说奥地利学派。我认为，奥地利学派经济学是目前为止对市场经济理解最透彻、最正确的经济学说。根据奥地利学派经济学，市场是个动态过程，而不是静态均衡；市场是企业家不断创造和利用新信息，发现和获得盈利的协调过程；证明市场的有效性根本不需要新古典经济学的假设条件。

1929 年的大危机，只有两个人预测到，就是米塞斯和哈耶克。他们是奥地利学派的代表人物。要理解经济周期，不读哈耶克的《物价与生产》是不行的。他因为经济周期理论获得 1974 年诺贝尔经济学奖。2008 年至 2009 年的金融危机，预测到的也主要是奥地利学派的经济学家，如国际清算银行研究部主任威廉·怀特（William White）等人。

奥地利学派不需要假定信息完全、对称。相反，它认为正因为信息不对称，我们才需要市场经济。信息在企业家脑子里，在每个人脑子里，它是主观的，任何中央计划机关都不可能收集到。企业家看到盈利的机会，好比苹果公司决定生产 iPad，如果你不让他去做，这个信息就是没有的。这个信息只有在市场过程当中才显现，计划经济没有办法做到这一点。

在奥地利学派经济理论中，"别针工厂"与"看不见的手"之间没有矛盾，技术进步与竞争之间没有矛盾。竞争是技术进步的推动力量；反过来，技术进步也是企业竞争的手段。技术进步在市场经济下是内生的，亚当·斯密两百多年前就认识到了这一点，但理论家直到最近才重新提出了一个内生增长理论，重新发现了新大陆。企业为什么要创造新产品——例如，原来有很多种矿泉水，为什么还要出一个

"农夫山泉"？原来已经有笔记本电脑，为什么要生产iPad？因为这是企业的竞争手段。有人说分工专业化、规模经济与"看不见的手"不相容，那是在古典经济学里按数学证明的均衡理论中才存在的矛盾。在奥地利学派里没有。

外部性、不完全竞争、非对称信息，都不会成为破坏市场的力量。它们是市场运行的方式，也是市场存在的理由。说它们是市场的运行方式，是因为如果没有市场，这些外部性和非对称信息本身就不存在（如没有分工，就没有产品信息的不对称）；说它们是市场存在的理由，是因为许多市场机制（如品牌）就是为解决这些问题而发展出来的。政府的干预——不让企业家发挥作用，不让每个人发挥自己的自主性，才是破坏市场的主要力量。任何阻碍企业家自发创新的政策，本质上都是计划经济。

市场真正的破坏力量在哪里？在政府对市场没有约束的干预。发改委的官员哪来的？无非是北大、清华、人大等学校毕业的学生，一天生意没做过。像柳传志、张瑞敏这样的企业家，成天在市场摸爬滚打，未来投资什么、生产什么，还需要发改委的官员来指导，这不是很可笑吗？政府制定的所谓"产业政策"，基本没有成功的。彩电行业，20世纪90年代国家支持的"定点企业"都垮了。现在风光的品牌企业没有一个是产业政策扶持起来的。联想是世界第三大电脑公司，是政府扶持的吗？腾讯公司是吗？不是。历史证明，产业的发展前景政府都看错了。让产业政策指导企业家投资就像让瞎子引路。一个人也许视力不好，看东西不是很清楚，但如果你让一个瞎子领一个视力不好的人往前走，结果只会更糟糕。

研究范式的转变

搞学术研究的人喜欢读最新的文献而不喜欢读很久之前的文献，隐含的假设是：科学总是往前走的，今天的理论比昨天的理论更正确。其实这不对。科学可能倒退。举个例子，日心说不是哥白尼最早提出的。公元前200多年，古希腊的天文学家阿里斯塔克就提出日心说，认为地球围绕太阳做圆周运动。但他的理论不被人接受。托勒密的地心说长期统治人类的思想。直到哥白尼1543年发表《天体运行论》，日心说才被接受。

经济学也是这样。凯恩斯理论出现在亚当·斯密理论160多年后，难道就比亚当·斯密理论正确吗？不一定。

20世纪30年代，经济学界关于社会主义计划经济的争论中，大部分新古典经济学家站在支持计划经济的一边，只有奥地利学派坚决反对计划经济。最后，到1990年苏东计划经济彻底崩溃，才证明了他们的正确。不过，人类为此付出了惨重的代价。

我并不是说新古典经济学没有它的价值。像"地心说"，哥白尼之前被认为是对的，它确实可以解释很多人们日常观察到的现象，对于指导农民种地是没有问题的，但是如果用于指导航海、指导宇宙空间旅行，就会发生误导。同样，新古典经济学的价格理论，对我们理解供求如何影响价格、价格如何影响资源配置，以及对我们预测政府管制价格的后果（如短缺、排队、走后门、腐败），是有价值的。但它没有办法指导我们如何在计划经济和市场经济之间做出取舍。

科学发展最大的阻碍可能是科学家本身。受过严格现代经济学训练的人，接受新的学术范式很难，所以理论体系变革不容易。不过，既然新古典理论的体系、模板有这么多问题，我们应该想一想，未来经济学研究应该向何处去。

经济学的走向非常重要，因为人的思想决定人的命运。有一种思想，就会有相应的行为。错误的实践常常是错误的理论导致的。

我们必须认识到，人与人的冲突并非全是利益冲突，还有理念冲突。许多看似利益冲突的东西实际上是理念冲突。如果人与人之间的冲突全是利益冲突，雇主和雇员，农民和工人，干部和普通老百姓，都只能通过斗争解决问题，这社会就真的没希望了。阶级斗争学说就是这样，它把所有的问题都归结于你死我活的利益冲突，结果给人类带来巨大灾难。

米塞斯说："社会问题是社会学术状态的结果"——有什么样的社会学说，就会出现什么样的问题。仅仅从利益的角度理解社会是有偏颇的，很多问题是由于我们的无知引起的。如果我们相信，减少无知可以减少冲突，人类的明天就永远有希望。

在经济学过去两百多年的发展中，中国经济学家做的贡献并不多。如果经济学的研究范式未来发生大的转型，中国经济学家也许有机会做出自己的贡献。

市场秩序的信誉基础

设想你刚买到一套两居室的新房，在住进之前，必须装修。聘请哪家装修公司，可能是一件很伤脑筋的事情。依据广告找装修公司不放心，经朋友介绍又担心"杀熟"。费了九牛二虎之力好不容易签订了装修合同，但麻烦可能刚刚开始。因为担心偷工减料，你需要亲自到建筑市场购买材料，还要不时亲临装修现场监督。为了装修房子，你耽误了许多重要的工作，惹得同事们对你怨声载道。好不容易房子装修完了，但搬进去还没有一个月，墙砖已经开始脱落。你打电话给装修公司，对方说马上来修，但一周过去了，仍不见来人。当你再打电话时，你被告知"用户已停机"。

真是"一地鸡毛"！

---

* 本文写于 2001 年，曾收入《产权、政府与信誉》一书。

这就是中国当前的市场秩序：假冒伪劣充斥市场，合同得不到履行，借款人赖账，经理人缺乏诚信，如此等等，不胜枚举。据估计，货架上最少 15% 到 40% 贴有宝洁标志的日用品是假货（《21 世纪经济报道》2001 年 1 月 8 日第 17 版）。在劳动力市场上，当一个经理人从一个企业跳槽到另一个企业或被原公司依法解雇时，以兜售原雇主"隐私"为主要方式的炒作成为时髦。本来，这种缺乏职业道德的行为是不应该受欢迎的，但也许接纳这个员工的企业刚好是原雇主的竞争对手，奔着这个被解雇的员工会出卖对手的机密，为了短期的利益雇佣了这名员工。于是，违背信誉反倒成了这名员工要挟原单位的筹码。在资本市场上，政府部门和上市公司、证券公司联手"圈钱"欺骗股民，已不是什么新闻。

西方有个说法，"诚实是最好的竞争手段"。但这个手段在中国似乎并不灵。一个极为常见的例子是，一个工程如果有两个或两个以上的单位来投标，那么，拥有这个工程决定权的人在既可以把工程给甲也可以把工程给乙的情况下，甲和乙谁给回扣或谁给的回扣高那就由谁来做。这样，遵守信誉的那家单位就要吃亏。如果这家守信誉的单位还要发展，那它就只有"入乡随俗"。而决策人拿了回扣之后，在检查工程质量方面肯定要高抬贵手。结果，豆腐渣工程比比皆是。

为什么中国的市场秩序如此混乱？为什么讲求信誉的企业、遵守职业道德的雇员会陷入困境？我们应该创造什么样的制度环境才会使人们恪守信誉？本文试图探讨这些问题。

信誉是一双隐形眼

缺乏信誉是因为不守信誉更有利可图。在承包者看来，虽然给了点回扣，但工程可以偷工减料节省不少，这也是"吃小亏占大便宜"，何乐而不为呢？但是，这个利益是以社会整体性的巨大利益损失或其他企业的利益损失为代价的。

法律和信誉是维持市场有序运行的两个基本机制。现在，法律的重要性已经被广泛关注，但对信誉的重要性的认识远远不够。事实上，与法律相比，信誉机制是一种成本更低的机制。特别是，在许多情况下，法律是无能为力的，只有信誉能起作用。一个没有信誉机制的社会是不可能有真正的市场经济的。

我们用一个简单的例子来说明这一点。设想你在你家楼前的小卖部买了一罐饮料，付了钱，但当你要出门时，店主说："回来回来，你还没有付钱呢！"这样的问题能靠法律解决吗？不能！你说付过了，店主说没有付，法官没有办法判断谁说的是真话。当然，如果这个小卖部装上"电子眼"（闭路监视器），法官可以得到证据，但这样做的成本实在太高了。那么，为什么这样的事情不大可能发生呢？道理很简单：如果你付钱了而店主说没有付，这次吃个哑巴亏，下次你就不再去这个黑店了。邻居知道后，也都不敢去了，这个店就得关门！正是由于店主害怕失去未来的生意，他才不敢耍赖。这就是信誉机制。

如果说法律是市场经济的一双有形的眼，信誉则是一双隐形的眼。信誉是由交易双方当事人自己维持的，对违约的惩罚来自交易的中断，是由被骗的一方实施的，而不是由法院实施的。就是说，我不敢骗你，并不是因为害怕受到法律的惩罚，而是因为害怕失去未来的做生意的机会。法律是由第三方实施的，它不仅要求双方当事人能观察到交易行为，而且要求法庭能鉴证这种行为，而许多情况下，要做到这一点是很困难的。中国的"打假"纠纷就是一个例子。另外，像职业道德这样的问题，法律也是无能为力，因为法律很难定义什么是职业道德，更不用说判断某种特定的行为是否违反职业道德了。

缺乏信誉机制使交易成本提高

人们在市场上进行的交换，实际上是"承诺的交换"。当我们决定花钱买一台电视机时，我们一定是相信厂家承诺的电视机的功能和质量是可信的，因为作为消费者，我们缺乏专业知识直接判断产品的质量。人们为什么更愿意购买有品牌的商品？因为品牌是对消费者的一种承诺。我们为什么要相信这种承诺？因为我们相信厂家在乎自己的牌子。

对信誉的需求来源于信息经济学中的信息不对称。所谓"信息不对称"是指交易中的一方知道某信息而另一方不知道，比如卖的人知道产品质量如何而买的人不知道。信誉就是指掌握信息的一方不骗对方的承诺。最容易骗人的交易最需要讲信誉。为什么电视机有品牌，而土豆没有品牌？因为卖电视机的比卖土豆的更容易骗人。

信誉是一种承诺。设想你是一位画家，画了一幅画。这幅画值多少钱，依赖于你是否还画相同的画。如果只画一幅，有人愿意出价100万元。但如果你没有良好的信誉，这幅画是不可能卖出100万的。为什么？买画的人会这样想：你今天 100 万元卖给我了，晚上回去嚓嚓嚓又画一幅，明天 50 万元卖给别人，我买的这幅画就贬值了。所以，要卖出 100 万，你要有足够的信誉让人们相信你不会再画一幅同样的画。如果你不能说服买主相信你，而又想卖出这幅画，那么你只能以低价出售，或当场砍掉自己的指头，保证不再画。这就是为信誉付出的代价。

　　企业不讲信誉会导致交易成本的提高。就经营者而言，如果消费者怀疑他们的信誉，在购买商品时就会更加挑剔，就会更难对付，经营者的成本反而提高了；而就消费者来说，对商家的信誉怀疑使他们要花费更多的时间和精力来选择商品，购买成本也提高了。而且，如果反复如此，或者他们遭遇几次假货之后，心里可能对购物产生畏惧，减少购买，这反过来也是对商家的报复。信誉丧失导致的将是社会总成本的提高。

　　更为严重的是，信誉的丧失可能造成消费者对市场的不信任，从而导致市场的萎缩。当买牛奶可能买到假牛奶的时候，消费者就会选择在家里喝稀粥，牛奶的市场就会萎缩；当雇主怀疑经理人的职业道德时，他们就会减少对雇员的需求，从而导致经理人市场的萎缩。中国企业能长多大，很大程度上取决于经理人的职业道德问题。

　　资本市场上信誉最重要，因为资本的交易最容易发生欺诈行为。目前，民营企业发展的一个突出问题是，企业融资比较困难，除了官办银行不愿给民营企业贷款外，信誉也是影响融资的原因之一。目前我国的企业上市后往往要跌价。为什么？因为常识会告诉投资者，公司上市后，经理可能会偷懒，会乱花钱。我国目前股市很不规范，一些公司在上市前精心包装，欺骗股民，长期下去，将导致整个资本市场的萎缩。

没有信誉机制，企业就永远长不大。投资者投出的每一笔钱，都要考虑到这笔钱的收益。对高科技行业来说，风险投资是非常重要的，但风险投资要求更高的信誉。在国内需要有大批资金来投资的时候，国际上也有大批的资金等待投资，但问题是，我们必须给投资者以信心，否则，我们将失掉这个发展的黄金机会。

乡村社会的信誉机制

中国目前缺乏信誉机制，既有西方国家在市场化过程中曾经遇到过的问题，也有中国特有的问题，特别是产权制度和政府行为问题。

让我们用一个乡村的故事说明这一点：在一个古老的乡村，张三向李四借了10块钱，他们之间无需书面的合同或借据，甚至没有说清还款的日期。但李四并不担心张三会赖账，因为，如果张三真的不还钱的话，李四就会把此事张扬给全村，张三就不可能再借到钱了。为了能继续借到钱，张三一定会信守承诺按时还钱。这就是"好借好还，再借不难"。退一步，即使张三并不打算继续借钱，他也要担心，坏了名声，做人就难了，自己再遇到困难就没人帮助了。所以，李四认为张三的承诺是可信的。

小村里的人们信守承诺，我们可以做这样三点解读：

第一，借款的人有追求长远利益的动机，不会为了短期的利益而损害自己的声誉。用博弈论的行话，就是要求当事人之间进行的是重复博弈，而非一次性博弈。农民不仅关心自己的未来，也关心后代的福利。他要祖祖辈辈在这个村庄生活下去，要与其他村民进行无数次的重复博弈，就一定要讲信誉。"父债子还"是农村几千年来的传统，如果老子赖账，儿子就很难借到钱。因此，在农村，常常出现这样感人的情景：老子临终前把儿子叫到跟前，告诉他还欠谁家的债。如果一个人只追求短期利益，就会干一锤子买卖。事实上，农村人不大愿意给"光棍汉"借钱的原因，就是因为没有后代的人更不在乎名声。

第二，一个人不守信用的消息很快会被全村人知道。信息是个人行为受到监督的基础。如果一个人干了坏事不能被其他人知道，他就更可能干坏事。在一个封闭的乡村，信息的传递是不成问题的。人类学家的研究表明，在乡村社会，"闲言碎语"（gossip）是储存和传播信息的主要手段，对维持信誉机制具有关键的作用（Merry, 1984）。

第三，人们有积极性惩罚违约者，办法是不再与他交易往来。用博弈论的语言讲，惩罚必须是可信的。如果受损害的人没有积极性或没有办法惩罚骗子，骗子就会盛行起来。

用"庙"的声誉约束"和尚"的行为

现代社会被称为"匿名社会"，与乡村社会不同，居民的流动性大，交易双方通常并不认识，相互之间也缺少如乡村社会中存在的其他制约关系，使得受害人的惩罚措施受到很大限制，开放的社会也使得人们较不在乎闲言碎语的议论。凡此种种，使得传统的以个人为基础的信誉机制失灵，这也是都市社会犯罪率高的一个重要原因。但是，西方市场经济之所以能发达到今天的程度，除了较完善的司法制度之外，是因为他们在更高的形态上复制出了前面讲的三个条件。

现代社会复制信誉机制的主要手段是现代组织，包括企业组织、社团组织（如宗教团体、商会），以及大量的中介组织（Shearmur and Klein, 1997）。一个人的生命是有限的，但一个组织的生命是无限的。如果个人的利益取决于组织的价值，而组织的价值依赖于它的信誉，个人就会注重信誉。比如说，如果一个人的生活分为两个阶段，第一阶段从事生产活动，第二阶段退休。假定在从事生产活动阶段，如果诚实，他得到10个单位的收益；如果欺诈，他得到15个单位收益。如果他只以个人的身份从事交易活动，第一阶段建立信誉是没有意义的，十有八九，他会干一锤子买卖。但是，假定他成立了一个公司，他退休之后的生活费用来自出售公司而得到的收入。显然，公司的信誉越好，可变卖的价值就越高。因而，只要出售企业的收益的贴现值大于5，他就会非常重视自己公司的信誉，诚实经营。为什么有人愿意购买声誉好的企业？因为消费者只愿意与声誉好的企业做交易。这就是信誉的自我实现。

简单地说，在市场经济中，企业是将一次性博弈转化为重复博弈的机制，是信誉的载体（Kreps, 1986）。现代社会的"商号"起着传统社会"姓氏"的作用；或者说，现代社会是通过"庙"的声誉来约束"和尚"的行为。一个人可以很容易地消失在黑暗中，而一个"企业"是不容易逃跑的（所以，皮包公司不值得信赖）。这也是连锁店更值得信赖，从而风靡全球的主要原因——如果不是唯一原因的话。

类似的，如韦伯在100年前观察到的，参加社团组织等于获得一个"社会印章"（a social seal of approval），得到一个信誉认证。如果某个人干了坏事，外人也许无法追踪这个具体的人，但他们很容易识别这个人所属的团体，从而对其实施"团体惩罚"，类似一种"连坐制"。这样，社团成员个人的不当行为会损害社团整体的声誉，从而损害每个社团成员的个人利益，社团组织就有积极性对行为不轨者实施内部惩罚，就像古代一个家族有积极性惩罚犯上作乱的家族成员一样。这可能是教徒比不信教的人更值得信赖、穿军装的军人比不穿军装的人更值得信赖的一个重要原因。社团的这种信誉资本使得个人有积极性加入社团，并为维持社团的声誉而努力。当然，社团信誉资本的存在有两个前提条件：一是社团成员不能有垄断的特权；二是加入和退出必须是自由的。如果社团成员享有垄断特权，加入该社团就可能变成一种寻租行为，而不是建立信誉的行为。如果没有退出自由，社团成员就难以对违规者实施有效的惩罚，个人就更可能从事欺骗活动。

此外，形形色色的中介组织（如信用评估公司）通过监督和记录市场中的交易行为，为现代社会的信誉机制提供了信息基础。几乎所有的中介组织的基本工作都是收集、加工和传输信息。比如说，信用卡公司负责对持卡人的信用进行审查并提供信用担保，这样，商店和饭店只认卡就可以了，没有必要了解持卡人的更多的信息。

产权是信誉的基础

企业作为信誉载体的一个前提条件，是企业的决策者有实实在在的"赌注"在企业里，从而有积极性维护企业的声誉。如果和尚不能从庙的声誉中得到好处，他为什么要重视庙的声誉呢？如果企业的市场价值与决策者的利益无关，决策者为什么要重视企业的信誉呢？从这个意义上讲，我们可以把企业追求长远利益的积极性归结为产权问题。产权制度的基本功能是给人们提供一个追求长期利益的稳定预期和重复博弈的规则。中国企业不讲信誉的根本原因在于企业的产权不清楚，没有确定的私人所有者。产权不清，人们就无需对自己的行为承担责任，也不可能从企业的信誉获利，自然就没有必要讲信誉。信誉就像一棵苹果树，没有主的苹果树是长不大的。

在市场经济中，企业之间的竞争，最终是信誉和品牌的竞争。而品牌由信誉凝聚而成。一个企业失去信誉，也就失去了客户，从而失去了所有未来发展的可能。从这个意义上说，"信誉是企业的生命"，重视信誉就是重视企业的生命。

常识告诉我们，一个人的最优选择与他的生命预期有关：如果我预期只活一周，最优选择也许是抢劫。即使有严格的法律，也不能改变这个事实，因为在法院判决之前，我已经死了，为什么不抢呢？但如果我预期活20年，那么，抢劫就不会是最优选择。中国的很多企业不讲信誉，是因为企业的领导人不重视企业生命，没有追求企业长远发展的动机。信誉就是为长远利益牺牲眼前利益。当人们不考虑长远利益的时候，信誉就无从谈起。想想，有多少国有企业的经理在考虑3年以后的事情呢？

企业领导人看不到长远的预期，最根本的原因是因为产权不明晰。在国有产权制度下，决策者的利益与他所决策的企业的信誉之间没有长远的关系。如果你是一个企业的领导，你做的任何一个决策，其未来的后果你都不承担责任，而且不能确定你在这个位置待多久，企业未来收益或许是由别人分享，那么你肯定追求眼前利益。所以，国有企业的领导人充其量只有种菜的积极性，而不会有栽树的积极性。你栽树，别人乘凉，你干吗要栽树？

那么，为什么大量私营、民营企业也不讲信誉呢？主要原因也是他们感到他们的产权没有得到可靠的保障。人的行为是由预期支配的，产权是通过预期而影响人的行为的。一个人即使有了法律上的所有权，但如果他预期这种所有权随时可能被剥夺，他就不会像真正的所有者那样行为。由于意识形态和政府方面的原因，民营企业缺乏安全感，没有稳定的预期，自然也就只能追求短平快，不可能为建立信誉而投资。

关于个人行为与产权预期之间的关系，我们可以用一个农村的例子来说明。人民公社时期，生产队栽了很多树，但这些树无论如何就是长不大，因为没有人去用心照顾。后来宣布这些树分给私人，但第二天，许多人就把树给砍了，生产队于是又宣布把没砍的树收回。周而复始，这些树又回到长不大的状况。为什么村民们要把分给自己的树砍了呢？因为他们预期不砍就会被收回，这种预期是从土地改革后逐步形成的，生产队的行为又证实了他们的预期。如果农民砍了树生产队仍不宣布收回，他们的预期就会逐步改变，砍树的人肯定要后悔，几年以后，他们就会对私有产权充满信心，开始在自己的土地上重新栽树。

一言以蔽之，产权是信誉的基础，明晰的产权是人们追求长远利益的动力，只有追求长远利益的人才会讲求信誉。孟子讲"无恒产者无恒心"，也就是"无恒产者无信用"。破坏产权，实质上是一种搅乱预期，从而毁灭道德的行为。中国要有良好的市场秩序，必须从根本上改变产权制度。当然，前面砍树的例子也说明，建立产权制度是一个漫长的历史过程，需要人们，特别是政府有足够的耐心。

没有对知识产权的保护就无信誉可言

特别值得强调的是，对知识产权的保护对信誉机制的建立具有关键的作用。这是因为，如前所说，市场经济中的信誉是通过诸如"商号""品牌"这样的无形资产而发挥作用的，没有商号和品牌，信誉就没有了载体；没有对商号和品牌的有效保护，人们就不可能讲信誉。事实上，信誉本身就是无形资产。如果谁都可以用我的名字发表文章，你干的坏事算在我头上，我为什么要花那么大力气写好文章呢？

在中国，偷窃别人的物质资产受到人们的谴责，而偷窃别人的知识资产常常不被谴责。更有甚者，有的中国企业常常打出"民族主义"的挡箭牌为偷窃别人的知识产权辩解，这是非常可悲的。这些企业应该认识到，当他们为自己偷窃外国人的知识产权辩护时，他们有什么理由反对别人冒用他们自己的品牌？

许多对知识产权的侵害行为受到当地政府部门的袒护，这是破坏市场秩序的集团犯罪行为。

规范市场一定要规范政府行为

对信誉的挑战还来自政府部门对企业的管理程序上，因而，保护产权是和规范政府官员的行为连在一块的。一些政府部门滥用权力，任意修改博弈规则，甚至以规范市场的名义对企业进行吃拿卡要，实际上是对产权的间接否认。

信誉机制的建立需要相对稳定的政策环境。政策环境越不确定，人们就越追求短期利益。这是因为，第一，不确定性的增加等价于博弈重复的可能性的降低，人们将更没有耐心建立信誉；第二，不确定性增加了观察欺骗行为的困难，因为违约者更容易把坏的结果归因于不可抗拒的外生因素，而不是自己的故意所为。

不确定性是市场经济的特征。在西方市场经济，企业面临的不确定性主要来自市场本身（包括技术的不确定、消费行为的不确定），而在中国，不确定性更多来自政府，政府的政策主导着人们对未来的预期。所以，西方企业根据对市场的预测做决策，而中国企业根据对政策的预测做决策。

在目前阶段，由于我们的政策在一定程度上的模糊、不透明，政府官员制定政策的随意性，造成产权随时受到威胁。有关部门的政策存在着不确定性，使人们对未来无法预期，自然就去追求眼前利益。如果政府的政策朝令夕改，今天合法的事明天就不合法，今天归你的东西明天就不归你，那么，投资者、企业就会对未来缺乏信心，缺乏稳定预期，于是抱着能捞一把就捞一把的心态经营企业，这样的企业自然不会讲信誉。因而，规范市场一定要规范政府行为。没有规范的政府，就不会有规范的市场。一项对 29 个国家的实证分析表明，对政府行政权力的限制和司法的独立程度与国民之间的信任度高度正相关：对政府权力的限制每上升 1 个点（最高为 7 点），信任度上升 1.5个百分点；司法的独立程度上升 1 个点（最高为 4 点），信任度上升 8个百分点（Knack and Keefer, 1997）。

政府的主要功能是保护产权，试图用加强政府管制的办法规范市场秩序常常事与愿违。政府部门的权力越大，企业面临的环境越不确定，坑蒙拐骗就越盛行。政府管制常常形成恶性循环：越管越乱，越乱越管。所以，必须像戒毒一样戒除政府管制。不要给政府太多的权力，也不要给它太多的责任。你要政府承担的责任越大，它要的权力就越大。西方市场的骗子主要是由讲信誉的企业打倒的，而不是由政府打倒的。

依靠政府获得垄断权力的所谓行业协会和认证机构，对建立市场信誉不仅无益，而且有害。市场中自发形成的专业认证机构是依靠信誉赚钱，而政府规定的认证机构是依靠垄断寻租，根本不会考虑自己的信誉。官办行业协会的情况也一样。几年前，杭州一个因产品无销路而停产两年的企业突然收到一封信，称"您厂的产品被评为消费者信得过产品，请带 8000 元来领奖"，而信封上盖的是一个全国性行业协会的大印。

前面我们曾指出，社团组织是市场经济中重要的信誉载体。但是，目前政府对社团组织的管理和社团组织的政府垄断性，使得中国的社团组织根本不可能成为信誉的载体。如果这个问题不解决，市场秩序的建立将受到严重损害。

政府有关部门对企业进行的各种评比，这个奖，那个奖，对市场秩序也产生着很不良的影响。据说，郑百文的总经理曾获得过包括"全国劳模"在内的多个荣誉称号，这些称号对郑州建行对该企业的贷款决策起了很大的影响。

民营企业家的政治化是目前民营企业界的一大趋势，原因在于政府控制着很多资源，有很大的资源配置权。只要政府主导经济，民营企业家就无法不政治化。民营企业家的政治化也反映了他们对产权的某种担忧，用权力来保护产权，这在目前还大有市场。许多企业家也许这样认为，能捞到一官半职，他的财产才会更安全。但当企业经营者将大部分时间花在仕途上时，是不可能有精力为消费者生产高质量的产品的。

必须减少政府的交易活动

前面讲到，信誉机制发生作用的条件之一是交易的一方有积极性惩罚对方的欺骗行为，如果不是这样，欺骗就可能是每个人最好的选择。这个条件在西方市场经济中基本不成为问题，但在中国则常常难以成立。为什么？因为在中国，政府和国有企业是市场的主要买家。

政府和国有企业作为买家出现的主要后果是，采购人是"为了别人花别人的钱"，并不在乎真假优劣，并没有积极性惩罚假冒伪劣，生产者自然也就没有必要生产高质量的产品了。他们甚至还会跟卖者合谋，故意采购劣质产品。掺假棉花就是一个例子。可以肯定，国有棉花收购站的官员是知假买假，中饱私囊。假文凭的情况也类似。假文凭有两类：一是合法的假文凭，也就是由正规的大学发给没有真正读书的人的文凭；二是黑市上出售的假文凭。为什么假文凭那么有市场？因为文凭只是为了满足干部"知识化"的要求，用人单位并不在乎真才实学。另一个例子是公共工程的承包。据我所知，中国有关工程承包的法律和条例是非常完备的，为什么豆腐渣工程那么多？因为"业主"是政府部门。搞定几个政府官员的成本比搞定千千万万个消费者的成本小得多。当企业可以通过搞定政府官员从生产假冒伪劣产品赚大钱的时候，谁会在乎自己在市场上的信誉呢？！更为严重的是，能从政府接到订单的企业不仅自己没有积极性生产优质产品，而且能打垮生产高质量产品的企业，这是典型的"劣币驱逐良币"。

因此，为了使信誉发挥作用，除了规范政府的管制程序外，还必须减少政府部门的直接交易行为。

建立有效的信息传输系统

使人不骗人，前提是欺骗行为能被受害者及时发现并被潜在的市场参与人知晓。如果你骗了我，别人不知道，那你还可以继续骗别人，就没有必要讲信誉了。因此，有关交易者行为的信息传递对建立信用制度非常重要。

小村的情况很简单，只要债权人把不还钱的事说出去，大家一传十、十传百就都知道了。而且传统社会人的流动性不大，借款的人还要在这个村生存，坏名声会跟随他一生。但市场经济太复杂了，交易往往发生在互不认识的人之中。在这个地方行骗一次，下次换个地方就行了。这就要求建立起有效的信息传输手段。

市场经济在使信誉复杂化的同时，也造就了很好的信息传输手段和组织，更好地服务于市场。特别是 IT 技术的出现，为信息的传输带来了革命性的变化。但是，仅有技术是不够的，人们必须有积极性利用这些技术，建立起专业化的信息机构和系统，为交易提供企业和个人行为的真实信息。

事实上，在西方，中介机构的主要功能是为市场服务，提供信息，它们是市场成熟和壮大的非常重要的一环。要想改变我国目前信用环境差的局面，加强资信评估和建立资信信息的传播机制不失为一良策。资信评估机构如果能够客观、公正、独立地为企业和个人传导信息，整个信用体系的建立就有了一定信息保障。美国的信用评估公司如穆迪公司和标准普尔公司的发展就是很好的例证。

当然，这里有一个前提是，资信评估机构一定要是一个独立的、不归属于任何官方部门的机构。因为如果它归属于官方，那么官员的意志肯定会比机构的性质本身还起作用。目前我们的有些会计事务所、审计事务所，不仅不能起到一个信誉机构应有的作用，反倒帮助企业做假账。在目前，中国要发展出完全意义的资信评估机构很困难，但经济规律不以人的意志为转移，它要求我们必须那样做。资信业在中国目前是一个朝阳产业，它有极美好的前景。但如果被评估客户及投资者并不关心获得的信息的真实性、不关心债券和投资的质量，资信评估没有成为本质上的需要，而只是一种程序性需要的话，只能带来这一机构的灭亡。资信评估是一种特殊的行业，它应该建立在完全自愿的基础上，它的要求也应是客户的要求，政府一旦介入，评估就会走样。

中介机构的唯一资产是它的信誉。但如果中介机构本身没有实实在在的所有者，谁来维持它的信誉呢？这又回到了所有权问题。

新闻媒体和通信业的发展对信誉的建立具有重要意义。国际上的一项研究证明，人均传媒量和电话普及率与国民彼此的信任程度之间有着显著的正相关关系。当然，这里的前提是，媒体传播的必须是真实的信息。一个社会，如果媒体说假话，假冒伪劣就很容易盛行。

法律可以促进信誉建立

有了明晰的产权，并不意味着企业就一定会遵纪守法，不售假货或者不"越轨"操作，因为再明晰的产权也不能保证企业在有空子可钻的时候不钻空子。要有一套切实可靠的制度保障，让不守信誉的企业付出更高的成本。这正是政府部门要解决的公共问题。信誉反映出来的看似是道德问题，本质上它是体制问题，就如市场并非指买卖东西的场所，实质上它是一种制度安排。

信誉和法律作为维持市场秩序的两个基本工具，既有替代的一面，又有互补的一面。就替代性而言，良好的信誉可以大大减少对法律的需求，节约交易成本。如果没有信誉，交易双方互不信任，为了实现有价值的交易，双方当事人就得签订很详细、很完备的合同，这样的合同即使可行，也相当昂贵。相反，有了信誉，交易双方相互信赖，一个简单的合同将可以保证交易的顺利进行。这可以解释为什么司法制度在传统社会不那么重要。

就互补性而言，信誉和法律常常是互为加强的。一方面，由于大量的交易合同是不可能完备的，如果没有信誉，法律也是无能为力的；另一方面，如果没有完善的法律，人们建立信誉的积极性就可能大大降低。尽管在信誉的建立过程中，法律常常是缺位的，但法律作为维护信誉的底线，作用不可低估。在好多情况下，严格的法律制裁可以使人们更讲信誉，这就是为什么在司法制度健全的国家人们相互之间更信任。

法律和信誉也是有分工的：法律规定交易双方权利和义务的大范围，信誉负责法律难以规定或没有规定的状态。比如说，雇佣合同规定了雇主和雇员双方的基本权利和义务，但无法规定雇员的"勤奋"水平和雇主的"公正"水平，这要通过信誉来解决。雇主很难因为雇员工作不够勤奋而把后者告上法庭，但如果雇员担心失业，他就会有积极性建立一个"勤奋"的信誉。雇主通常有积极性树立一个"公正"的形象，因为他希望吸引到优秀的员工。类似的，法律只能处理医疗责任事故，但没有办法解决医生的服务态度问题，服务态度只能由信誉来保证。

上面的分析意味着，不当的法律将损害而不是加强信誉机制。比如说，如果《劳动合同法》对解雇做出太多的限制，雇员树立"勤奋"声誉的积极性就大大降低。

从信誉机制的角度讲，法律对生产假冒伪劣企业的处罚应该是惩罚性的，而不应该是补偿性的，也就是说，惩罚应该大到事前遏止企业生产假冒伪劣的动机，而不是事后补偿消费者的损失。现在《消费者权益保护法》规定的两倍的赔偿是远远不够的。如果我花两块钱买了一件假货，我是不会去索赔的。如果消费者没有积极性索赔，生产者将有积极性生产假货。

WTO 将催化信誉机制的建立

就建立信誉机制而言，加入 WTO 将带来四方面的好处：

第一，信誉的国际转移。跨国公司都是有良好声誉的公司，积累了大量的信誉资本。它们带给中国的不仅是物质资本、技术和管理，而且有维持市场运转的信誉资本。为什么跨国公司不在中国生产劣质产品？这与一个村民因为害怕损害其他关系而不敢赖账是一个道理。如果它在中国生产劣质产品，就可能损害它在美国的声誉。从这个意义上讲，开放是利用外国人积累的社会资本建立我们的市场秩序，是信誉的国际转移。一个诚实的外国企业比不讲信誉的本国企业对本国人民的福利更有好处。

第二，市场竞争的加剧。购买松下、索尼的彩电为什么不用开箱，而国产的彩电却要开箱？这说明消费者对国内彩电的信心还没有对国外的大。在同等条件下，你肯定愿意买信誉更高的那家的产品。这样，国内企业要生存发展，就必须想方设法提高自己的信誉。国际竞争的最终结果是信誉的竞争、品牌的竞争。美国"麦当劳""肯德基"这样一些技术含量很低的企业为什么能打遍全球？无非是它在消费者心目中树立了良好的信誉。有理由相信，跨国公司将成为我们的"打假英雄"。

第三，民营化步伐加快。可以肯定，加入 WTO 将迫使国有企业以更快的速度退出经济，民营企业成为国民经济的主导力量，为信誉机制的建立奠定产权基础。

第四，政府行为规范化。如前所述，不规范的政府行为是导致信誉失灵的重要原因。加入 WTO 将迫使政府部门减少对企业的干预，政府政策的透明度将提高，不确定性和随意性将减少，为信誉机制的建立创造更好的政策环境。

参考文献

Knack, Stephen and Philip Keefer, 1997, "Does social capital have an economic payoff ? A cross-country investigation", *Quarterly Journal of Economics*, 251-1288.

Kreps, David, 1986,"Corporate culture and economic theory", in *Technological Innovation and Business Strategy* , edited by M. Tsuchiya, Nihon Keizai Shimbun, Inc.

Merry, Sally Engle, 1984, "Rethinking gossip and scandal", in Donald Black ed. *Toward a General Theory of Social Control,* New York: Academic Press.

Shearmur, Jeremy and Daniel B. Klein, 1997, "Good conduct in the great society: Adam Smith and the role of reputation", in Daniel B. Klein (ed.) *Reputation,* The University of Michigan Press.

如何让人说实话？

　　据说，20 世纪初，全世界总共也就几十位经济学家，几乎是个个有名。30 年代开始的凯恩斯革命大大地扩展了经济学这门产业。凯恩斯主义经济学的目的是为解决现实经济生活中的失业问题，这个目的是否达到，经济学家之间说法不一，不过有一点可以肯定的是，凯恩斯革命在经济学领域为越来越多的人创造了就业机会。现在，全世界的经济学家大概有几十万，要出名并不是一件容易的事，更不用说得诺贝尔经济学奖了。也许是这个原因，自 1968 年设立诺贝尔经济学奖以来，每年一度的评奖结果备受关注，犹如众多手持彩票的人和看热闹的人在等待摇奖结果。当然，经济学家关注诺贝尔评奖结果，并不仅仅出于好奇。诺贝尔奖不仅是对获奖者过去的成就的肯定，更是为主流经济学的发展现状定位，同时也是向经济学局外人通报经济学家

＊　本文原载《读书》1997 年第 2 期，曾收入《产权、政府与信誉》一书。

取得的成就。

1996 年的诺贝尔经济学奖授给了英国剑桥大学教授詹姆斯·莫里斯（James Mirrlees）和美国哥伦比亚大学退休教授威廉·维克里（William Vickery），表彰他们对信息经济学——具体地说，非对称信息情况下如何让人说实话和如何激励人努力工作的理论的开创性贡献。不幸的是，维克里教授获奖时已 82 岁，没有能像科斯教授（1991年诺贝尔经济学奖得主）那样经受住获奖带来的兴奋的考验，获奖消息公布仅三天，他就因心脏病突发与世长辞了。这使人们无不感到一丝悲哀。

莫里斯教授是我在牛津大学读书时的导师，我的博士论文《企业的企业家—契约理论》（中文版已于 1995 年由上海三联书店和上海人民出版社出版）就是在他和牛津大学另一位教授唐纳德·海（Donald Hay）的精心指导下完成的。他获诺贝尔奖使我非常兴奋，不过，他获奖的消息并不使我感到意外。记得 1994 年，当三位博弈论专家获奖后，我曾在给莫里斯教授的一封信中说道"希望明年听到您的名字"，结果推迟了一年（1995 年的诺贝尔奖给了芝加哥大学的卢卡斯教授），还是兑现了。我在北京大学的学生一定记得，我曾不止一次说过，如果诺贝尔奖要授予对信息经济学做出贡献的人的话，莫里斯教授是最有希望的人选。我对莫里斯教授获奖感到高兴还有一个特殊的原因，这就是，我的《博弈论与信息经济学》一书刚刚由上海三联书店和上海人民出版社出版，莫里斯教授因对信息经济学的贡献而获奖无疑是我这本书最好的推销广告。

詹姆斯·莫里斯这个名字对绝大多数中国经济学家还是比较陌生

的，更不用说经济学圈外人了。因此，我有必要对他的生平做一简要介绍。莫里斯生于 1936 年，苏格兰人，与经济学的鼻祖亚当·斯密是同乡。1957 年获爱丁堡大学硕士（数学），1963 年获剑桥大学经济学博士。此后曾任教剑桥，也曾到 MIT 任客座教授。1969 年，年仅 33 岁就被正式聘为牛津大学的教授。牛津授予一个教授头衔可不是很容易的事，那时牛津经济学科内总共也就两到三位教授。而这时莫里斯教授并没有什么有影响的论文发表，但牛津就授予了他教授的职位，这确实体现了牛津对选拔人才有很好的机制，能够发现人才的潜质。有人说在牛津如果你 40 岁以前拿不到教授，这辈子就不要再想了。从 1969 年起到 1995 年，莫里斯教授一直从教于牛津，任该校埃奇沃思讲座经济学教授，纳菲尔德学院院士（我到纳菲尔德时，他已是该学院最资深的院士 [senior fellow]）。他还曾担任过国际计量经济学会会长、英国皇家经济学会会长等职，是英国科学院院士、美国艺术与科学院院士。此外，他还兼任过卡拉奇巴基斯坦经济开发研究所顾问、英国财政部政策最优委员会成员等职。1994 年，由于感情甚笃的夫人去世，莫里斯教授为换个环境，决定离开他工作过 26 年的牛津大学，于 1995 年 4 月到剑桥大学任教。不过，在牛津大学时，他获奖已经是众望所归了。学过信息经济学和公共财政学的学生，不可能不知道他的名字。

信息经济学是研究在非对称信息情况下，当事人之间如何制定合同（契约）及对当事人行为的规范的问题，又称契约理论，或机制设计理论。这里的信息非对称指的是，当事人双方都有一些只有自己知道的私人信息。比如，买卖双方进行交易，卖方知道产品的成本、质量，但不知道买方愿意支付的价格，而买者正相反。对拥有私人信息的一方，我们认为他有信息优势，另一方则没有信息优势。在这种情况下如何进行交易，如何签订合同，与对称信息条件下是不一样的。

进一步，不对称信息大致可以分为两类：一类是指外生的信息，诸如交易当事人的能力、偏好、身体健康状况等，这类信息不是由当事人行为造成的。某种意义上是一种先天的、外生的信息。这类信息一般出现在合同签订之前。比如一个企业在雇佣工人的时候，每个工人能力的高低雇主并不很清楚。当出现这种情况时，要解决的问题就是设计怎样的机制，能够获得对我有用的信息，或诱使你披露真实的信息，然后达到一种最好的契约安排。

第二类不对称信息是内生的，取决于当事人行为本身，就是说在签订合同的时候，当事人双方拥有的信息是对称的，但签订合同后，一方对另一方的行为无法监督、约束。比如在签订雇佣合同后，你是努力工作还是偷懒；再如，购买汽车保险后，你开车是否小心等等。这类行为一般发生在合同签订以后。这种情况下，就产生了典型的激励问题：用什么样的激励机制能够诱使你采取正确的行动。像在企业中，雇主用什么样的工资制度，能让工人努力工作。在信息经济学文献里，第一类不对称信息称为隐藏知识（hidden knowledge），第二类不对称信息称为隐藏行动（hidden action）。还有一种划分，将第一类称为逆向选择（adverse selection），第二类称为道德风险（moral hazard）。在前一类情况，问题是如何能让有私人信息的人说实话（tell the truth）；在后一类情况，问题是如何使当事人努力工作（work hard）。

莫里斯教授在前面所讲的信息非对称的两方面都有开创性贡

献，他的贡献既是思想性的，又是方法论的。首先在隐藏行动理论方面，现在流行的委托—代理的模型化方法就是莫里斯教授开创的。他1974—1976年所完成的三篇论文，奠定了委托—代理的基本的模型框架。在克瑞普斯（Kreps）的《微观经济学教程》（欧美流行的研究生教科书）中就特别强调有关委托—代理理论的许多重要贡献都是由莫里斯教授1975年做出的。有意思的是，他1975年这篇非常重要的论文却没有公开发表，甚至没有写完，他原计划写9节，但我们能看到的只有4节，而且是份打印稿。但大家都尊重他的成果。很多有关委托—代理模型的文献，都会引用到莫里斯教授的这篇论文。这也许是经济学家尊重知识产权的一个很好例子。我曾问过莫里斯教授，1975年那篇最重要的论文为什么不发表。他说，最初想在原稿基础上做些修改，但后来由于种种原因耽误了，同时有一些年轻人在他启发下发表了一些类似的论文，他也就作罢了。莫里斯教授开创的分析框架后来又由霍姆斯特姆等人进一步发展，在委托—代理文献中，被称为莫里斯—霍姆斯特姆模型方法（Mirrlees-Holmstrom approach），从这个方法中可以推导最优激励合同的基本条件。这个条件证明在信息不对称条件下，你能观察到当事人活动的结果，但你不能观察到活动本身，因而对当事人支付的报酬就必须以能够观察的结果为基础。这就导出了信息经济学的一个基本问题：激励与保险之间关系问题。激励与保险是有矛盾的，如果一个人害怕风险，那么最优的风险分担是让他不承担风险而拿一份固定工资。但这时又会产生多劳和少劳一个样，那么这个人就会偷懒。因而，为了让他有积极性努力工作，必须让他承担一定的风险。这就是委托—代理理论的一个基本结论。

　　这个结论可以用莫里斯教授在 1974 的论文中的例子来说明。设想一个由多个农民组成的经济，每个农民的产量既取决于自己的努力，也取决于外生的因素（如天气），即所谓"谋事在人，成事在天"。这样，如果每个农民只消费自己生产的粮食，就会面临极大的风险（甚至面临饿死的风险）。为了降低风险，可以考虑将全部的粮食放在一起分配，每个农民都得到平等的一份，这样，每个农民所承担的风险就降低了（假定每个农民面临的风险不是完全相关的，像四川的天气与广东的天气不一样，四川有灾情，可能广东不会有，这样两省农民的风险会降低）。但是，这样做的后果可能是，为降低"成事在天"的风险，而导致人们没有谋事的积极性，因为当自己的消费与自己的生产没有多大关系时，谁会去努力工作呢？因而，为了让每个农民有谋事的积极性，就必须让他承担相当的"成事在天"的风险。

　　莫里斯教授对"隐藏知识"理论的贡献主要包含在他 1971 年发表在《经济研究评论》（*Review of Economic Studies*）的《最优所得税探讨》（"An exploration in the theory of optimum income taxation"）一文中。这篇文章是研究最优收入税的。我们知道，政府征税时如果了解纳税人的能力差别，就可以根据能力对不同的人征收不同的税，这样既保证了社会公平又保证了政府所需要的收入，也不损害效率。但在现实生活中，政府对谁有能力、谁没有能力是不太清楚的。当能力不可观察时，只能根据收入征税。但如果对高收入的人征高税，有能力的人就会假装能力很低，使政府征不到税。比如，甲、乙两个人，甲工作 1 小时可以生产 1 个单位的产品，乙工作 1 小时可以生产 2 个单位的产品，如果政府这时正好要 1 个单位的收入，那么政府应该向乙

征收 1 个单位的税来保证收支和公平。但政府并不知道甲和乙的能力
高低，如果要在生产量多的人那里征税的话，比如向生产 2 单位的人
征税的话，乙就会只工作半小时，这时他的产量就不会被征税，而且
得到与工作 1 小时时相同的收入，但有了更多的闲暇时间，从而提高
自己的福利。因此，由于信息不完全，政府的税收行为就会受到很大
制约。而莫里斯教授想探讨的就是政府在面临信息不完全的情况下，
如何设计最优税收体制，这个体制必须诱使有能力的人说实话。

有意思的是，最初在研究最优收入税的时候，莫里斯教授想证明
对有能力的人应该多征税。这在完全信息条件下，是应该的。但在现
实中，在不完全信息条件下，一个人假装低能力比假装高能力要容易
得多，所以政府就可能征不到一部分税。因此，莫里斯教授经过证明
得到的结果与最初的设想恰恰相反，证明结果认为由于信息的不对
称，最高收入的边际税率应该为零，也就是对最高能力的人的边际收
入应该不征税。这个结果对后来信息经济学的研究有很大的影响。以
后的研究认为，有私人信息的人必须享有一定的信息租金。如果不让
他享有信息租金，他就会逆向选择使整个社会的福利都降低。就是说，
让人说实话的办法是保证说实话时的收益不小于说假话时的收益。

如何让人说实话的问题可以用另一位诺奖得主维克里的拍卖机制
来说明。设想你有一件古董要卖，但不知道谁愿意出最高的价格（即
古董对他的实际价值）。如果你去问每个人愿意出多少，他们一般会
撒谎，比如说，实际愿意出的最高价格是 10000，但只告诉你愿意出
8000。但考虑如下的拍卖制度：让每个人把愿意出的价格写在纸上装
入信封交给你，所有信封打开后，出价最高的人得到那件古董，但实

际付的价格是出价次高者的出价（故称为二级密封价格拍卖，second-price sealed auction）。在这个制度下，每个人都会如实地报告自己对古董的评价，因为出价多少只影响自己是否得到古董，而不影响得到古董的情况下付多少钱。比如说，设想有一个人的实际评价是10000，如果他出价10000，第二高的出价是9900，他得到100的净剩余；相反，如果他出价9800，他的净剩余是0；或者，如果他出价11000，如果有另一个人出价10100，他就要损失100。所以说实话比不说实话好。这里，真实评价与实际支付的价格之间的差额是对说实话的奖励。维克里证明，这样的拍卖机制不仅可以保证把被拍卖物卖给评价最高的人（因而是最有效率的），而且是在所有拍卖机制中卖者能得到最高收入的拍卖机制。

信息经济学中有关逆向选择信号传递模型中，有一个很重要的条件，被称为斯宾塞—莫里斯条件（Spence-Mirrlees condition）。这个条件主要是要解释这样的问题：在一个由很多人构成的社会中，不同的人能力（或其他特征）不一样，那么是否有相应的条件可以把不同的人区分开，也就是信息经济学中的分离均衡（separating equilibrium）是否存在？比如，当一个企业雇佣工人的时候，业主并不知道工人的能力。但业主可以看求职人员的学历，这是一个信号。而学历如何能显示能力呢？根据斯宾塞—莫里斯条件，不同能力的人在收入和教育之间的边际替代率是不同的，因为不同能力的人在受教育的时候所付的成本不一样。一个聪明人上学时可能很快学会知识，也能经常得到老师同学的夸奖，所以上学对他可能很愉快。而一个智力偏下的人，学习起来就比较吃力，甚至很痛苦，成本很高。所以，有能力的人愿意接受教育，因为这能使他们被区分出来。也就是说，学历会显示你的能力，即使并不提高你的能力。像中国过去的科举制度，先不管学的东西是否有用，但也许是一种迫不得已的筛选人才的制度。比如一些智力不高的人可能不会花太多的时间去读书，聪明的人就愿意花这个时间去读哪怕是没用的书。在废除科举制的时候，慈禧就讲过，废了科举制，用什么办法来选人才呢?

除信息经济学外，莫里斯教授在其他方面也有很多重要建树。最著名的是他对公共财政理论（public finance）的贡献。前面提到的他 1971 年的文章是所得税方面最经典的文献，莫里斯教授在1971 年还和美国经济学家戴蒙德（P. Diamond）合作在《美国经济评论》（AER）连续两期发表了《最优税制和公营生产：1. 生产效率和 2. 税收条例》（Optimal taxation and public production I : Production efficiency and II : Tax rules）一文。这篇文章扩展了 20 世纪 20 年代剑桥的一位经济学家拉姆塞（Frank Plumpton Ramsey）的最优税理论（这里不妨插一句，拉姆塞是位非常有天赋的人，他只活了 27 岁，是个大学生，只发了三四篇文章，但都已经是经典文献。凯恩斯的许多理论是他给以数学检验的。凯恩斯对拉姆塞 1928 年的论文的评价是："有史以来对数理经济学的最卓越贡献之一。"），提出了 "Ramsey-Diamond-Mirrlees 税收法则"。此外，莫里斯教授在福利经济学、增长理论、项目评估方面都有贡献。比如，他与牛津大学的另一位福利经济学家利特尔（D. Little）合作写了《发展中国家的项目评估和计划》（"Project Appraisal and Planning for Development Countries"），其中发展的许多方法至今还是很经典的。

这里很值得一提的是，莫里斯教授的很多贡献本来是从规范经济学研究出发而非实证的，但得出的结论却都是基础性的。这一点他和维克里教授很相似。比如，1974 年的那篇重要论文的题目就是《关于福利经济学、信息和不确定性的笔记》（"Notes on welfare economics, information and uncertainty"）。文中开始就假定国家要最大化社会福利函数，但由于莫里斯教授研究了政府面临并不了解企业、家庭等的具体信息的情况，做出了对信息经济学的开创性贡献。再如他 1971 年有关最优收入税的研究，以及后来他研究税收与家庭规模的关系，税收与人口的关系，扭曲经济下的政策问题，等等。如果单看他的研究领域，会发现很多是政策导向方面的问题，但莫里斯教授得出的结果的确完全是理论性的，直接触及了问题的最深层，而且很深奥，没有一定的功夫难以读懂。因此，我们或许可以把他说成是一位"应用理论经济学家"（applied theorist）。他对信息经济学的贡献可以说是他研究公共财政和福利经济学的副产品。再有，莫里斯教授发表的论文并不很多，但所发表的每一篇论文都可以说是经典性的、高质量的。我 1990 年初到牛津大学时曾与一位经济学教授聊天，他就对我说，牛津大学最有希望得诺贝尔奖的就是莫里斯教授。当时我并不理解，因为莫里斯教授并没有发表多少东西，这与科斯相仿，但细读莫里斯教授的文章确实感到他的行文中的大师风范，虽然字面上看很随便，但很多有价值的思想已经包含在其中了。我想，这是他的文章所以被称为经典的原因所在。

对莫里斯教授来说，获得诺贝尔奖或许可以说是他几十年学术生涯的一个完美句号，但对中国经济学家来说，1996 年诺贝尔奖或许是引入信息经济学的最好推动力。中国正处于一个制度转变时期，信息经济学的上述结论对我们理解中国的制度变迁具有重要意义。制度为什么重要？就因为信息是不对称的。如果信息是对称的，那么很多制度都是等价的，包括计划和市场都将是等价的：市场制度下能达到的目标，在计划制度下也能达到。公有制和私有制也是等价的：私有制下能实现的效率，公有制下同样可以实现。当然，解决不同的信息不对称问题所需要的制度可能是不一样的，有的情况靠价格能够解决，而有的情况则要靠企业、政府或其他的制度安排来解决。我的感觉是，分析我们现在制度问题最有效的一些方法应该来自博弈论和信息经济学。现在我们经常讨论的国有企业的委托—代理问题、激励机制问题、产权问题，都是信息经济学关注的问题。

我的《企业的企业家—契约理论》就是对信息经济学的应用和发展。在这本书里，我首先用一个隐藏行动模型证明，为什么经营者应该是剩余索取者；又用一个隐藏知识模型证明，为什么资本可以成为传递企业家能力的信号（从而为资本雇佣劳动的现象提供了一个新的解释）。简单地说，让经营者拥有索取剩余权，是为了让经营者不偷懒，因为经营者的行为最难监督；让资本所有者拥有选择经营者的权力，是为了保证把最有企业家才能的人选拔在经营者岗位，因为当一个人要拿自己的财产从事冒险的事业的时候，他最有积极性说实话（自己是否有能力）。

我对中国国有企业改革的许多看法都是建立在这两个模型的基础上的。至目前为止，国有企业改革的主导思路仍然是想模仿市场经济中股份公司的组织形式，进一步明确国家的股东地位。我曾说过，这是企图通过在马背上划白道道的办法制造出斑马的思路。这个思路至少存在以下问题：第一，明确国家的股东地位并不能解决谁当经营者的问题，而这个问题对保证企业的有效运行是至关重要的。国有控股公司的官员有选择经营者的权力，但并不对他们选择的后果承担经营责任，因此，他们不可能有真正的积极性把最有经营才能的人放在经营者岗位。我们知道，在市场经济下，企业经营者要把企业发展壮大，必须使两部分人满意，一是买东西的人，二是出资的人。其实，这个道理对任何体制都是适用的。不同的是，在我们这样的体制下，买东西的人和出资的人都是政府官员，他们是拿别人的钱买东西，拿别人的钱进行投资，他们真正关心的并不是价廉物美，不是资本的风险和收益，而是个人的直接利益。我们都知道经营者市场的重要性，但经营者市场的前提是资本市场，没有真正的资本市场就不可能有真正的经营者市场。经营者市场的本质是经营才能的买卖，问题是谁来买？当政府官员作为买主时，经营者就只能投政府官员所好，不可能有职业化的经营者队伍的出现。第二，明确国家的股东身份并不能真正解决政企分开的问题。一种观点认为，政企不分的原因是政资不分，因而只要政资分开就可以解决政企不分。这种观点只抓住了问题的表面现象。政企不分的实质是代表所有者行使控制权的政府官员并不承担资产风险，因此他们不可能像真正的所有者那样对经营者实施最适度的干预。企业中股东、董事会和经营者之间的权力界定具有相当的模糊性。在市场经济中，经营者获得最大经营自主权的最好办法是为投资者多赚钱。你赚的钱越多，他就越满意，就越不干预。但在我们这样的体制下，这个道理不适用。国有企业的经营者获得最大自主权的最好办法是把企业搞得"不死不活"。你把企业搞好了，赚钱多了，别人就来摘桃子了。第三，明确国家的股东地位并不能解决国有资产的增值保值问题。股东与债权人不同，他拿的是剩余收入，而不是合同收入。经营者欠股东什么？法律上讲，什么也不欠。股东要拿到剩余，就得有办法监督经营者，知道剩余是多少。但国家对经理到底赚了多少钱根本无法弄清楚，而代表国家的政府官员事实上也没有积极性获得信息和有效地利用信息监督企业。在这种情况下，国家是很难收到剩余的，因为经营者有各种各样的办法隐瞒剩余。许多人认为国有企业是虚报利润，虚盈实亏。我的看法正好相反。我认为，目前比较典型的情况是隐瞒利润，赚了 1000 万，只报 500 万。为什么要隐瞒利润？因为报了是国家的，而不报留下来可以自己享受。当然，从调动经营者积极性的角度看，这并不一定是件坏事，因为当经营者可以从利润中得到更多的享受时，他们赚钱的积极性也提高了。

由于以上原因，我认为国家当股东是不合格的。我主张把国有资产变成债权，而不是股权，让那些真正承担风险、有积极性说实话的资产所有者当股东（所有者）。国有资产变成债权后，国家享有的是合同收益权和破产权，而不是剩余索取权和控制权，而那些拥有剩余索取权和控制权的真正的所有者不仅有积极性选择最有企业家能力的经营者，也有积极性监督经营者的行为，以上几个问题就基本上得到了解决。

国有企业改革的核心是财产制度的改革。个人财产制度的主要功能是让每个人对自己说什么和干什么承担责任，从而让人们有积极性说实话，不偷懒。传统体制的问题就在于，没有人为说假话负责，没有人为偷懒承担风险。让我再用信用评级制度来说明这个问题。在美国，信用评级是由诸如穆迪这样一些私人公司进行的，这些评级公司的评价结果对投资者来说是一个可信的参考。20 世纪 80 年代后期开始，中国也引入了信用评价制度。据说，目前全国共有 50 多家评价机构，其中 20 多家是"独立法人"。我们看到满大街都是"AAA 级信用社"，有谁信呢？或者说，有什么意义呢？为什么同样是信用评级，中国和美国不一样？因为产权制度不同。在美国，我是评级机构，你要我评，你得出钱给我。那么，为什么不是你出钱多我就说你好呢？因为你不好我说你好，投资者受骗，下次就不再相信我，你也不会再找我，我就没饭吃了。所以，我必须说实话。但在中国就不同。投资者都是拿别人的钱玩，他们并不对自己的说谎承担责任。老百姓是拿自己的钱存入信用社，但他们也不承担风险，因为信用社是银行的，银行是国家的，信用社倒了，政府也得兜着，所以 AAA 还是 BBB 对他们有什么关系呢？结果是，没有人为相信假话承担责任，也就没有人会为说假话负责，所有人都在说谎。

信用评级机构并非特例。诸如会计事务所、律师事务所，都是如此。现在是谁听企业的做假账，谁就有饭吃，谁说实话谁就没饭吃。所以，大家都在竞争如何贿赂，如何说假话，因为没有人要为说假话承担责任。有些问题初看起来与所有制不沾边，但仔细分析，仍然是所有制问题。比如说，在过去十来年，中国的大学发假文凭成风，硕士博士满街都是。为什么大学不说实话？因为有权决定用人的人对使用什么样的人并不承担责任，从而大学不会因为发假文凭而破产，大学教师不会因发假文凭而失业；相反，把假文凭发给有权的人，还可以得到更多的财政资助，提高个人收入。如果用人单位是私人机构，而不是国家，发文凭损害了学校的声誉，就不会有单位再招聘这样的学生，就不会有学生再来这样的学校求学，这样的学校就得关闭，教员就会失业，就没有人再敢说假话了。

信息经济学不仅有助于我们理解制度变迁，也有助于我们理解政策设计。如政府在征税上应该让有能力的人拿到高的收入，从公平的角度看这是一种信息租金。否则有能力的人就没有积极性努力工作，能干的人也假装不能干。这些都需要用到激励理论。信息经济学的一个基本结论是，任何一种制度安排或政策，只有满足个人的"激励相容约束"（incentive compatibility），才是可行的。"激励相容约束"也就是我们中国人讲的"上有政策，下有对策"。上面制定政策时必须考虑下面的对策，不考虑下面的对策的政策是没有可行性的。如20世纪70年代末，国家为了鼓励农民的生产积极性，以原计划额度为基数，规定额度内产量按计划价格收购，额度外产量按市场价格收购，结果是，原来种棉花的改种粮食了，而原来种粮食的改种棉花了。原因就在于这个政策没有考虑"激励相容问题"。这样的例子可以说是比比皆是，不胜枚举。

经济学家看法律、文化与历史

　　我今天演讲的题目是经济学家看历史、法律与文化。首先需要声明的是，我本人历史知识非常有限，对法律也知之甚少，更不是一位文化学者。我只是一位经济学者，选择这样一个跨学科的题目的主要目的，是给大家介绍一下经济学，特别是近 20 年来的经济学有关历史、法律、文化的一些观点。我的演讲分成四个部分，第一部分简单介绍有关经济学的一些知识；第二部分介绍经济学家如何看待文化；第三部分介绍经济学家如何看待法律；第四部分介绍经济学家如何看待历史。

*　本文根据作者于 1999 年 11 月 28 日在北京大学光华管理学院的演讲整理，其主要内容曾在《读书》杂志 2000 年第 7、9、11 期刊登，曾收入《产权、政府与信誉》一书。

一、经济学：理性选择的科学

经济学是一门显学。在当今的世界上，各种社会科学中从事经济学这一行当的人可能是最多的，他们分布在大学、研究机构、政府部门、商业机构等多种组织。国外的银行和大的跨国公司都有自己的经济学家。对好多非经济学专业的人来讲，他们的第一个感觉可能是经济学只研究经济问题，这样一个认识可能使好多其他学科本能地对经济学有点反感，特别是当经济学家把他们的经济学方法运用到其他领域时，好多其他学科都持批评态度，称为"经济学帝国主义"。由于这个原因，经济学的名声也不是特别好，社会上流传许多讽刺经济学和经济学家的笑话。尤其在日常生活中，人们认为实际上我们面临的许多问题是属于社会的、文化的问题，因而可能会批评经济学家把什么问题都归为经济问题，是过分简单化了。但是这种认识可能是一种误解。第一个需要纠正的概念是，经济学仅仅是有关经济问题的科学的说法并不准确。经济学是一种思维方式（way of thinking），或者更准确地讲，经济学是关于理性选择的科学（science of rational choices, Myerson, 1999）。这个定义实际上告诉我们，经济学这种方法不限于研究某一领域，它是我们认识人们理性选择行为的一种方法。这个概念决定了我们后面为什么说经济学的许多方法、理论可运用到其他领域。当然，经济学的理性带有特定的含义，需要注意的是经济学分析问题的基本方法。

（一）经济学的基本分析方法

第一点，经济学分析总是从个人出发，换句话说，"经济学总是个人主义的"。经济学的确是这样的，经济学对任何问题的分析，包括组织行为的分析都是建立在个人行为的分析的基础上，即由个人到组织。这一点与社会学形成鲜明的对比，社会学一般是从组织到个人，即在组织规则下研究社会个人行为。第二点，经济学研究人们的行为时，假定每个人都是追求效用最大化的，至于最大化结果是什么要根据他的偏好和约束而定。个人偏好不一定是利己主义的，也可能是利他主义的，例如你高兴我就高兴，最大化你的偏好就是最大化我的偏好（有东西宁可让你吃而不是我自己吃。母亲都有这样的特点，即孩子的幸福就是母亲的幸福）。现在，经济学家正在探讨为什么人们会理性地选择利他主义的偏好（Casadesus-Masanell, 1999; Rotemberg, 1994）。另一方面，任何偏好最大化都是要满足一定条件的。这种约束条件可能是技术决定的，如在某种情况下，你一天的饭量总是有限的，工作时间也是有限的；也可能是制度决定的，如不能无偿地用别人的财产满足自己的需要。我们后面将更多地谈到这种制度的约束。第三点，均衡分析是重要的经济学分析方法。经济学分析某个人的行为时，最后要落实到某种稳定的状态，这种状态可能是某个个人所无法改变的或不愿意改变的，我们称之为均衡。

上述的这些基本方法在一般的经济学课本里得到充分的体现。例如微观经济学的教科书一般是从"消费"开始。但消费理论的简单性在于只考虑面临约束条件下的一个人的偏好最大化问题，即"单人决策问题"。现实中却不是这样，人们的许多决策之间是相互依赖的，你的最优决策依赖于别人的决策，别人的最优决策依赖于你的决策。你的决策还依赖于别人认为你怎么决策，你怎么认为别人认为你将怎么决策，如此等等。例如考博士生，导师仅招 2 人，却有 4 人报考，你能否被录取，不仅依赖于你考得怎样，还依赖于别人考得怎样，这被称为"互动"。研究这种互动环境下的理性选择理论叫博弈论（game theory，或 theory of rational choices under interactions），它代表过去半个多世纪里经济学的最重要的发展，三位博弈论专家在 1994 年获得了诺贝尔经济学奖。现在，博弈论已经成了一种研究社会科学的基本方法（Aumann and Hart, 1992; Elster, 1982），甚至是一种超越社会科学的研究方法，如研究生物、生物的进化也需要博弈论。牛津大学著名的动物学家理查德·道金斯（Richard Darkins）教授写了一本畅销书——《自私的基因》（*The Selfish Gene*），就是从基因开始分析人们的行为，分析基因怎样进行博弈，从而得到一些有意思的结论。基于博弈论的广泛应用，有人甚至说，如果说未来社会科学中还有纯理论的话，这种理论就是博弈论。

下面我介绍一下博弈论的概念和基本方法。[①]

（二）博弈论的重要概念

1. 纳什均衡（Nash equilibrium）

纳什均衡概念是纳什首先提出并证明的（纳什是一位数学家，获

[①]　关于博弈论的详细讨论，参阅张维迎《博弈论与信息经济学》，上海人民出版社和上海三联书店，1996 年版。

1994 年诺贝尔经济学奖）。所谓纳什均衡，指的是所有参与人最优选择的一种组合，在这种组合下，给定其他人的选择，没有任何人有积极性做出新的选择。好比大家都坐在这里，给定一个人在这边不动，你的最佳选择是坐在这里不动，如果你站了起来，你就会感到累；如果你想不坐这里，但你发现没有其他座位，因而改变现在的状况不是最佳选择。为了理解这个概念，我举一个简单的博弈——"两个胖子进门"。（图 1）假定一个窄的门一次仅能让一个人进入，现在有两个胖子，A 和 B，都想进门，每个人都有两个选择，先走或后走，两个人共有 $2 \times 2 = 4$ 种组合。如果两个人都抢着进去，那么两个人会撞到，每个人得到 -1；如果 A 先进，B 后进，A 得 2，B 得 1；反之 A 得 1，B 得 2；如果两个人都不进的话，他们得到的都是 -1。在这个博弈中你该先走还是后走依赖于别人的选择，如果他先走，那么你的最优选择是后走（你得到 1，若也选择先走则得到 -1），同时，给定你后走，他的最优选择是先走；如果他后走，你最优选择是先走（得到 2，比选择你后走得到 -1 合算），同时，给定你先走，后走是他的最优选择。所以这个博弈有两个纳什均衡，"先，后"和"后，先"，即 A 先 B 后或 B 先 A 后。如果 A 预期 B 会先进，B 也预期 A 预期 B 会先进，

		B	
		先	后
A	先	-1, -1	2, 1
	后	1, 2	-1, -1

图 1：两胖子进门

那么 B 就真的会先进，A 只好后进，这就是预期的自我实现：如果所有人都预期它出现，它就真的会出现。它是纳什均衡的一个重要特征。这个结论对于分析一些制度来说很有用，如果一种制度不满足这种均衡，则 A、B 都有积极性偏离这个结果，它就不能自我实施。

纳什均衡也可以从另一个角度来理解。假设博弈中的所有参与人事先达成一项协议，规定出每个人的行为规则。那么，我们要问的一个问题是，在没有外在的强制力约束时，当事人是否会自觉地遵守这个协议？或者说，这个协议是否可以自动实施（self-enforcing）？说当事人会自觉遵守这个协议，等于说这个协议构成一个纳什均衡：给定别人遵守协议的情况下，没有人有积极性偏离协议规定的自己的行为规则。换句话说，如果一个协议不构成纳什均衡，它就不可能自动实施，因为至少有一个参与人会违背这个协议，不满足纳什均衡要求的协议是没有意义的。这就是纳什均衡的哲学思想。

2. 承诺（pre-commitment）

在前面的博弈中有两个纳什均衡，但不同均衡中个人的所得不同。显然，每个人都希望自己先进，如果这时候有个人有办法先进，另一个人只好让步。这个"先下手为强"的行动就叫承诺。此时，这个博弈就变成一个动态博弈，A 决定先行或后行，B 在 A 决定后再决定，如果给定 A 先行，那么 B 最优选择是后行。（图 2）这种情况下只有一个"合理的"纳什均衡：A 先进 B 后进。

承诺的基本特征是当当事人做出承诺后，原先在没有承诺情况下的一些最优选择在事后变得不再是最优，例如你走了一步后又退了回来，那就更麻烦了。这样就使当事人自己在事后的选择余地减少，剔

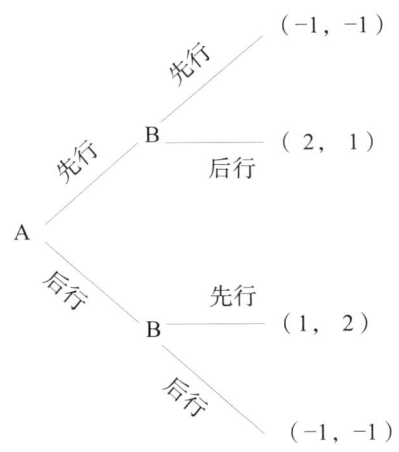

图 2：承诺博弈

除掉事先最优的某些选择；借此也迫使对手重新考虑你的策略，从而使做出承诺的一方得到利益。当然，事先做出的承诺必须是可置信的，如果它是不可置信的，那么承诺将失去意义。比如说，A 喊一声"你别走，我要先走"，但并没有行动，B 是不会相信的。一个广为人知的承诺例子是"破釜沉舟"的故事，破釜沉舟就相当于一个承诺行动，它使自己和对方都明白决一死战是自己的最优策略。人们习惯讲"选择越多越好"，博弈中可能不是这样。承诺的意义是，给自己少留后路可能是一件好事。

3. 信息

信息对均衡有重要的意义。信息在参与人之间的分布或者说信息结构会直接影响均衡及其结果，这种影响有时甚至是很微妙的。比如考虑两个盲人进门，因为看不见对方的行为，那博弈的结果就会不同；

如果一个盲人和一个正常的人同时进门，结果也会不一样，一般的情况下盲人会先进，因为他不知道对方的行动，所以如果他选择"不管对方先进或后进，我进"的策略是可以置信的，而正常人选择这样策略的威胁却是不可信的。所以有时候，你看不到，你就向前走，别人就让着你。这与"难得糊涂"的道理相同。在单人决策场合，可能是信息越多越好，而在博弈的情况下，有时无知比知道得多可能更有好处。

下面就以这些概念为基础来分析文化和法律等问题。

二、文化：一种人群行为规范的稳定预期和共同信念

经济学家并不对文化和法律的界限做过细的区分，经济学家在概念划分中可能有点任意，但是这并不防碍经济学帮助我们理解这些概念。我们知道，文化是人行为的一种规则，从博弈论的角度看，简单地说，文化是一种人群行为的稳定预期（expectation）和共同信念（common belief）。当你预期别人干什么，别人预期你会干什么时，倘若这种预期成为一种共同信念，我们就归结为一种文化。

（一）三类行为规范

一般地，经济学家把文化或社会规范归结为三种类型（Kaushik Basu, 1998）。

1. 理性限定规范（rationality-limiting norms）

理性限定规范是指阻止人们选择某种特定行动的规范，不论这种

行动带给当事人的效用为多少。比如说，你看到别人的钱包掉在地上，那么对你而言，"理性"意味着把钱包拿走。但我们一般人都觉得这样做不好，不要拿别人的钱包，所以这可理解为限制你的理性选择的规范。这种理性限定规范的作用是改变当事人面临的可行选择集，缩小了当事人的选择空间。为什么这种规范会流行？博弈论从进化稳定均衡（evolutionary stable equilibrium）的角度提供了解释。从社会进化的角度来讲，如果大家都去偷人家的东西，那么这个社会肯定不会长期存在下去，所以大家会赞成偷人家的东西是不能为的，即使没有法律的惩罚。实际上我们在好多场合可以抓到机会占别人的便宜，但人们通常不这样行为，这种"自律"可从社会进化的角度解释。如果一个社会建立不起这种规范，那么这个社会就可能要灭亡。

2. 偏好变异规范（preference-changing norms）

偏好变异规范是指改变人们的偏好的规范，这种规范随着时间的推移变成人们偏好的一部分。比如当你刚开始信奉佛教时可能觉得理性限定规范制约你不能吃肉，尽管你本来是喜欢吃肉的，但不吃肉时间长了以后，你就真的可能不想吃肉了，你就真的形成这样一种偏好，不再喜欢肉了。这样，规范变成了偏好本身。

3. 均衡筛选规范（equilibrium-selection norms）

均衡筛选规范是我们在这里要特别强调的一种规范，它是协调人们在众多的纳什均衡中选择某个特定的纳什均衡的规范，但是策略与行动的选择完全是当事人的自身利益所在，所以说这种规范不改变博弈本身，但改变博弈的均衡结果。这种规范的作用就是使人们能够从多个纳什均衡中筛选出一个。例如在前面的进门博弈中，假如你现在碰见了你的老师跟你一块赶到门口（老师是 A，你是 B），那么，均衡"A 先，B 后"最可能出现，这就是"尊师"文化在起作用。这里，"尊师"是一种理性行为。在西方社会，人们形成了"女士优先"的习惯，也是一种均衡筛选规范。如果一个盲人和不盲的人碰在一块，通常是盲人先走，也是一种规范。这种规范和我们刚才讲的前两种规范的最大的不一样在于，前面的规范要求或者你不能选择，或者你的偏好改变，而均衡筛选规范既不改变选择空间，也不改变个人偏好，只是协调人们的选择，使得某个特定的纳什均衡出现。这意味着，对每个人来讲，给定别人的选择，自己的选择一定是最优的（理性的）。例如"尊重老师"的文化使得"老师先走，学生后走"的均衡更可能出现，尽管"学生先走，老师后走"也是一个纳什均衡。

有些习惯并不好，但仍然有助于选出均衡。我们把两个胖子进门博弈稍微作一点改动，假如是两辆车过交通路口，一辆是武警的车，另一辆是普通老百姓的车，假如武警是 A，普通老百姓是 B，那么，"A 先，B 后"这个均衡最可能会出现。这也是因为有一种意识的支持，在中国，人们认为武警先走是肯定的，武警也知道你应该让他先走，所以他就呼地过去了。当然这个规范可能不好，但是由于它已经形成一种规范，而且这绝对是一个纳什均衡——你见了武警的车，给定武警先行，你的最优选择是后行；给定你后行，武警的最优选择是先行——这样就有了自我实施的基础。

我们现在来做一个实验。我手里有 100 元钱，让两个人来分这100 元钱，规则是：每个人都用一纸条写上自己要的数额，如果两个人的数字加起来刚好等于或小于 100 元的话，你要多少我就给你多少；

但如果两人所要之和大于 100 元的话，谁也得不到什么，钱再装回我的口袋。实验的结果是各写 50。这个博弈有多少个纳什均衡？无穷多个！给定对方写 x，另一方的最优选择是 $100-x$，x 从 0 到 100 都是纳什均衡。那么，为什么在这个实验中两人都选了 50？是因为这两个参与者选择的背后有"公平"这样的一种平均主义文化观念。这个观念不是中国人独有，其他社会的人在面临类似情况时也都有一种 fairness（公平）的意识。fairness 是一种文化，一种规范，它使得，尽管这个博弈中有无穷多个纳什均衡，但经过一次实验就成功地选出了对半分这个特定的纳什均衡。这个结果可以运用到实际中，例如和对手谈判时可能会面临着这样一个问题：如果你太贪婪，留给对方的很少，那么，生意就很难做成。这不是因为交易中没有净剩余可分，剩余可能很大，但是因为你太贪婪了，超出了对手的预期，均衡反倒不会出现。

更一般地说，参与人怎么行为，依赖于社会的规范，当你的预期变成信念时，它就是一种文化，其他人可以从这种文化预见你的行动。比如对极权制度的忠诚，如果大家都反抗一个极权制度，则可以推翻它，但实际上没人起来反抗，这说明它是一个纳什均衡。该均衡之所以能维持，是因为你认为服从权威是一个均衡；你服从该权威，不是因为个人心理或生理上害怕那个君主，许多君主长得很矮（如拿破仑），从生理上你能轻易打倒他。你害怕他完全是因为你认为别人害怕他，在给定别人服从他的情况下，你的任何反抗将导致别人对你的抵制，因此你的最好选择是服从他。如果每个人都这样认为，并且，每个人都认为别人也这么认为，极权制度就是一个均衡。这一点对当领导也很重要，当领导的一个诀窍是使手下每个人都认为别人尊敬你，服从你，于是每个人都会尊敬你，服从你，你就是领导。这种改变别人的预期的例子非常常见。例如提干的时候，有五个局长，你想从科长提到副处长，你就对张局长说，李局长、赵局长、王局长、黄局长都同意提我了，你再依次找每个局长。其实每个人都不一定同意提拔你，但如果他们相信了你的话，都认为别人同意了，自己反对也无济于事，结果你真的提成了副处长。有时开正式会议前要开一个预备会，也是为了使参加会议的人都认为别人已同意了，因此对每个人而言最好的选择是同意。值得指出的是，这种均衡筛选规范不光人类社会中存在，动物界也如此。一个著名的例子是关于孔雀尾巴的故事。雄性孔雀尾巴越大雌孔雀就越喜欢。为什么？可能有好多原因，其中一个可能的原因是，如果每一个雌孔雀都认为其他的雌孔雀都喜欢尾巴大的雄孔雀，那么对雌孔雀而言，最好的选择是选个尾巴大的，即使尾巴大本身没用，甚至还要消耗额外的精力。一只雌孔雀如果找个尾巴短的雄孔雀，它的后代很可能也尾巴短，于是就很难找到对象，基因延续就有困难。人们找对象时对身高的选择的道理也一样。"时髦"是一种文化，原因就在于此。

这样，规范会影响人们的预期从而筛选出均衡，不同的文化背景可能会筛选出不同的均衡，但是他们都是一种纳什均衡，都有自我实施的基础。这个被筛选出来的均衡，博弈论里有一个专门的概念，叫作"聚点"（focal point）。例如，让两个人在1、3、5、7、9、10六个数字中，各写下一个数字，如果双方写的数字一样，每人各得10元，否则各得零。在这个博弈中，每人的选择背后也有文化支撑，如果认为单数不吉利，则10最可能是一个"聚点"。

现在我们专门看一下信任问题，它是被经济学和其他学科特别是文化学、社会学共同关注的重要问题。

（二）关于信任的经济学分析（economics of trust）

信任当然很重要，市场经济不能没有信任，离开了它社会很难运转。问题是如何解释信任。有两种解释：一种是传统的解释，认为是纯文化因素起作用，有些国家信任程度高，有些国家信任程度低（Fukuyama, 1995）。如北欧人之间的信任度高于意大利人之间的信任度。或者，我信赖你可能因为你有宗教信仰，怕上帝惩罚你，所以有宗教信仰的国家信任度就高。如在美国，教会的人更可信，因为他们认为若不诚实将来会进地狱。这种解释中，信任是外界强加于你的，使你不违约。而我主要想给出的是第二种解释，即经济学是如何解释信任的。

简单地说，经济学认为信任是在重复博弈中，当事人谋求长期利益最大化的手段（Kreps, 1986；Gibbons, Robert；2000）。在某种制度

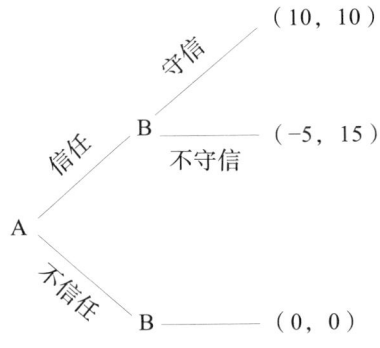

图 3：信任博弈

下，若博弈会重复发生，则人们会更倾向于相互信任。

　　为了说明这一点，我们用一个简单的博弈模型（图3）。有A、B两个参与人，A销产品，B付货款，或A借给B钱，B选择是否还钱。A一开始有两种选择：信任B或不信任B；B也有两种选择：守信或不守信。如果博弈只进行一次，对B而言，一旦借到钱，最佳选择是不还。A当然知道B会这样做，因而A的最佳选择是不信任。结果是，A不信任B，B不守信。这个结果很糟，若双方信任，本可分别得10，现在分别得0，是低效率的均衡。若人们之间都这样地进行一次性博弈，信任就建立不起来。

　　现在来看怎样建立信任。先回过头来看前面的三种规范。纯粹的文化可能改变支付向量，有助于建立相互信任。假如B害怕上帝，不守信带来感情上的不安（图4），实际收入为–5，而不是15，则B就会守信。基于此，A的选择为信任B，因此每人得10。我们看到，宗教可能起这样的作用：它使你守信并且因为你守信，别人就信任你，

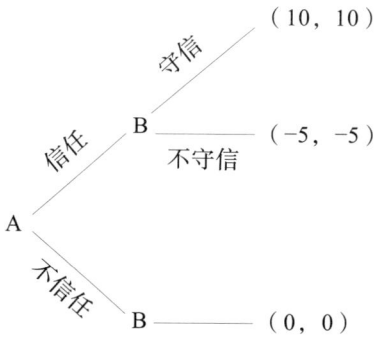

图4：信任博弈：来自上帝的惩罚？

双方得好处。但现在排除这种可能性。考虑刚才的博弈，假定博弈有足够的概率 d（d 也可以解释为耐心或贴现因子）进行下去，即能进行多次。设想 A 选择这样一种策略：我先信任你，只要你没有欺骗我，我将永远信任你；但一旦你欺骗了我，我将不再信任你。这时 B 有两种选择，如果守信，得到的利益是长远的，根据公式总和为 H = 10/（1 - d）；如果不守信，得到的利益只能是一次性的，总和为 L=15+0+…=15。因此，如果 H 大于 L，即 d 大于 1/3，守信是自己的利益所在，那么"A 信任 B，B 守信"是一个纳什均衡。这种均衡的出现是因为 B 谋求长远利益而牺牲眼前的利益。通俗地讲，一个人有积极性考虑长远利益时，就会建立一个信誉。这样的话，博弈的结果为（10，10）。

但是上述博弈的问题是：（1）可能存在多个均衡，如 B 对 A 说："如果你信任我，我每三次守信两次，不守信一次；但如果你有任何一次不信任我，我将永远不守信。"那么 A 的最优选择仍然是信任；（2）人总是有生命极限的，博弈不会是无限的，如果博弈次数是有限的，根据逆向归纳法，人们会在最后一次欺骗，于是倒数第二次也会欺骗……依此类推，信任仍然不会出现。解决问题的一个办法是引入不同类型的 B。例如可以假定有一些人天生是守信的，尽管另外的人天生不守信，此时，即使天生不守信的人也可能会守信，原因在于，如果博弈的次数足够长的话，为了获得长期利益，天生不守信的人也有积极性建立一个守信的声誉；（3）如果 A 不能观察到 B 的行为，从而 A 不能根据 B 过去的行为而选择相应的行动，信任也将难以出现。这就是信息的重要性。

尽管如此，在现实生活中，上述模型仍然有很大的解释力。一种情形是在一个小社会中，如果 B 经常是向多个不同的 A 借钱，而每个 A 都根据 B 过去的行为记录而选择是否信任他，并且关于 B 的信息能在 A 之间很快地传递，那 B 将有积极性建立一个守信的声誉，信任就可能出现。另外一种情形是，即使 B 是短命的，仍然可以通过某种机制使得他有积极性建立声誉。例如可以把 B 的一生分成两个阶段，一个阶段工作，另外一个阶段退休，假定 B 建立一个"企业"，退休时可以将企业出售给另外一个人。显然，只有在这个"企业"有良好的声誉时，人们才愿意购买它。那么，B 在合伙期间也即工作阶段就有积极性守信，因为否则的话，他在退休后将难以生存。这样，信任仍然可能出现。当然，为了使 B 有积极性守信，他的工作时间要短于生命。这种观点还可以解释企业或其他组织的功能，它使得博弈不会因为参与者的自然死亡而停止，起了一个长期参与者的作用（Kreps,1986）。

最后要强调的是市场经济和道德之间的关系。通过前面对信誉机制的分析，可以清楚看到，把市场与道德对立起来的观点是错误的。市场经济与道德和信任的关系很密切，因为交易离不开信任；同时交易又推进信任的建设，因为在商业社会里，要得到别人的信任，就要讲信誉。这不是新观点，亚当·斯密早在 200 多年前就讲过：最商业化的社会，也是最讲究道德的社会。16 世纪时荷兰人就比英国人值得信赖，原因就是当时荷兰的商业比英国发达（Klein, 1992）。

三、法律：通过第三方实施的行为规范

接下去我们来讨论法律。法律是靠第三方实施的规范，第三方可以是个人也可以是集体（如国家）。这与前面讨论的借钱博弈不太一样，在前面的博弈中，出钱的人（第二方，second party）惩罚不还钱者，但法律不同，是法院、警官这样的"第三方"（third party）来惩罚。这种靠第三方来实施的法律究竟有何作用？在经济学家看来，法律的作用可能在于两个方面（Basu, 1998）。首先，法律可以改变博弈，包括当事人的选择空间、收益函数，从而改变博弈的均衡结果。假如没有法律，违约可能得不到制裁；有了法律，违规者就会被处罚，如在借钱博弈中，如果规定违约处罚，一旦违约，你就亏了15，而不是赢利15，那么，你的最优选择是守约，信任就会作为均衡出现。这样，法律通过改变支付矩阵就改变了博弈。法律也可以改变当事人的选择空间，使得原来在技术上可行的选择，经法律规定后就不能选择。如行车可左可右，假如法律规定你只能右行，那么左行的惩罚就很大，你就不会左行。但是，除了这种改变当事人选择空间及选择之后的支付来描述法律的所谓"庇古观点"之外，现有一种更新的观点认为，法律不改变博弈本身，但改变博弈的均衡结果。法律的这种作用是通过改变个人行动的预期来实现的（Basu, 1998）。这个观点很重要，下面就重点介绍这种观点。

（一）法律的作用：通过改变预期影响均衡结果

为何认为法律不会改变博弈呢？法律是由政府官员或法官实行

的。在前面，我们假定执法人员是独立于博弈之外的，事实上，执法人员也是人，也有他们的选择空间和对应的效用函数。如果我们把执法人员也引入博弈，在一个更大的博弈框架里考虑法律，那什么也不改变。如在图5，A选择信任或不信任，B选择守信或不守信，法官选择惩罚或不惩罚。在这个博弈中，法官也是其中一个参与者（当然，博弈也可拓展到公众对司法部门的节制，但为了方便，我们只选这三个参与者），如果A预期B不会守信，B认为法官不会惩罚他，法官实际上也选择不惩罚，那么A的最优选择就是不出钱。这样，如果每人都像原来那样行为，结果与原来一样，有没有法律都一样。问题是为什么有合同法的话，人们更可能还钱？因为法律可以改变人们的信念和预期，从而改变均衡结果：如果有了法律，A预期B不守信将会受法官的惩罚，就会信任B；B预期不守信的话将受到法官的惩罚，

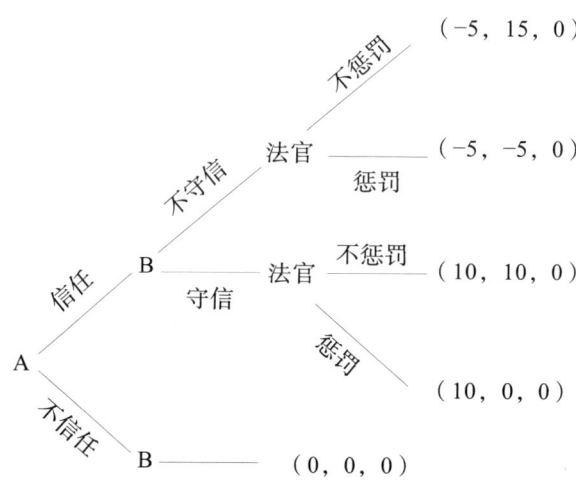

图5：法律的作用

守信的话将不被惩罚，就会选择守信。这样就会出现相互信任的结果。

　　这种理论很有洞见，有许多例子可以说明它。如刚才讲的交通规则，如果没有法律规定，开车时大家自然会形成走左还是走右的习惯，这是一种社会规范。但如果有法律，尽管博弈本身没有改变——每个人都可以左行或右行，但如果法律规定右行，每个人将预期别人都右行，并且每个人都预期别人预期自己会右行，则每个人的最优选择是右行，所有人都将选择右行。类似的，如果法律规定左行，每个人将选择左行。同样如果法律规定男女进门时，女的要先行，那男的预期女的要先行，女的预期男的后行，所以女的先走了。这就是通过改变人的预期来改变博弈的均衡结果，而非改变博弈本身。还有一个例子，去飞机场接人，事先没说好地方，就有很多个纳什均衡。你去什么地方等人，依赖于你预期他去什么地方；而他去什么地方依赖于他预期你去什么地方。在英国希斯罗机场，每个航站都有个会客厅（meeting point），如果你找不到你的朋友，你预期你的朋友会去会客厅，你朋友也会有同样的预期与行为，你们就会在这个会客厅见面。此时，会客厅类似一个法律，它使得人们不再预期其他众多的均衡。假如机场管理当局建立20个会客厅，那就毫无用处了，因为它不能使人们形成一致预期。这时你可能就会用另外的预期，比如你知道你朋友喜欢看书，你朋友也知道你知道他喜欢书，在书店碰面就可能是一个纳什均衡。这里法律并没有起作用。所以法律与文化都一样，可能只改变"虚"的东西（perception），不改变"实"的东西（reality），即只改变当事人的预期。但预期一变，结果就完全变了。回头来看专制者为什么令人害怕，因为每个人都预期别人害怕他，如果预期别人不害怕，那就造反了，齐奥塞斯库是一个很好的例子。既然如此，就有下面一些问题：究竟法律与文化有什么关系？

（二）法律和文化的关系

巴苏（Basu, 1997）提供了一种理论，也即这里要介绍的"核心定理"（the core theorem）：任何能够通过法律来实施的行为和结果，都可以通过社会规范来实施。即只要法律能做到的，社会规范一样能做到。这定理有两个推论：（1）任何可以通过法律实施的结果，没有法律也能实施（order without law）。这不难理解，在许多情况下没有法律的确也能实施某些规则。比如几年前你去北京口腔医院看牙，看牙的人特别多，经常要排队，这些人自动达成一个规则，最早来的人会给每个人发一个号。这不是政府行为，只是自发行为，但大家都会遵守这个规则。形成这种自发秩序的原因在于：首先，最早来的人最有积极性发这个号，因为他可以给自己发个1号；其次，第2个人肯定尊重他的第1号，因为他可以是2号，否则可能第2号都排不上；第3个人也同样；如此等等。在这种规则下，只要前面的人数足够多，后面的人捣乱的可能性就很小，给定别人遵守这个游戏规则，每个人的最优选择是遵守这个游戏规则，所以是一个纳什均衡。这就是没有法律的秩序，不是任何一个政府施加上的。这类现象在抗震救灾中也容易出现。（2）如果一个特定的结果不是纳什均衡（即不能通过社会规范实施），那么，没有法律能够得到这个结果（disorder with law）。这种例子俯拾即是，我们许多规定为什么会成为一纸空文，许多行为屡禁不止，就是因为它不具备自我实施的基础。

　　既然这样，那么法律和社会习惯有何区别？为什么还需要法律？这是因为，首先，社会规范的形成可能是一个缓慢的进程，而法律通过加快信息的传递，来加快形成一致预期、达到纳什均衡的时间；同时，法律的强制性也使人们更容易达成一致，减少冲突。像交通规则，当没有汽车时，农村里走左或走右没有什么问题；汽车多了，没有法律，自然也会形成一种规范，左行或右行，但这需要一个很长的时间。如果有了法律，它能够在已知两个均衡中选一个，宣布从明天开始大家靠左行或右行，这个试错过程就可以缩短很多。反过来，这也使规范改变起来比法律慢多了，法律废除了，会有新的，但社会习惯形成慢，消失也慢。

　　其次，法律在处理不同的规范之间的冲突时往往很有威力。例如，英国人习惯靠左行，美国习惯靠右行，一个英国人到美国后，由于不同的规范，可能会发生冲突，此时有法律的话，就比较好解决。如果去美国之前，记住美国法律规定人们靠右行，有些冲突就不会出现。否则光靠规范，英国人到美国撞两次车后自会走右边，但可能他会先被撞死。与此相联系的问题还有，一个规则本身是否是纳什均衡也能预见法律执行起来的容易程度。为何在许多交通规则中，靠右行的法律容易得到遵守，但不要抢行这个法律难以被遵守？这是因为大家都靠右行并不会带来损失（而且有好处），是一个纳什均衡，但如果抢先，你就可能得到好处。

　　再次，法律和文化还有一点重要的区别是，法律可以通过加快信息的传递来起作用。假如在北京，一个人向好多人借钱，他骗过你之后，你没有时间告诉别人他骗你了，但如果有法庭，你只要告上法庭，就可以了，信息很快就传递到其他人那里去了。中世纪商人有自己的法庭，当时地中海一带都是一些小的诸侯国家，法律不统一，在其他国家做生意得不到法律保护。商人就自己成立一个法律机构（law merchant, Milgrom, North and Weingast, 1990）：如果你要与某人做生意，可先到这个机构来调查这个人过去是否有骗人的记录，如果你调查了，那么你被骗之后可以向这个机构投诉，否则，不可以投诉，这样便形成一个私人法院（private court）。无需每个人都告诉别人他做了什么事，你只要告诉这个 private court 对方骗过你，做生意时，它就会告诉你谁有信用。这样信任就可以建立起来了。

　　至于法律是怎么建立起来的，传统的观点认为法律是有意识设计的产物，代表政府的意志；但现在的研究表明，大部分法律是自发形成的，很多法律都是由社会规范演变过来。最典型的例子是英国普通法演变的故事。英国的普通法来自商法，而最近对商法的演变的研究表明（Benson, 1989），许多法律都不是由立法者当初就设计好的，而是吸收商人习惯法基础上长期演变的结果，是各个参与人长期博弈的一组均衡。法律在这里不过是确认了的一种社会规范，这样它具有自我实施的基础。

（三）不完全合同理论与法律

　　最后，在这里我要特别提及经济学上的不完全合同理论对法律研究的推进作用。不完全合同理论是由格罗斯曼和哈特（Grossman and Hart, 1986）首创的，所谓不完全合同是指对未来可能的状态及行为没有明确规定的合同。合同不完全，不仅仅是说字面上写不清楚（或成本很高），更重要的是即使在字面上写清楚，还有两个实施中的问题，一是事件的不可观察性（unobservability），二是第三方的无法确认性（unverifiablity）。但是法律执行一方面要求的是完全合同，另一方面法律的实施依赖于可确认的证据，这导致了不完全合同在法律上往往是不可执行的。更进一步说，法律本身也是不完全的，否则，就不需要律师了。合同的"空挡"导致了"权威"（authority）的出现，或者说权威就是填补合同中没有规定的东西。

当合约不完全时，权威就不可缺少。但权威的获得需要信誉的保证。比如说，在雇佣关系中，雇主获得指挥雇员的权威，但雇员愿意接受雇主权威的一个前提条件是，他相信这种权威不会被滥用。这种信任一定是以雇主的信誉为基础的，因为法律很难防止雇主对权威的滥用。

不完全合约可以用来解释企业文化。只有理解了不完全合约才能理解企业文化。企业中有许多行为没规定清楚也无法规定清楚，在这种情况下对他人的行为的稳定预期必须要求在一种"默契"的基础上才能建立起来，否则企业运行的交易成本将很高甚至根本无法运作。这种"默契"和稳定预期就可以认为是企业文化（Kreps, 1986）。企业文化主要就是用来弥补正式合约缺陷，如果合同是完全的话，那么可能就不需要企业文化或者说企业文化的作用要小得多。为何中国现在企业文化炒得特别热，是因为我们的企业制度很糟糕，所以我们才要拼命地去宣传企业文化的重要性。

这也适用于对政府行为的研究。政府的权威往往来自不完全的"合同"，因为合同不完全，发生法律没有规定清楚的事情时就由政府说了算，所以政府官员喜欢把法规政策写得很模糊。法律法规规定得越模糊，政府的权威就越大，因为一方面，法律越模糊解释的权威就越重要，另一方面，法律越模糊自由裁量权就越大。而且，进一步说，政府与企业不同，企业是有竞争的，这自然会使条约模糊度达到最优点。比如有两个饭馆，一个饭馆明码标价，即条约明确，另一个没有标价，吃完再说，后面这家就没有生意了。但是政府是一个垄断者，没有别的"饭馆"与它竞争，这样它就有可能将法规写得很模糊。所以，政府文件下常有诸如"或由政府有关部门规定的什么什么"的条款。如中国过去的保密条例有"不该说的不说，不该写的不写"这样的规定，但没规定什么不该说，什么不该写，判别一个人是否泄露国家机密的权力都交给了管事的官员。

　　政府法规的最佳模糊度在什么地方是一个值得研究的问题，这样的研究有助于法制建设。基于不完全合同理论，我自己的观点是：能够写清楚的交给法律管，写不清楚的交给文化管。运用法律的成本非常高，如果把法律都不能写清的行为交给法律管，那肯定会有问题。例如现在，见义勇为之后的纠纷很多，把你救起来之后我向你要钱，如果法律规定把人捞上来可以收钱，这没有什么不好，至少这样可以调动大家救人的积极性；但人们认为你既然做好人好事，那为何还向别人要钱？所以在这一点上有争议，还没有形成一个一致的预期。还比如拾钱酬金问题，我国古代也有这种规矩，先是招领，如果没人认领，那么这个钱包就是他的；有人认领的话，失主就给拾金者一定比例的报酬。因此，不完全合同理论对于法律的完善大有帮助。

四、历史：文化、法律和制度的演进

最后，我们来看历史。如果你不了解法律、文化，就无法理解历史，因为历史本身是文化、法律和制度的演进。我们先来看经济学家如何研究历史。

（一）经济学研究历史的三种方法及其运用

经济学研究历史的主要方法可以归结为三种（Greif, 1997）：

1. 新古典方法（The Neo-classical Approach）

从 20 世纪 50 年代开始，经济学家用计量经济模型来检验历史上存在的制度，包括市场以及价格和非价格制度等。例如在工业革命之前，就存在着资本市场，有经济学家研究了伦敦的资本市场和曼彻斯特的利息率的关系，发现当时的资本市场已经超出地区范围了。另外，经济学家也研究市场制度的替代物。例如，过去村民们分地，总是好的一块，坏的一块，分成一条一条。为什么不整块地分？一个可能的原因是当时没有保险公司，这样不同的地上，有不同的坡度和肥力，可以种不同的庄稼，土地组合起到了保险公司的作用；有了保险制度以后，就不一定需要这样了。

2. 新制度经济学方法（New Institutional Economic History）

新制度经济学主要研究制度，特别是产权制度与经济增长的关系，其代表人物诺斯（Douglas North, 1981, 1990）认为制度是一种博弈的规则（rule of the game），制度变迁就是游戏规则的变迁；组织是博弈的参与者，经济增长是制度的一个函数。其主要的工具是产权理论、交易成本理论、公共选择理论等。它得出三个推论：第一点，制度对经济增长的影响主要来自交易成本的节约，包括诺斯所描述的意识形态也是节约交易成本的一种安排。第二点，制度随技术、人口增长等因素的变化而变化，制度必须有效地变化，而且经济绩效依赖于有效的制度变化。由于专业化增加交易的成本，所以制度变化在发达国家更重要，在今天比在过去更重要，技术变化越快的地方，制度变化也就越重要。我们看到，新技术革命，即 IT 技术，对我们制度提出一大堆挑战，最简单的比如中国电信这种垄断制度，它必须很快进行改变，如果它不改变，就影响整个中国的效率，而在十年前问题可能不会这么严重。第三点，制度常常是无效率的，因为它们受到交易成本的影响，不好的制度可以长期锁定。当然，诺斯的这些观点有几个问题：他认为制度是以国家为前提的，但为何要存在国家，是上帝创造的还是我们自己建立的？他无法解释我们前面所讲的制度的自我实施问题，包括国家本身；无法解释非法律因素（包括社会和文化因素）的影响；无法解释"路径依赖"。所以我们下面介绍最新的一种分析方法。

3. 历史制度分析（Historical Institutional Analysis）

这种分析主要用现代博弈论，从微观的、大量的历史资料来解释制度的存在和演进。这是种非常新的理论，代表人物有格雷夫（Greif，斯坦福大学经济学教授，在史学界和经济学界的名气非常大）等，他用博弈论来研究经济制度史。这里，我们举几个例子。比如他研究公元 11 世纪时，地中海一带从伊拉克到北非的犹太人商人团体的信用制度问题。这些商人在地中海一带做生意，有两种选择：一种是货发出去后，你自己跟过去，卖了货把钱拿回来，这种方式效率很低；另有一种方法，货发出去后，目的地有你的代理人，帮你卖东西，卖完后把钱给你。当然，第二种选择更有效，因为你不必跟过去，是他（代理人）为你提供本地的且很专业的服务，如美国人把东西卖到中国他不必跟着来，中国有人帮他卖。但代理人制度面临的一个很大的问题是，你怎样控制代理人，他随时可以骗你。如果不解决这个问题，商业制度就不能形成、不能持续。格雷夫（1989, 1994）的研究发现，那些犹太商人解决这个问题的办法是成立商业联盟（coalition），互为委托代理，即你帮我卖东西，我也帮你卖东西，假如你骗我一次，那么联盟所有的人都知道，以后就谁也不帮你了。因为你害怕这个惩罚，所以你就不敢违约。商人们联合起来，互相帮助，所以贸易就发展了。在这种情况下，每个人都希望建立一个不欺骗的信誉（reputation）。格雷夫通过对大量新发掘的资料的统计分析，发现信誉在这里起很大作用，否则地中海商人团体就发展不起来。引申一点，米尔格罗姆、诺斯和温加斯特（Milgrom, North and Weingast, 1990）关于律商（law merchant）的研究也提供了深刻的洞见，他们发现，law merchant 起了充分传递信息的第三方的作用。实际上这表明，law merchant 制度相当于现代社会的信用报告制度（credit reporting bureau），在二战之后的美国，这种机构就很多了，每一个商店都可以加入某个组织，当有人欠你的钱，你就告诉这个组织，不再对这个人提供信用。这种制度运行非常有效，美国商业信用制度之所以非常发达，也有它的一份贡献。因为用现金买东西，当场检验即可，靠信用卡买东西，信用就非常重要，因此关于信用的信息怎么传输也显得非常重要。通过信用报告机构，有过期账款一查就知道，这样你就不会给他赊购，不易被欺骗。当然，如你没加入但告诉你的客户说你加入了，别人也可能就不敢骗你（Klein，1992）。

再有一个研究是本森（Benson，1989）关于商法的自我演进的分析。实际上，国际上的所谓仲裁制度本质上与 law merchant 一样。美国人来中国做生意，跟中国人签的合同，仲裁条款大部分是通过国际仲裁机构来办的，不使用中国的法律。原因可能是，第一你的本身法律与他不一样，第二是有地方保护主义的嫌疑。但国际仲裁机构没有警察，不能强制你，它的裁决为什么对当事人有约束力？因为如果你不执行他的判决，那么就没有人会跟你再做生意，这是很简单的道理。本森的研究同时分析了各国法律制度本身。在西方也一样，外国人来你这儿做生意，一开始肯定保护本地人，但后来，各个商人却会联合起来，形成专门保护外国人利益的法律，使外国人有积极性来做生意。这对我国可能很有启发意义。在我国各省之间做生意，打官司一般要在当地法院，但当地法院一般偏向于本地人，所以，有人提议中国的司法审判制度应该集中化，建立像美国那样的巡回法庭，地区之间的纠纷都由上一级的法院来执行。这个建议可以接受，因为上一级法院比本级中立。但是从本森这项研究中得到的结论看，重新思考一下，觉得也不一定如此。如果地方竞争充分的话，每个地方为了吸引外地商人来投资，它也要建立一个保护外地人的法律。实际上，现在已经开始有这样的例子了，一些省份签订了横向地区之间互相保护投资人权益的协议。但是总的来说，我们的政府官员仍然十分短视，为了保护本地产品，规定本地的产品摆在容易看见的地方，外地的产品靠边站。我们知道这对商业的发展很不利，如果长期竞争的话，这些地方就会落后。所以应修改法律的制定原则和过程，即把商业实践本身变成法律，如果一个法律想改变一个商人的行为规则，一个合理的办法是要把商业协议本身变成法律。

另外，在关于路径依赖的分析上，历史制度分析法也提供了许多有意思的案例。格雷夫（1994，1997）研究的犹太商人形成的秩序其实是集体主义的，因为他们是互为代理人，惩罚对方是靠第三者完成的。就是说你骗了我了，可能不是我惩罚你，而是另外的人惩罚你。在这种情况下，骗过人会被别人所骗，欺骗骗过人的人并不算骗人。而他研究的意大利的热那亚商团，则是一种个人主义的秩序，因此惩罚就需要通过国家政策的手段来完成。由这两种不同的传统便会衍变为现在两种不同的主义。在一个集体主义的社会里，个人之间、人群之间的信任度可能较低；而在个人主义的社会里，人们之间的信任度较高。假如由于某种原因两个社会合在一起，那么两个个人主义的社会会很容易互相信赖，而两个集体主义的社会却会只信任自己，各自只跟自己的群体交易。

（二）谁来研究中国经济史?

最后我想提的问题是，谁来研究中国经济史？我虽然对这些问题很感兴趣，但无能为力。这里我向大家介绍的是一些新的方法。这些方法，可能就目前国内而言，据我所知，很少人运用，也很少人知道。因为如果要运用这些东西，你必须有比较好的经济学功底，这也许是一个困难。但运用这些理论，可以对我刚才所说的文化、法律和历史进行分析，如中国历史上的十大商帮，它们怎样实施合同，怎样使用惩罚机制，使得每个人建立信誉，怎样控制个人行为，这都非常有意思、有价值，值得研究。我们中国最早形成现代的文官制度，从秦始皇统一中国后就建立起来，特别到唐代的时候有很完善的三省六部制，这样一种政府制度在某些方面甚至可能比我们现在的制度都优越、有效。这些问题大家都可以用前面介绍的理论去研究。还比如关于王朝更替、官员腐败问题等，可以用委托—代理理论去研究。实际上，每一个皇帝都希望自己的天下长治久安，因为做皇帝是一种重复博弈，他希望天下祖祖辈辈都是他家的，这跟一般官员不同，后者只有几年的任期，是短期行为。但为什么一个朝代一般都是二三百年甚至更短就灭亡呢？值得好好地研究，我猜很大的一个可能就是控制代理人的问题，代理人的问题没解决好。皇帝和太监的关系跟股东和经理的关系没什么差别，跟一个主人和保姆的关系没什么差别，他面临的是同样的问题，即信息不对称问题。中国历史上好多这样的案例，为我们提供了丰富的资料，需要我们研究。所有这些问题都可能与代理人、信息有关。运用这些国际前沿的经济学方法，将会得到很多有价值的结论，有待于诸位有志者去努力。

参考文献

Aumann, S. and S. Hart, 1992, *Handbook of Game Theory.* Amsterdam: North-Holland.

Basu, Benson, Bruce, 1989, "The spontaneous evolution of commercial law",

Southern Economic Journal, 55 : 644-61.

Casadesus-Masanell, Ramon, 1999, "Trust in agency", a working paper, Kellogg Graduate School of Management, Northwestern University.

Elster, J., 1983, "Marxism, functionalism and game theory", *Theory and Society*, 11:453-82.

Fukuyama, Francis, 1995, *Trust.* New York: Free Press.

Greif, Avner, 1989, "Reputation and coalitions in medieval trade : evidence on the Maghribi traders", *Journal of Economic History*, 49 (4): 857-82.

Greif, Avner, 1994, "Cultural beliefs and the organization of society : a historical and theoretical reflections on collectivist and individualist society", *Journal of Political Economy*, 102 (5): 912-50.

Greif, Avner, 1997, "Microtheory and recent developments in the study of economic institutions through economic history", in Kreps and Wallis (eds.) *Advances in Economics and Econometrics : Theory and Applications*, Volume II, 79-113.

Greif, Avner, 1997, "On the interrelations and economic implications of economic, social, political and normative factors : reflections from two late medieval society", in Drobak and Nye (eds.) *The Frontiers of New Institutional Economics*, Academic Press.

Grossman, Sanford and Oliver Hart, 1986, "The costs and benefits of ownership : a theory of vertical integration and lateral integration", *Journal of Political Economy*, 94 : 697-719.

Gibbons, Robert, "Trust in social structure: Hobbes and Coase meet repeated games", in K. Cook (ed.) , *Trust in Society*, New York: Russell Sage Foundation.

Klein, Daniel, 1992, "Promise keeping in the great society : a model of credit information sharing", *Economics and Politics*, 4 : 117-36.

Kreps, David, 1986,"Corporate culture and economic theory", in *Technological Innovation and Business Strategy,* edited by M. Tsuchiya, Nihon Keizai Shimbun, Inc.

Milgrom, Paul, Douglas North and Barry Weingast, 1990, "The role of institutions in the revival of trade : the law mechant, private judges and the champagne fairs", *Economics and Politics* 2 : 1-23.

Myerson, Roger B., 1999, "Nash equilibrium and the history of economic theory", *Journal of Economic Literature*, XXXVII（3）:1067-1082.

North, Douglas, 1981, *Structure and Change in Economic History*, New York : Norton.

North, Douglas, 1990, *Institutions, Institutional Change and Economic Performance*, Cambridge : Cambridge University Press.

Rotember, Julio J., 1994, "Human relations in the workplace", *Journal of Political Economy*, Vol. 102（No.4）: 684-717.

张维迎，1996,《博弈论与信息经济学》，上海人民出版社和上海三联书店。

裁判和规则制定者一定是政府吗？

从计划经济到市场经济的转轨过程中，如何认识政府与市场的关系，是一个重要问题。关于这个问题，中国理论界和政府部门的认识经历了几个阶段。第一阶段，即改革开放之前的计划经济时期，基本的认识是"政府是万能的，市场是无用的"。这种认识推广到政策上，就是只要计划，不要市场。第二阶段，改革开放初期到1984年，基本的认识是"政府基本是可行的，但不是万能的，需要市场来补充"。这就是"计划调节为主，市场调节为辅"的指导思想。按照这种思想，政府能干的让政府干，只有政府干不了的才允许让市场干。应该说这是一个认识上的进步，但仍然是本末倒置的。1985年，经济理论界开始形成了这样的认识，即应该是市场能干的让市场干，市场干不了的

---

* 本文是作者于 2000 年 6 月 10 日在"50 人论坛西安会议"上的发言，曾收入《产权、政府与信誉》一书。

才需要政府干，即政府是补充的。这其实就是我们从微观经济学教科书中学到的基本东西。在那个时候，我曾提出这样的观点，即市场干不了的政府也不一定干，因为政府可能比市场干得更糟糕。很多人说市场不完美，但是政府干起来可能更不完美。很遗憾，这样的观点到现在也没有真正深入人心，更没有变成我们制定政策的主导思想。事实上，许多政府部门至今仍然是"政府为主，市场为辅"的思想。

"政府为主，市场为辅"的指导思想可以以其他的形式表现出来。比如说，现在的一种流行的说法是，在市场经济中，政府不应该是参与人，不应该是一个球员，而应该是个裁判和规则制定者。说政府不应该是参与人，不应该是一个球员，这没有错。但说政府是市场经济中的裁判和规则制定者就过高地估计了政府的作用。我今天发言的主题就是要破除这个观点。

第一，说市场经济下，政府就是裁判，就是规则制定者，不符合西方市场经济的现实情况。现实中，市场经济的秩序主要是由"看不见的手"来维持的，多数情况下，竞争中的胜负并不需要政府来判决。比如我们俩签订了一个合同，难道我们是害怕政府惩罚才执行这个合同吗？不是。我之所以愿意执行这个合同，是因为我害怕不执行这个合同，言而无信，以后就没有人愿意与我做生意了。只有在非常情况下，才会求助于政府。我们俩之间签了合同，由政府监督我们来执行，这在市场经济下占的比例非常少。

这里，我特别想提一个新的概念，其实不新了，亚当·斯密讲市场经济是"一只看不见的手"（an invisible hand），这时候本身已经排除了政府是一个规则制定者和裁判员，否则，市场经济就不是由一只看不见的手指挥了。如果我们仔细读一下亚当·斯密的书，我们会发现还有一个意思，市场不只是看不见的手，还有"一只隐形的眼"（an invisible eye），这就是"信誉机制"。市场经济之所以能正常运转，主要不是因为有一个政府在监督做什么，而是因为"信誉机制"这只隐形眼在监视着每个人的行为。

第二，说市场经济下，政府是裁判，是规则制定者，也不符合市场经济发展的历史。人们之间的交易并不是有了政府以后才开始的。国际贸易就是一个很好的例子。11世纪的时候，地中海的贸易开始复苏。地中海的贸易就是国际贸易，没有统一的政府，商人说着不同的语言，每个地方都有自己的法律，并且不同的法律常常相互冲突，怎么发展起贸易的？就是靠商人自己，而不是靠政府。商人们有一个自己的法律系统（law merchant），维持交易的秩序。这个法律系统并没有政府法律的强制权，但得到普遍的承认。如果一个商人不接受这个法庭的判决，就会受到所有其他商人的联合抵制，将失去未来的商业机会。这个由商人自己运行的商法制度至今仍然是国际间商业仲裁的基本框架。我们并没有世界级的中央政府为国际间的交易制定规则、充当裁判，但国际贸易是过去半个多世纪增长最快的。

根据本森（1989）的研究，现代商法在很大程度上是由商人们自己创造的，是自发形成的，尽管政府一直在努力接手这项工作。即使在法律最发达的美国，大部分商业纠纷也不是由法院裁决的，而是由私人仲裁机构裁决的。比如在20世纪50年代，美国75%的商业纠纷是由非政府的仲裁机构解决的，并且自那时以来，这个比例一直在上升。因此，无论从历史上看还是从现实上看，都不能理解为市场经济下只有政府是法官，是规则制定者。当然，有些规则需要政府制定，有些纠纷需要政府裁决，但市场经济的主要规则的制定者不是政府，而是商人自己。

第三，如果政府是一个规则制定者，将会带来一系列的问题。我提出以下三个命题：

第一个命题：哪一个国家，哪一个地方，政府在处理企业问题上花的精力越多，企业在处理与政府关系上花的精力越多，这个国家就越落后。外企来中国以后，他们多少精力花在跟政府打交道上？我们的政府官员很自豪，说我成天关心引进外资，老在接见外国投资者、大老板。我们在电视上几乎每天都看到这样的镜头，这是非常不正常的。我们去美国办企业，需要见总统、州长、市长吗？不需要。深圳康佳集团老总自豪地说他已经半年没进市政府的大门了，这是好事啊，十年不进才好呢。本来公关在国外是与媒体的关系，在中国变成了与政府的关系。任何进入中国的大企业，都要有一个与政府的关系部。现在已经形成了一个很大的产业，就是专门安排外国投资者见中国政府官员的产业，有很多是外国人办的，也有中国人办的，生意很好，收费很高。这个问题值得我们很好地深思。政府不要说我花了多少时间在企业上面，这是落后的表现。

出现这种状况的原因是我们的审批制度，干什么都要由政府有关部门审批。我认为必须废除办企业的审批制。现在讲西部开发，西部有没有优势，关键是制度有没有优势，一定要废除审批制。有一个例子，一个朋友分别在美国、香港和深圳注册了一个公司，在美国注册花了十几分钟，在香港花了半天，在深圳花了两周多。我想在北京至少要两个月，在西安可能要四个月。看看我们国家，企业界的人士多少精力浪费在这里？这是一个非常严重的问题。必须废除办企业的审批制。办企业是个人的权利，不是国家的权力，不是国家有权垄断的东西。所以必须明确这一点。

在西方，立法的精神、政府管理的精神是首先假定你是好人，允许你自由创业，如果你干了坏事再处罚你。我们是首先假定你是坏人，先把你管住，你要证明自己是好人我才给你创业的机会。这就是审批制。有人会说，现在有这么多骗子，如果不审批不是骗子更多吗？我想提出的问题是：为什么中国是全世界审批最严的国家，也是唯一的在所有的行业实行审批制的国家，但也是全世界骗子最多的国家？

这就是我的第二个命题：政府管得越多，市场中的骗子越多。我们国家为什么骗子这么多？就因为政府管得多。市场经济依赖信誉机制而运作。所谓信誉，就是牺牲今天的利益以换取明天更多的利益。我今天不骗你，因为骗了你以后，明天就没有做生意的机会了。就像老百姓借钱一样，好借好还，再借不难。我只有还你了，我才能再借。要使人们有积极性建立信誉，人们要对未来有一个稳定的预期。一个社会，人们对未来的预期越稳定，这个社会的人们就越讲信誉。政府管得越多，政府的政策越变化无常，人们对未来的预期就越不稳定，就越可能去干一锤子买卖。比如，我今天办这个企业，可能明天政府就说违法了，让我搬走，我干吗不干一锤子买卖？这就形成了骗子。国有企业的骗子不讲了，为什么私营企业也要骗？就是政府部门创造了太多的不确定性，政府随意进行干涉，导致人们对未来没有信心。

我们的政府部门有一个很大的问题，就是每一个政府部门几乎都有不受限制地制定"法律"的权力。这个法律可能叫政策，但是所有的政策都有法律的效力。所有的政策制定的时候，有关部门都说是"为了维护国家的利益"，"为了维护市场秩序"，但仔细分析一下，90%都是为了增加该政府部门的权力，而不是为了国家的利益。我们在北京感受很深，北京汽车收什么停车场占地费，外经贸委、信息产业部争夺对信息产业的管制权等等，都是这样的问题。第二个问题，这些规则模糊度太大。你要管那么多事情，肯定说不清楚，所以就要模糊。或者是政府官员有意制定得模糊，原因很简单，政策越模糊，官员的权力越大，因为解释权在他。因为你们都搞不清楚，政府部门再成立各种的咨询公司向你们提供收费服务。你嫌麻烦吗？我对门有一个咨询公司，交几百块都办清楚了。所以，政府自己为自己创造寻租的机会，这个问题也必须解决。必须废除政府具体部门的立法权，立法权应统一收归于人大，政府部门只有执行权，没有立法权。

第三个命题，如果政府作为裁判，最可能是不讲信誉的。我们应该好好研究英国光荣革命以后的做法和经验。光荣革命把一个不受限制的政府，变成一个受限制的政府。之后，英国政府发行债务的能力增长了几十倍，打败了法国。原因是，原来政府权力不受限制，老百姓不相信你，不会借钱给你；变成了受限制的，老百姓相信你说话算数，反倒信誉提高了。

国有企业的问题也同样。政府职能不转变，国有企业的问题不可能解决。此外，国有企业的问题不解决，政府的职能不可能转变。为什么？因为国有企业一办，政府就自觉不自觉地由一个裁判变成一个了球员。现在我们的大部分法律，是针对国有企业制定的，如《公司法》规定无形资产占的股权不能超过 20%，世界上哪有这个道理？政府考虑的是国有企业，担心国有企业资产流失。政府完全是从国有企业的角度制定各种规则，然后把这些规则套用到整个社会。

我最近在谈一个观点，政府官员应该学什么？其实很简单，政府官员应该人手一册《国富论》，二百多年前亚当·斯密写的，默读三个月，比学任何东西都有效。为什么？《国富论》就是针对当时英国政府对经济的干预写的。我们很多的所谓的审批制跟英国那个时候差不多。

政府·市场·企业家·所有制

政府与市场

　　体制改革要解决的一个基本问题就是政府与市场的关系问题。"政府是万能的，市场无效"，这是传统体制赖以建立的一个基本信条；"政府基本有效但并非万能，在政府管不了的地方需要市场作补充"，这是 1984 年之前体制改革的一个基本指导思想；"市场能管理好的由市场管，市场管不好的由政府管"，这是经济学家为未来体制勾画的一个目标模式。我认为，现在的认识应该更进一步：市场管不好的政府也不一定管，不要以为市场管不好的政府一定能管好。因为许多经验表明，政府往往比市场更不完善，政府在消除市场"缺陷"的同时常常创造出更大的"缺陷"。只有充分确信政府管的净利益（利弊相抵）

＊　本文发表于《世界经济导报》1986 年 12 月 15 日，曾收入《价格、市场与企业家》一书。

大于市场管的净利益时，政府才应该插手。政府应该制定一些竞争规则，但不应该以"裁判"自居，竞争的主裁判只能是市场本身而不是政府。迷信市场不对，但中国改革目前面临的主要危险是政府迷信论而非市场迷信论。

市场与企业家

对市场机制不信赖的理论根源在于忽视了企业家在市场运行中的主体作用。所谓"市场调节是事后调节"的陈腐观点正是这样产生的。市场经济＝价格＋企业家。传统理论只看到了价格的自发性和滞后性，而没有看到企业家的自觉性和洞察力。市场的效率不仅来源于价格机制，更取决于企业家的创见能力。企业家并不是被动地跟着"现行"价格的指挥棒转，而是依据对未来的判断做出决策。事实表明，企业家对未来的预测要比政府官员准确得多。其原因在于企业家有一种降低风险的内在动力，而政府官员则没有这种冲动，因为他们既不是收益的获取者又不承担风险。不要以为有了计算机，政府就能很好地预测未来，因为未来是不确定的，信息是不完全的，计算机的"精度"永远抵不上企业家的"精明"。

企业家与所有制

造就企业家的关键在于改革现行的所有制。现行的所有制只能产生官僚经理而不能产生真正的企业家，原因在于：第一，政企不可能真正分开。因为经营者永远只能对所有者负责，如果所有者是国家，经营者就得对国家负责；而国家本身是一个抽象概念，它由大大小小的政府部门组成，所以经营者对国家负责的必然结果是对政府主管部门负责。第二，主管部门代表国家行使所有权，但负责主管部门的官员本身并非财产的所有者，他们不可能真正关心财产的增值，不会像真正的股东那样行事，从而既不能保证自己的行为是"符合国家利益"的，也不能对经营者形成有效约束。第三，靠政府条文来统一规定权责利的范围，不可能使三者真正统一起来，其结果不是"权大责小"导致不负责任，就是"责大利小"导致"不求有功但求无过"。第四，工人是企业的"主人"，经营者无法处理国家利益与"主人"利益的矛盾。

"公家报销"与价格扭曲

　　"公家报销"是我们熟悉的一个词。作为一名国家工作人员，我们每个人都享受过"公家报销"的好处。在个人出钱的场合，我们可能非常注意节省；但只要沾上公家的边，我们就非常大方。"公家报销"导致的浪费现象已经引起人们的广泛注意，人民群众对花"公家"的钱毫不心疼的作风十分不满意。但由"公家报销"导致的价格扭曲并未引起人们的足够重视。在价格改革正全面推开的今天，考察一下"公家报销"与价格扭曲的关系，也许不是没有意义的。

从君子兰价格暴涨说起

　　前段时间，哈尔滨出现了"君子兰热"，君子兰价格暴涨，一盆

＊　本文发表于《经济日报》1985 年 7 月 6 日第 1 版，曾收入《价格、市场与企业家》一书。

君子兰可以卖到几百元甚至上千元的价格。人们感到奇怪，哈尔滨居民的月平均收入不过几十元，买一盆君子兰就得几个月的工资，而除了观赏以外，目前并未发现君子兰还有其他使用价值。难道月收入几十元的普通居民竟有如此的需求冲动？一位记者发现了这个秘密。原来，君子兰的主要需求者是机关团体。也就是说，君子兰的价格在很大程度上是靠"公家报销"人为地抬上去的。这说明："公家报销"会导致价格扭曲。

何谓"公家报销"？

"公家报销"是日常生活中使用的一个俗词，它包含着深刻的经济学语义。这要从"花钱"说起。

按照美国著名经济学家米尔顿·弗里德曼的观点，世界上所有的花钱都可以划归为四种方式之一。钱可能是你的，也可能是他的；可能为你花，也可能为他花。这样二乘二就有四种方式。第一种是你为你花你的钱；第二种是你为他花你的钱；第三种是你为你花他的钱；第四种是你为他花他的钱。

以此来看，个人开支可以划归为第一种花钱（如用自己的钱买自己用的东西）或第二种花钱（如给朋友送礼），而"公家报销"则属于第三种或第四种花钱。以公费医疗为例，对病人来说，公费医疗属于第三种花钱，即"你为你花他（公众当然包括病人本人在内）的钱"；对医生来说，公费医疗属于第四类花钱，即"你为他（病人）花他（公众）的钱"。在实际生活中，第三种花钱和第四种花钱往往是混在一起的。

　　花钱的方式不同，其效果也就不同。一般来讲，当花钱按第一种进行时，花钱的人既注意省钱又讲求效用，即尽量把钱花得合算；当花钱按第二种方式时，花钱的人可能注意省钱但对效用却关心不够，如送礼的人往往花钱买些对受礼者并无多少实用价值的东西（难怪礼品往往是耐看不耐用）；当花钱按第三种方式进行时，花钱者往往只讲效用不讲节约（只要吃得好，管他钱多少）；当花钱按第四种方式进行时，花钱者往往既不讲效用也不注意节约。一位企业领导曾让职工医院的大夫给他做了一次本无必要的 CT 检查（每次 180 元），这位大夫后来对别人说：如果让他（领导）自己出钱的话，他肯定不会做这个检查，那是 180 元钱啊。但我们同样可以问问这位大夫：如果让你替他付钱，你会为他做这种检查吗？

价格扭曲是如何发生的？

　　所谓价格扭曲，是指实际价格结构偏离均衡价格结构。均衡价格结构是指在竞争的市场上由供求双方共同作用形成的这样一种价格结构：从供给角度看，这种价格结构反映生产商品的相对成本，从而保证了生产者利润的最大化；从需求角度看，这种价格结构反映商品对消费者的相对效用，从而保证了消费者满足程度的最大化。如果供求双方中有任何一方被扭曲，价格就会偏离均衡价格。"公家报销"对价格的扭曲主要是通过扭曲需求造成的。

　　价格结构反映商品对消费者的相对效用有两个基本的前提条件：

第一，需求受到收入水平的限制（即支出预算约束），如我们每个人支出不能超过我们的收入（包括借款在内）；第二，需求者以追求效用（满足）最大化为目标。就我们每个人来讲，我们有各种各样的永无止境的需要，我们要吃、要穿、要住、要行、要玩，这每一方面，我们当然希望多多益善。但是，我们的收入限制着我们的需求，我们不可能每个方面都"多"，增加这方面的支出就要相应压缩其他方面的支出，因此，我们只能在各种需求中进行权衡比较：多吃点少穿点，还是多穿点少吃点？所谓消费选择，就是要在满足收入约束的条件下求得需求的最大满足。

如果一个人的收入约束是严格的，他的需求偏好函数也是既定的，那么，他的支出结构就决定于价格结构，就是说，需求结构与价格结构之间有一种函数关系。如果每个人的支出都受到收入的严格约束，如果每个人都在追求需求的最大满足，那么，由此形成的市场需求结构就对应着特定的价格结构，这个价格结构恰反映社会消费偏好。人为地改变这种价格结构，就会使消费者把需求由价格偏高的商品转向价格偏低的商品，从而造成前者的积压和后者的供不应求。如果不想长期维持这种状况，价格就必须恢复到它原来的水平。这就是我们说的均衡价格结构（这里我们没有考虑供给的扭曲）。

如果支出不是来源于个人收入，而是由"公家报销"，那么，正常需求的两个前提条件就难以满足：第一，支出预算约束会软化（个人的收入是固定的，而公家的钱则往往是可以追加的）；第二，花钱的人未必追求最大效用（如"你为他花他的钱"）。只要这两个后果有一个发生，需求与价格之间的函数关系就不复存在。与这种需求相对应的价格结构就脱离社会的消费偏好函数。某商品涨价肯定会赶走一部分个人消费者或使个人购买量减少，但公家报销的购买量却往往靠追加支出而维持不变，甚至还会增加。哈尔滨君子兰价格涨到几百元竟没有吓走购买者，一个重要原因是买者（机关团体）的支出预算约束太软，也不讲实用价值。如果让当事人用自己的钱买来自己用，那么，第一他可能根本拿不出这么多钱来，第二即使有钱也感到不划算，所以，这种行情是难以维持的。个人买东西首先是问价格，而公家买东西首先是问能不能开发票（相比之下，价格高低倒是次要的）。

"公家报销"对价格的扭曲是连锁的。如果住宿费可以提高，那就会由此派生出对彩电的需求、空调的需求、地毯的需求、冰箱的需求，等等，从而带动这些商品的价格上涨；所以，究竟是因为服务标准提高而引起服务收费提高，还是由于服务收费（可以）提高而引起服务标准提高，恐怕是一个难以说清的问题。但有一点是清楚的，如果把出差费发给个人包干使用，十元以上的床位恐怕就很少有人问津（外国人除外），一大批彩电就可以搬到商店，买彩电的队伍可能大大缩编。

"公家报销"的通货膨胀效应和收入分配效应

"公家报销"不仅扭曲相对价格，而且引起物价总水平的上涨。这主要产生于两个原因：第一，"公家报销"往往引起预算支出增加，成为导致财政赤字、社会总需求膨胀，从而带动价格全面上涨的重要原因。有人说去年行政费支出增加是物价上涨造成的，这话也许只有一半正确性。实际情况也可能是，物价的上涨有一部分是行政费用增加引起的。第二，即使没有财政赤字，不发生名义总需求膨胀，由于价格结构被扭曲，造成一部分商品供应相对紧张，导致排队以及票证等准货币的出现（即票证充当货币），从而使货币实际上贬值，这同样是一种通货膨胀。

"公家报销"还引起收入的再分配。第一，作为"公家"的钱，来自全社会，可以说是人人有股、人人都是"他"。但是，不同的人享受"公家报销"的机会大不相同。两个名义工资相等的人，一个靠"公家报销"一年享受的东西，另一个没有"公家报销"机会的人恐怕三年也享受不到。第二，不同的人消费构成不同，无论价格结构的扭曲还是物价总水平的上升，都会引起收入的再分配。

我写这篇短文，绝非主张取消"公家报销"，因为"公家报销"并不是全都不对，而且只要有社会，就会有团体，就会有国家，就少不了有"公家报销"。何况，在一些特殊商品上，"公家报销"也有它特殊的好处。我只想告诉人们，"公家报销"的代价是巨大的，作为花钱的一种办法，尽量少用。对每一个公民来说，只要自己能直接花的钱，就不要让别人代替自己花；对政府来讲，要尽量把第三、四种花钱转变为第一、二种花钱，这样于国于民都有利。

我写这篇短文，也绝非想把目前的价格扭曲归罪于"公家报销"。事实上，"公家报销"只是价格扭曲的原因之一。但我认为，为了确保价格改革的顺利进行，改革时期应尽量缩小"公家报销"的范围，严格控制行政支出和社会集团购买力。如不卡住"公家报销"这一头，价格放开也难以合理，还会导致低工资高物价的局面。

反垄断法的本质是反竞争

——兼评 360 诉腾讯垄断案

2013 年 11 月 26 日上午，奇虎 360 诉腾讯垄断案在最高人民法院开庭。作为自 2008 年 8 月 1 日《反垄断法》实施以来最高人民法院审理的首例互联网反垄断案，这场官司备受媒体和公众的关注。新浪科技当日所做的 1.6 万人参与的网上调查显示，69% 的投票人支持 360 一方。奇虎 360CEO 周鸿祎前一日在一场演讲中表示，这一案件已经引起大众对垄断的关注，对他来说，"是输是赢都值了"，"如果腾讯赢了，那中国互联网就输了"。

不过在我看来，这是由一部荒唐的法律引出的一场司法闹剧。

首先我要声明，对于两家公司 2013 年之前针对对方的"不兼容"政策，我并不赞同。但这是他们的竞争手段是否正确的问题，与是否违法无关。市场竞争中商家会在法律许可的范围内选择各种各样的策

＊　本文发表于《经济观察报》2013 年 12 月 9 日。

略，每家都试图胜过对方，这是他们的权利。但历史经验表明，一些看似聪明的做法事后证明是非常愚蠢的。产品的"不兼容"政策就是一个例子。兼容本来可以带来双赢，但有些企业家认识不到这一点，最后是搬起石头砸自己的脚。人类的无知经常让我们犯"聪明反被聪明误"的错误，这是每一个商家都应该记住的一点。

经济学的垄断概念是错误的

我说的"荒唐的法律"就是《反垄断法》。美国是最早实施反垄断法的国家，从1890年《谢尔曼法》开始，1914年出台《克莱顿法》和《联邦贸易委员会法》，到1936年《罗宾逊—帕特曼法》，形成了完整的反垄断法体系，也养活了大量反垄断法专家。其他国家相继步其后尘，现在全世界几乎所有的市场经济国家都有反垄断法。中国的《反垄断法》由全国人大常委会于2007年8月30日通过，2008年8月1日起实施。

反垄断法之所以荒唐，是因为它建立在传统经济学关于"竞争"和"垄断"的错误定义上。传统经济学根据一个行业中企业的数量和规模定义竞争和垄断：厂商数量越多，每个厂商的规模越小，竞争就越激烈；反之，厂商数量越少，其规模越大，这个行业的垄断力量就越强。根据传统经济学的定义，"完全竞争"就是无数个厂商生产完全相同的产品，并以完全相同的价格销售。只要不满足这个条件，就存在着所谓的"垄断"（包括独占、寡头和垄断竞争），就带来效率损失。传统经济学用"市场集中度"来衡量垄断程度，一家企业所占据的市场份额超过一定程度，就被认为具有"市场支配地位"，其行为就常常受到"滥用市场支配地位"的指控。

传统经济学把竞争和垄断完全搞混了。它把没有竞争当作"完全竞争"，把真正的竞争当作"垄断"。所谓的"完全竞争"，实际上是没有竞争，因为"完全竞争"意味着任何企业都不具有任何竞争优势：生产的产品不能与别人不同，产品质量不能比别人好，成本不能比别人低，价格不能比别人高，拥有的信息不能比别人多。这怎么能叫竞争呢？如果一个经济真的处于这样的"完全竞争"状态，这个社会根本不可能有任何进步，因为任何新产品的出现都是不可能的。

市场上企业之间如何竞争？最重要的是差异化，即生产出与竞争对手不同的产品，以质量和信誉保持客户的忠诚度，或以比对手更低的价格销售产品。正是这样的竞争推动了技术进步、新产品的不断出现，以及价格的不断下降。但按照传统经济学的定义，这些竞争行为都是"垄断者"做的事情。

那么，有没有真正的垄断呢？有！这就是政府通过法律和政策对竞争实施限制。政府动用强力（法律和政策）来为一个或多个企业保留全部市场或一部分市场时，垄断就产生了。如用法律或行政手段限制行业准入，发放许可配额，给予专营权，在不同企业之间进行税收、信贷、补贴等方面的歧视，都会带来垄断，这是真正应该反的垄断，这样的垄断与行业中企业的数量多少无关。传统经济学用行业中的企业数量和规模定义垄断，是把市场竞争中形成的竞争优势与政府施加的垄断混为一谈，由此使得人们把本来只适用于中国移动、中国石油这些企业的垄断概念应用于腾讯、百度、阿里巴巴这样的竞争性公司，甚至认为中国电信不是垄断，腾讯才是垄断，真是荒唐之至。

反垄断法反的是真正的竞争

由于传统经济学有关垄断的定义是错误的，基于这种定义的反垄断法就必然是荒唐的。反垄断法所反的所谓垄断行为，许多恰恰是真正的竞争行为，所针对的常常是最具竞争力的公司。

在美国历史上，反垄断法一直被用来打击富有创造力和成功的公司，如 1911 年的标准石油公司，1945 年的美国铝业公司，20 世纪 70 年代的 IBM 公司，20 世纪 90 年代的微软公司。这些公司都被指控垄断市场。事实是，从 1870 年到 1897 年，标准石油驱使煤油价格从 30 美分降到 6 美分；从 1880 年到 1890 年，它使石油价格下降 61%；它还从石油中开发了 300 多种不同的副产品。美国铝业使铝锭的价格从 1887 年的每磅 5 美元降到 1937 年的每磅 22 美分。IBM 和微软都是当时最具创造力的公司，是信息技术革命的主要推动力量。想一想，没有 IBM 和微软，我们会生活在一个什么样的世界！

基于传统的经济学理论，实践中，反垄断法所针对的主要是如下情况：企业并购、价格合谋、高利润、"滥用市场支配地位"（包括歧视性定价、掠夺性定价、捆绑销售等）。

同行业企业之间的并购通常要受到反垄断法的审查，理由是担心合并会提高市场集中度，导致价格上升，产量减少，损害消费者的利益。但历史证明，这样的担心是毫无依据的。合并后通常出现的是价格的下降而不是上升，产量的增加而不是减少。企业并购通常是出于效率的考虑，而不是垄断市场，因为没有企业可以真正垄断市场，除非得到政府的强力支持。政府反垄断机构对企业并购的审查完全是劳民伤财。

市场上，企业之间的价格合谋即便理论上是可能的，但现实中是不可行的。比如说，1999年中国9家彩电企业曾达成价格协议，但没有任何一家企业曾经遵守过这一协议。在中国市场上，成功的价格协议都是政府部门推动的，不是市场竞争形成的。按照传统经济学理论，一个行业中企业数量越少，合谋的可能性越大。但事实是，几家寡头企业之间的竞争远比众多小企业之间的竞争激烈。看看几家互联网之间的竞争程度就不难理解这一点。

高利润常常被当作垄断的象征。传统经济学认为，处于"垄断"地位的企业可以赚取垄断利润，过安详的日子，没有创新的动力。如果垄断地位是政府用强力维持的，这一点确定无疑。中国一些国有企业垄断行业就说明这一点。但如果所谓的"垄断"是竞争中形成的，这一推论是完全错误的。比如说，微软曾被认为在软件行业处于垄断地位，但从来没有能免除竞争对手的威胁，从来不敢停止创新。事实上，正如比尔·盖茨所言，微软任何时候离破产只有18个月。问问腾讯、百度、阿里巴巴等所谓具有"垄断地位"的公司，哪一家敢高枕无忧？在没有政府施加的准入限制的情况下，高利润是创新和竞争力的表现，不是垄断的表现。反垄断法专家用传统经济学的价格与边际成本之差定义垄断利润完全是错误的，因为边际成本价格理论假定产品本身是存在的，而事实上，新产品都是企业创造出来的。如果软件产品必须按照所谓的"边际成本"定价，怎么可能有软件这种产品呢？真正的边际成本是有没有软件产品的边际成本，而不是拷贝一个软件的边际成本。政府物价管理部门针对高利润企业所做的价格限制，本质上是借反垄断之名行干预市场之实。这样的"反垄断"必然扼杀创新和企业家精神。

"市场支配地位"是一个武断概念

360 诉腾讯垄断案中双方争论的焦点是有关"相关市场"的界定，只有界定了相关市场才能判断腾讯是否占据市场支配地位，从而才能判断腾讯滥用市场支配地位的指控是否成立。有关相关市场的争执充分说明了传统经济学垄断概念的武断性和反垄断法的荒唐。

以传统经济学的垄断概念，一个企业是否处于垄断地位完全依赖于如何定义市场。你可以得出所有企业都是垄断者的结论，也可以认为没有任何企业是垄断者。比如说，如果以品牌定义市场，统一方便面和康师傅方便面都是垄断者；但如果以产品的功能定义市场，在"食品"市场上，没有一个企业是垄断者。所以在反垄断案例中，确定一个企业是否垄断，完全是法官的主观判断。

在 360 诉腾讯案中，原告认为，本案中相关产品市场为：集成了文字、音频及视频等综合功能的即时通讯软件及服务市场。被告认为，本案的相关市场是互联网平台，包括传统通讯产品及服务、电子邮箱、SNS 服务等。按照原告的定义，腾讯当然是垄断者，就有滥用市场支配地位之嫌；但按照被告的定义，腾讯就不是垄断者，滥用市场支配地位根本无从说起。一审法院采用的是被告的定义，所以腾讯赢了官司，但原告不服一审判决，向最高法院提出上诉，争论的焦点仍然是相关市场如何定义。

司法实践中，反垄断法专家和法官使用需求替代、供给替代、假定垄断者测试（SSNIP 测试）三种方式界定相关市场，但每一种方式都是武断的。比如说，需求替代的问题，测定替代弹性是不可能的，即使可以测定，多大的弹性构成相关市场仍然是武断的。我可以说走路与即时通讯产品之间也有替代性，因为如果即时通讯和其他通讯方式的价格足够高，我完全可能选择与你面对面交流。供给弹性测度更是任意的，因为在没有政府准入限制的情况下，所有产品之间都有竞争性，这是要素市场的本质所在。互联网泡沫期间，不是有许多传统行业找不到 MBA 毕业生吗？

假定垄断者测试更是武断的，价格提高一点如何影响需求完全是法官的主观想象。一审法官使用了这种方法，但原告认为，免费即时通讯产品的"价格"体现为观看广告等隐含价格，并认为隐含价格很难准确估算，以价格为基础的 SSNIP 测试方法不适用于免费产品，因而定量的假定垄断者测试不是用来确定本案相关产品市场的有效方法，使用 SSNIP 作为测定方法也应当以质量相对下降作为本案的前提。但依原告的意见，我们也不知道质量下降多少为合适。任何产品只要质量下降足够大，都会吓跑消费者，从这个意义上讲，没有任何垄断者。更何况，降低质量并不是企业竞争的好方法。

即使解决了相关市场的定义问题，这场官司中"滥用市场支配地位"的指控也是不成立的。《反垄断法》在所谓"滥用市场支配地位"名义下所指的"歧视性定价"和"捆绑销售"不过是市场上企业竞争的策略，不是垄断权力的滥用。歧视性定价对消费者是有好处的，可以说是"劫富济贫"的一种方式，与大学向高收入者收费给低收入者发放奖学金一样。"捆绑销售"（以及排他性条款）是市场中普遍的竞争方式。汽车有轮胎、衣服上有扣子、房子精装修等等，都是"捆绑销售"。既然如此，我们有什么理由说"不兼容"就是垄断行为呢？如果市场准入是自由的，任何企业都有权使自己的产品与竞争对手的不兼容，尽管如我一开始所说，我并不认为不兼容是一种好的竞争策略。

《反垄断法》中讲的"掠夺性定价"是指价格低于边际成本的情况。如此看来，腾讯公司最大的垄断行为是"掠夺性定价"了，因为它的即时通讯产品是免费的，肯定低于边际成本。但大概没有人愿意就此起诉腾讯公司，因为互联网时代，谁想当这样的原告本身就是自己所指控垄断行为的被告了。

这场官司使得我们有理由对《反垄断法》本身提出质疑。一部法律，连基本的概念都没有明确的定义，谈何公正执行！《反垄断法》中的"垄断"概念混淆了不同的事物，如把强力保护的垄断地位（如中国移动、中国石油、工商银行）与竞争中形成的优势地位（如腾讯公司、百度、阿里巴巴）都归于"垄断"，把对竞争的限制与竞争归于一类，把竞争和垄断搞混了，导致了错误的结论。真正的垄断只存在于政府强力干预的情况，也就是法定垄断和行政垄断。基于这样的垄断概念，一个企业是否垄断是没有歧义的。任何享受政治特权的企业都是垄断企业，比如说，在我们国家，电信企业是垄断的，金融企业是垄断的，电视台是垄断的，出版社是垄断的，大学是垄断的，但民营的互联网企业不是垄断的，因为谁都可以进入这个市场。

反垄断类似重庆"打黑"

反垄断法之所以受到普遍的欢迎，甚至被一些人认为是维护市场竞争的法律基石，除了传统经济学的误导之外，也与人们的心理有关。这种心理包括平均主义观念，也包括对企业势力的担心。

平均主义心理意味着人们总是对比自己富有和有影响力的人有不满情绪和妒忌之心，希望有办法绑住他的手脚。企业家本身是靠竞争优势生存的，但企业家同样有平均主义情结。用周鸿祎的话说，就是"只有反垄断，才能'打土豪分田地'"。所以不难理解，反垄断法在实践中常常变成低效率的企业对高效率企业或后来者对先来者进行不正当竞争的挡箭牌。有反垄断法这块遮羞布，竞争不过就起诉也是一种"竞争"策略。在美国，大量私人发起的反垄断诉讼就属于这一类。

美国最初实施反垄断法很大程度上是出于公众对大企业的担心，担心他们利用经济力量控制政治。中国未来也许会有类似的问题，但解决问题的办法是法治和民主，而不是反垄断法。就经济方面而言，担心一个企业变得越来越大是没有必要的。历史证明，只要市场竞争是自由的，没有一个大企业可以持续主导市场，正如没有一棵树可以长到天上一样。想想美国历史上那些赫赫有名的大企业，今天还有几个处于市场支配地位呢？十年前主导手机市场的诺基亚今天又如何呢？五年前我们还曾担心国美和苏宁垄断家电零售业市场，现在又怎么样呢？那些曾经辉煌的大企业衰落了，不是反垄断法的功劳，而是市场竞争的必然结果。既然如此，我们有什么理由担心BAT（中国互联网公司三巨头，即百度公司、阿里巴巴集团、腾讯公司）呢？十年后，也许他们都不存在了，如果他们真的认为自己处于垄断地位从而不思进取的话。

反垄断法的道德正当性还来自"垄断"一词本身的恶名。在亚当·斯密时代，所谓的垄断就是国王和政府赋予某些人的特权，如英国东印度公司对东方贸易的垄断权。所以，人们对垄断的反感是自然的，反垄断就是反特权。经济学家后来为了证明"完全竞争市场"的完美无缺，就把"垄断"帽子戴在了竞争中发展起来的大企业头上，反垄断的正当性自然就是不证自明的了。除了垄断者自身，谁会喜欢垄断呢？反垄断的斗士们就取得了道德上的正当性，拥护反垄断法就成为人们政治上正确的标准。

市场经济的核心是私有产权和自由竞争。维持市场竞争的关键是保护私有产权和防止政府用强力施加的法定垄断和行政垄断。真正要反的垄断是国有企业的垄断地位和一些私有企业享有的政治特权，而不是像腾讯这样的企业的竞争行为。我们不应该在反垄断的名义下行反竞争之实，也不应该借反垄断之名侵害企业的经营自主权。

我知道，如果腾讯输了这场官司，许多人会欢欣鼓舞，说这是反垄断法的胜利。但我必须告诫大家，那不是互联网的胜利，更不是市场的胜利。几年之后，也许坐在被告席上的将是奇虎360的管理层，如果他们做得优秀的话。那时，他们不得不引用今天腾讯使用的相同理由为自己辩护，那将真是一件不幸的事。

Ⅱ 管制的陷阱

信誉机制与政府管制

首先请大家回答一个问题：为什么你买电视机的时候考虑品牌，而买土豆就不考虑？

两年前，有位从国外回来的朋友问我："现在买房怎么样？"我说你现在不要买，因为现在房地产市场骗子太多，30%是大骗，30%是中骗，30%是无意识的小骗，只有10%是诚实的，但是你不知道这10%在什么地方。

那什么时候可以买？我说要等，等到所有卖出房子的人都在为各种欺骗行为、质量问题打官司，最后打出一个健全的房地产市场，那时候才能买房。

---

* 本文是作者在 2000 年 6 月于上海召开的"新住宅运动论坛"上的发言稿，曾收入《产权、政府与信誉》一书。

最容易骗人的行业

房地产市场是最容易产生欺骗的市场。因为广大消费者的知识是有限的，卖房人知道得多得多，这在经济学上叫"信息不对称"。信息不对称就产生了对信誉的需求，越是信息不对称的行业，信誉越重要。这是为什么电视机有品牌而土豆没有品牌的原因。

在房地产开发的每一步，提供的信息都可以有虚假成分。看看展览的规划图，绿化面积所占的比例基本上都比实际所占的比例大，还有用料、用工、尺寸等等，都有很大的骗人余地。

很多人认为，中国房地产行业之所以"骗子"太多，是因为市场准入的"门槛"太低。"门槛"低本身没有关系，进入之后的竞争才有意思。像房地产这样容易骗人的行业，什么样的企业才能最终在市场上站稳脚跟？

这就需要有品牌，有良好信誉。所谓品牌，就是不欺骗别人的一种承诺；所谓信誉，就是牺牲短期利益，换取长远利益。这就需要有足够的耐心，今天少赚一点，明天少赚一点，但累计起来可以赚得很多。

目前的中国房地产商，追求短期利益的多，追求长远利益的比较少。能否建立信誉，是关系到未来中国房地产市场能否健康发展的最核心问题。

所以，"新住宅运动"的实质应该是建立信誉、建立品牌的运动，而不是其他的运动。

信誉与产权何干?

为什么现在中国的房地产商很难建立信誉机制?有两大原因,一个是产权制度,另一个是政府的监管。

孟子说:"无恒产者无恒心。"没有恒产的人是没有积极性讲究信誉的,因为他没有耐心。

首先是房屋的所有权。我国过去房子是公有的,买房的人对质量并不是很关心。房地产开发商没有必要建立信誉,只要搞定房产处长就可以了。现在房地产商面对的是房子的最终消费者,卖出去多少房子就要搞定多少个人,这就非常困难。

房地产商本身是私有还是国有也非常重要。国有房地产商的老板有一个很大的特点,他的屁股是不稳的,能否坐这个位子与房子卖得好坏、树立的信誉好坏没有很大的关系,因此,在长远利益没有保障的时候,他可能更多地追求短期利益,于是欺骗就成了自然而然的事情。

仅仅开发商并不能完全解决房地产市场的声誉问题,还有设计单位和施工单位。如果设计单位、施工单位也是国有的,所面临的也是同样的问题。

越管越糊涂

你们也许会问,现在房地产企业以非国有的居多,为什么还在骗,还是没有积极性?这很大程度上与环境、与政府的干预有关。

一个人要有建立信誉的积极性,就要对未来有一个相对稳定的预期。中国目前的环境非常不稳定，政府各种各样的干预使投资者对未来没有把握，所以更追求短期利益。

在这里我想特别强调一点，很多政府部门有一种理论，认为参与者多了，鱼龙混杂，自然牵涉到清理的问题。谁来清理？靠政府是最容易想到的方法。政府部门发放各种各样的许可证，进行资格审查、质量评级，发明林林总总的约束手段，结果，政府对市场的监管远远超过了市场本身所需要的程度。

例如企业定级，为什么一定要由政府评定？像穆迪这样的评级公司，就不是政府机构，但为什么全世界都信任它的评级？因为穆迪本身就很注重信誉，如果它胡乱定级，以后谁找？如果我们依靠市场本身的"择优汰劣"力量，自然就清理了劣质企业。政府一插手，房地产企业每天想的就不是盖好房子，而是想着怎样和政府搞好关系。

在很多方面，政府的规则过于模糊，使大部分的权益转到了执行规则的当事人手中。房地产商和其他商界的人一样，要花大量的时间与政府处理关系。对房地产商来说，最大的成本支出不在于税费，不在于土地出让价，而在于处理与政府关系过程中的花费。这样的花费越多，可能你的行为本身就越不合法，行为越不合法就越着急要赚钱，就越希望去骗人。

自己管自己

仅仅依靠政府管理只能是恶性循环，但中国现在还没有信誉良好的评级企业，无法对房地产企业进行标准的信誉衡量，符合市场规律的监管和约束机制还很缺乏，所以我们提倡行业自律。

中城房网就应该带有行业自律性。要成为联盟的会员，就要有一定的承诺，有承诺，就可以净化房地产市场。我相信有一部分企业是希望做好的，但消费者辨不清楚哪个好哪个坏，这就需要有一些优秀的企业领头制定一些规则，对行业内部实行自我约束。

比如，加入中城房网的企业，大家可以连环担保不出现欺骗行为，消费者就敢买你的房子。新的成员进入时，可以进行严格的审查，一旦进入后就相当于获得 ISO 认证。

如果一些大的房地产商建立起良好的信誉机制，大家就会投到它们的门下，就像麦当劳那样。这就是品牌。当然，麦当劳并没有因为人家买了牌子就放手了，它还有一系列严格的检查、监督制度，保证质量，保证以后还可以卖下去。房地产也一样。

私人买房，挑的一定是信誉，而不是贪便宜，这在源头上已经为房地产商建立信誉机制提供了客户基础。人们想买货真价实的放心房，房地产公司的良好信誉才有价值。积累了好的声誉以后，房子价格自然有一个"声誉溢价"。同样的房子，万科的就可能比其他开发商卖得要贵，而且还得抢。这就是信誉的作用。

市场经济与信誉、自由签约权

我们必须承认，与 1900 年相比，我们在道德规范方面差多了，比较一下当时山西票号的坏账与今天银行系统的坏账，当时的"掌柜的"的行为与现在的"CEO"的行为，就可以证明这一点。

现在，政府部门和许多专家学者在强调法律、管制的同时，却忽视了维持市场秩序的最基本的力量，也就是信誉的力量。事实上，市场经济中最重要的因素就是信誉机制，法律对信息的要求比信誉制度要高得多，相应的交易成本也要大得多。因此，有必要特别强调一下，虽然现在中国重视法律的呼声很高，但如果仅仅依靠这个，市场秩序是不会建立起来的。当一个雇主雇佣一个雇员的时候，合约在很大程度上是隐性的，没有写明的，法律是没有办法让雇员努力工作的，因为什么样的行为可以被称为"工作很努力"是没有法律定义的，法官也没有办法观察雇员的日常行为。所以，双方之间必须有起码的信任。雇主相信雇员的承诺，是因为他知道雇员知道，不努力工作就会失去

---

*　本文是作者在 2000 年 12 月 24 日召开的"50 人论坛"上的发言稿，曾收入《产权、政府与信誉》一书。

工作机会；雇员信赖雇主，是因为他知道雇主知道，不守承诺的雇主是不可能吸引到优秀的雇员的。类似的，当你雇佣了律师为你打官司的时候，真正使你信赖他的是他对自己名声的关切，而不是法律对他敷衍了事的制裁。

坑蒙拐骗、不守合约的行为之所以如此盛行，有多方面的原因，但最重要的原因有二：第一是产权制度。我们现在的产权制度是让人们进行一次性博弈，权力对所有的人都是"有权不用，过期作废"。在这种情况下，没有人愿意为了长期利益而牺牲眼前利益。因为没有人有积极性建立信誉，骗子才会那么多。如果不改变产权制度，道德是不会建立起来的。第二是政府的问题。现在的不少欺骗行为都是政府造出来的，合法的欺骗比非法的多，因为在政府主导经济的情况下，搞定政府比搞定市场有意义得多。生产一个高质量的产品可能只能得到几十元的利润，而得到一个政府批文可以财源滚滚。所以，我们的企业都是面向政府，而不是面向市场。如果不解决产权制度问题，不废除政府的管制，中国的市场秩序会越来越乱，道德会越来越差。

政府对经济的最大干预是对人们自由签约权的限制。市场经济最基本的东西就是在私有产权基础上的自由签约权。只要有了这个产权，至于产权以什么样的方式交易是当事人自己的问题。一看到我们与发达国家的差距，就说政府要重视这个重视那个，是典型的头痛医头，脚痛医脚。美国的高科技发展这么快，比尔·盖茨从一个穷光蛋变成世界首富，不是因为美国政府、美国的法律比我们更重视人力资本，而是由于最简单的自由签约权，由于法律和政府对自由的承诺。有了自由签约权，人们要办一个企业，谁拿多少股，是拿固定合同收入还是剩余收入，是当事人自己的事情。企业的所有权安排要考虑非常多的复杂因素，不同的企业情况不同，没有一个硬性指标能规定谁应该拿什么，拿多少。所以，自由签约权是西方自由市场经济的核心。

这个自由签约权怎么行使，是当事人谈判的问题。我们的《公司法》规定无形资产在企业中占有的股份不能超过 20%，这是很荒唐的。现在有人认为这个不对，比例太低，不利于高科技的发展，所以建议提高到 50%、60%，这同样是荒唐的。你怎么来判断这个东西应该是 20% 还是 50%？所以我想，最重要的还是承认人们的自由签约权。至于说我出了一个亿的资金，你一分钱没出，但是你有一个很好的企业家精神，一个很有市场的想法，你究竟占 1% 还是 99% 的股份，是我们之间的事情，任何比例都应该是允许的、合法的。我根据我的情况和对你的判断，也许我出资之后，没有时间行使股东的职责，把自己变成一个债权人，让你拥有 100% 的股权，可能是我的最优选择。所以，我们在强调高科技、知识经济的同时，一定不要忘了自由签约权这个最重要的东西。

在我们国家，我觉得主要的体制问题是我们在制度上否认了人们之间的自由签约权。在否认了自由签约权之后，再设计好多奇奇怪怪的规章制度和优惠政策，然后花大量的时间和资源实施这些东西，是事倍功半，不得要领。现在对企业制度的讨论很多，各路英雄高招不断，方案无穷，但许多人常常忘记了构建企业制度最重要的东西，即自由签约权。从经济学上讲，企业是一个契约，如果每个人连签约的自由都没有，它就不能被称为"企业"。直接融资也好，间接融资也好，都涉及这样一个问题，二级市场也如此。

政府管制的陷阱

政府与企业有什么不同

问：政府作为组织，与一般的社会组织，特别是企业组织有什么不同？

张：政府是具有暴力权力的垄断组织，如它可以强制性征税，其他组织谁也没有这个权力。

你到饭馆吃饭，有菜谱，但是没有价格。你问菜价多少，老板说，吃完再说，那你准会跑了，选择另一家饭馆吃饭。谁能够将价格写清楚，谁的服务好，你就吃谁的。但是政府不是这样，它是唯一的一家饭馆，你饿了必须去吃饭，就算它价格不合理，服务质量差，你也得

* 本文是赵晓博士受《21 世纪经济报道》委托，对本书作者的采访，发表于《21 世纪经济报道》2001 年 3 月 21 日，曾收入《产权、政府与信誉》一书。

吃，因为你没有别的选择。这是政府这个组织与一般社会组织非常不同的一点。

当我们研究企业的激励机制，譬如说老板应该如何给工人设计激励合同，股东怎样给经理设计报酬制度时，一定要考虑两个基本的约束条件：参与约束和激励相容约束。如果股东设计的激励机制不能保证经理得到的大于经理可以在市场上得到的保留效用，经理就不跟股东玩了，设计的机制也就没用了。但是，对于具有垄断力量的政府而言，在为代理人设计激励机制时，参与约束可能是没有什么意义的。你不跟政府玩跟谁玩？你一定得跟政府玩，因为你没有地方可去。这样的话，政府在设计这个机制的时候，就享有更大的自由，会有更多的任意的权力。市场中如果企业给员工施加的规则太多，不合理，员工就跑了，但是一个政府给他的国民增加的规则太多，他的国民通常没有办法逃跑。

正是因为政府的垄断性，好多的政策就可能变得非常的模糊。我在企业理论中多次讲过格罗斯曼和哈特的不完全合约理论。实际上，政策也是一个合约，政策越模糊，政府的权力越大。政府官员很明白这个道理，所以有时故意将政策制定得含糊不清，因为政策越模糊，官员的权力越大，越可以胡作非为。

另外，与企业相比，政府的目标是多元的，并且更难以测度。任何一个组织、个人，你要对他进行有效的监督，有一个条件就是他的目标必须比较单一，容易度量。市场为什么能够监督企业？因为企业的目标就是赢利。市场上的生存竞争就建立在你能不能赢利的竞争基础上。如果你这个企业干得不好，就会被市场淘汰。但作为政府，它

的目标函数是非常多元化的。当政府的目标多元化的时候，你很难去
监督它。好比说，企业老总没赚钱我们就说他无能，但你不能说政府
没赚钱就是无能，因为它还有好多其他的工作要做。你说我生产没搞
好，但我计划生育、环境卫生抓得还不错呢！你是该罚我呢还是奖
我？所以，目标多元、任意活动空间大、难于监督也是政府与众不同
的地方。

政府管制的一般成因及中国的特殊成因

问：什么是管制，政府管制与政府干预有什么区别和联系？

张：管制是西方的一个概念，英文是"regulation"，也就是使你按
照某种规则行事。好比说，一个垄断企业的定价高于正常的边际成本，
可能对社会造成效率损害，于是通过价格管制使得企业行为接近理想
性竞争所能达到的行为，避免社会福利损失。通常，西方的管制只是
给你提供一个市场竞争的框架。也就是说，它制定一种规则，你只能
在这种规则下运转。相比之下，政府干预走得更远，它是由政府部门、
行政部门而不是由你自己去决策的一种博弈规则。另外，政府之所以
直接对企业决策进行干预，往往为的是达到政府想要达到的非经济目
标，这个目标可能与市场竞争和社会福利目标没有任何关系，甚至完
全偏离了市场竞争和社会福利目标。

问：经典管制理论所分析的管制形成的原因有哪些？

张：西方在工业革命之后，奉行的是自由市场制度的原则，人们
相信有一只"看不见的手"会完善地引导着经济运行，每个人追求自

己的利益，最后达到全社会最优，即所谓的"帕累托最优"。后来，人们认识到，市场本身可能存在着不完善，这个不完善会使得个人利益最大化行为无法达到帕累托最优，生产者可能损害消费者，或者对社会中交易的第三方造成损害。

一种情况是信息不对称。比如说卖者坑蒙拐骗，买者不知底细，这在药品市场最典型，所以美国成立了专门对食品和药品市场进行管制的食品医药管理局。另一类问题是外部性。企业得到了全部的好处但有一部分成本它没有承担，像企业排放污染就是这样的例子，政府为此制定各类标准来限制企业排污。再就是企业的市场运作，可能会采取一些反竞争的行为。比如说，几个企业联合起来搞"卡特尔"定价，或者垄断企业制定垄断价格剥削消费者。

从根本上讲，西方的管制是对他们所认为的正常的市场运转出了问题后的一种纠正，西方人心中的基本理念仍然是怎么去维护市场的公平竞争，怎么使市场更加有效地运转。他们普遍同意，自由签约是最重要的，只要交易双方的协议不形成对第三方的损害，管制就没有必要；只有市场运转会形成对他人利益的损害，而这种损害又无法通过当事人解决时，才需要有政府管制。

问：管制还是有一些合理性的，是不是？

张：我们不能否认管制有一定的理论合理性，但要进一步问，你管制的目的究竟是什么？你的管制建立在什么样的管制动机的基础上？另外，你的管制究竟能不能达到你所期望的效果？讲市场可能会不完善，交易当事人可能会对第三者造成损害，而他本人不顾及这种损害，这只是指出了市场本身有不完备的地方，但是，我们不能由此简单地推断管制一定能解决这些问题。过去简单地推论，只要市场有毛病，政府就应该管制，但国外几十年管制的经验、大量的案例已经证明管制可能比市场做得更坏而不是更好。我们必须清楚并不存在一个最优（first-best）选择，我们只能选择次优（second-best），或者说，两害相权取其轻。

问：也就是说，市场固然会因信息不对称、外部性、垄断等出现一些问题，但如果管制造成的问题更大，还不如让它去。

张：我想这是二三十年来经济学家达成的一个共识。我们不能看到市场有毛病，就简单地认为政府应该去管制。

问：显然，西方社会管制的形成就像凯恩斯主义之实施，针对的都是"市场失败"，那么，中国的情况是否符合经典管制理论的分析？

张：中国的情况有很大的不同。事实上，中国管制的成因与经典管制理论的分析相去甚远，很难在教科书中找到现成的解释。中国经济生活中到处存在着的管制，与其说是为了解决"市场失败"，不如说是政府为了消灭市场。

这里要讲得稍为远一点。我们从来没有一个市场经济充分发展的过程，我们一开始就全盘否定了市场。我们之所以否定市场，不是因为市场中谁对谁形成了损害，我们的目的是"赶超"，希望比其他的国家发展得更快，我们不相信市场能做到这一点，不相信市场中的企业家能做到这一点，再加上意识形态的影响，对于资本主义经济危机的恐惧，我们当时认定一定要有一个统一的国家计划来替代市场配置资源，替代企业家精神。

所以说，西方管制的出发点是去维护市场秩序，而我们搞的计划经济从一开始就是立足于取消市场、消灭竞争。在以后长期的计划体制运行当中，不是"竞争"而是"垄断"成了非常褒义的词。列宁讲苏维埃要搞"国家托拉斯"就是这样。

在我们消灭了市场，消灭了所有的企业，消灭了企业家精神之后，政府集所有功能于一身。在转轨时期，这些功能之间的冲突就显露了出来，政府借助于行政垄断权来保护它其他方面的利益，就出现了各种各样的管制。

问：也就是说，我们现在的管制不是"市场失败"，而是计划经济的惯性和本能。

张：好比你是一个运动员，平时锻炼身体的时候，你会想我如何才能让身体更好。但如果你的目的是去赛跑，要比别人跑得快。那你可能会想，我最好吃些药，注射一些激素、兴奋剂，我就可以比别人跑得快了。无奈激素吃了后有依赖作用，以后激素老得吃，缺少一点身体马上就支撑不住。这也就是说，为了短期利益目标，我们形成了整个经济运转的正常的机制，国有企业已经离不开给它输送激素的管制了。

不过，大量的管制在中国出现更主要的是政府角色的冲突和错位。

在西方，企业赚不赚钱是企业自己的事，与政府无关，政府要管制的是企业损害社会的行为，但是在我们国家，国有企业是国家所有，当国有企业发生亏损的时候，政府作为企业的所有者，不能坐视不管。

一个西方企业无论因为什么原因亏损，它都没有能力来形成一个价格联盟，因为那样做是不合法的。即使违法地做，由于"囚徒困境"的原因，也很难达成价格联盟的协议，达成了协议也很难被执行，最后市场竞争的结果一定会淘汰那些落后的、成本高的企业，形成一个均衡的企业数量。

但是，在中国，如果政府本身是企业的所有者，承担着亏损的责任，它自然不希望亏损。为此，它可以利用政府作为社会管理者的职能，利用其特有的垄断权力，来保护自己作为所有者的利益。所以，在转轨经济中，如果政府一方面是企业的所有者，另一方面是社会的管理者，就会存在深刻的角色冲突，政府就可能利用它作为社会管理者的垄断性的权力，来谋取它作为所有者的利益。我想这是我们目前各种各样的管制不断出现的一个重要原因。

可以讲，我们的管制其实是垄断政策，是一种反竞争的政策，而不是为了让竞争更好地发挥作用。当然，西方的管制在后来的发展中也产生了一种反竞争、消灭竞争的趋势，但这里面有一个完全不同的历史演变的过程。

问：最近彩电业亏损，政府有关部门把板子打在重复建设和恶性竞争上，为此出台新的价格管制，规定以后谁降价要报告并讲明理由。

张：在你说的这个例子中，就反映出国家身兼政府行政管理者与企业所有者双重身份之间的利益冲突，中国的管制好多都是这样形成的。

问：我们的政府其实有三重角色，一是作为一般社会管理者的角色，二是作为市场管制者的角色，三是作为所有者或者说是生产者的角色。这三重角色之间想不冲突也难。

张：我想你这个总结很好。政府的三重角色，一个就是一般的行政系统，第二它作为一个所有者，同时它又作为一个特殊行业的管制者。这三重身份结合在一起后，权力使用的自由度就大大提高了，实际上很难承担好其中的任何一个角色。它既不能当好一个真正的所有者，也不能当好一个真正的管制者，当然也不会是一个好的社会行政系统。

管制的弊病及成本

问：管制都有哪些成本？

张：管制本身需要大量成本。管制机构的设立、人员经费，制定管制规则以及实施管制，无不需要成本。

除了这些大家都能看到的摆在桌面上的成本，管制还有其他许多成本。首先，它会带来收入的再分配。有许多权利，像创业的权利，本来是普通老百姓的，但在以审批制的形式交给管制者后，它会带来收入转移。好比说，我原本可以自由地办这个企业，只要注册就行了，但现在必须先得到批准。我办这个企业一年可以赚 100 万，得到你批准还是赚 100 万，但是，为了得到你的批准，我必须贿赂你，所以我还得额外"投资"50 万。这就是一种收入再分配。

收入再分配会带来效率损失。如果创业的权利是我的，我 100% 的时间都花在怎样做好企业上，但现在权利到你手里了，我必须贿赂你，我得花多少时间和精力啊！这里面的交易成本太高了。如果我可以直接用钱买你这个权利，还算是好的，但贿赂你还怕人家抓住，所以我还得做好多名堂来掩盖贿赂行为。比如说我是生产汽车零部件的，但用汽车零部件怎么贿赂你呢？给现金你又害怕，那我怎么办呢？我办个桑拿浴吧，然后经常请你去洗桑拿。像这样创造出各种各样变相的贿赂手段，成本进一步增大了，我用在我事业上的时间就更少了。

我们可以将政府管制后造成的这些成本分为两类。一类叫"固定成本"，是一次性的费用。另外一类，是管制者每年都要"年检"，因此每年都得交"维持成本"，类似于可变成本。这两部分成本一部分表现为资源、现金的形式，另一部分是时间的形式，两部分的损失都很大，其中时间的损失可能更大。

管制会导致巨大的反腐败成本，包括事前的防范成本，事中的监督、制约成本和事后的处理成本。为了防范管制中的腐败，政府事先一般都会制定若干规章制度。好比说审批，不能在一个部门转，而要经过几道关口，涉及更多部门，免得权力集中，有人容易滥用这个权力。据说，深圳海关的工作人员上哪一个岗要抓阄决定。因为固定上一个岗，你可能事先跟不法分子约好，搞走私，另外还规定上岗以后不能打电话等等。第二是事中的监督成本，如查账啊什么的。第三是事后的解决成本。发现了腐败嫌疑分子，政府要去弄清来龙去脉，搞清楚贪污多少，受贿多少，挪用多少。在厦门"远华案"中，有报道说光办事人员一天的吃喝住行就是二十多万。

这些成本落在两部分人身上。一部分是"消费"管制规则的人，另一部分是社会公众。无论哪一部分，都是社会福利的巨大损失。

另外，管制导致信誉机制丧失（我们将在后面讨论这个问题），也会增加交易成本。如果有信誉，本来我们之间的合同可以很简单，现在管制破坏了信誉，我们不得不签订一个非常复杂的合同，再加上可能发生的法律诉讼成本，交易成本一下子增加不少。宝洁公司谈道，他们在其他国家做生意，最重要的事就是开拓市场，但在中国他们不得不成立一个非常庞大的"打假队"，由一名副总亲自主管，专门用于查处假冒伪劣。

由此导致国家声誉受损的成本也不可忽视。类似宝洁公司的情况，假如国外公司知道了，本来准备到中国来投资的，现在可能不投了。

管制还使得国家税收流失。其中有一部分税收被作为"租金"转移了，甚至更多的是永远消失了。

值得警戒的是，管制太多并消灭了信誉机制后，往往要靠不断地强化管制来维持经济运行，因此管制成本有可能呈现几何级数式的扩大。从长远来看，这势必影响到整个中国的国际竞争力。

现实中管制成本究竟多高？有一个事例可见一斑。北京市科委确定了一个软科学课题，研究北京的投资环境，课题经费80万块钱。研究部主任把这件事交给两个年轻人，说你们去注册一个公司吧，注册完公司你们就知道北京的投资环境如何了。然后这两个人就去注册公司，结果忙了半年下来，报告主任说80万已经花完了，公司还没注册下来。由此可见创业的成本有多高！我还听香港投资家讲，他们来大陆如果投资500万，大概要准备200万到300万打通关系，真正用于投资企业的钱就少多了。

问：管制与腐败是什么关系？

张：各国的经验均表明，只要存在着政府管制，腐败问题就会随之而来。管制越多，腐败越严重，越难解决。

这是因为，腐败主要是权力造成的一个问题，而管制为腐败提供了肥沃的土壤。政府获得权力之后，这些权力最初的目的和它的使用方式可能完全不一样，好比说我们授予管制者权力，本是出于非常善良的目标，希望它维持市场秩序，但是管制者有了这种权力之后，由于这种权力带着租金，别人必然会来寻租，就会形成一种钱权交易。

为什么会有贿赂行为？这对贿赂者和管制者来讲是个"帕累托改进"。权力在你手里，可能分文不值，因为你不能直接使用这部分权力。现在我送你1000万，我拿到这个权力后，我可以捞2000万，也就是说，这个权力在我手里值2000万，除去贿赂成本我还可以赚1000万。但这样的"帕累托改进"对整个社会来讲是一种损失，譬如有人能用这个权力创造3000万、4000万，但他们的贿赂渠道不畅通，得不到这个权力。这样，社会资源当然没有用好。

政治市场和经济市场的不同之处在于，官员追求自己的利益，并没有一只"看不见的手"来诱导他，使得官员对自身利益的追求变成对社会利益的追求，因此官员们利用管制权力谋取自己的私利，就容易构成对社会的净损失。

管制与腐败不是一个简单的线性的关系，而是一个几何级数的关系。第一，权力具有互补性（complementary），也就是说一种权力的使用价值依赖于另外一种权力的使用价值。比如你只有批准左鞋的权力，也许没人贿赂你，因为只生产左鞋没有什么用。但如果你既有批准生产左鞋的权力，又有批准生产右鞋的权力，那你受贿赂的几率就大多了，因为从你这拿到的权力更值钱了，这就是权力之间的互补性、交叉性，左鞋右鞋，胶卷相机，就是这么一种关系。第二，权力越大，监督的成本就越大，对权力的监督就越难，管制者腐败的积极性就越高。好比说管制者只有审批土地的权力，那么大家都盯着土地的审批，但如果管制者同时又有审批出租车的权力，还有合资项目的权力，那么对老百姓来讲就眼花缭乱了，人们很难弄清楚管制者这么多权力使用得合法不合法，合理不合理。

问：管制还有哪些弊病？

张：管制还有一个严重的弊病是它具有自我膨胀的趋势，越管制，管制越多，最后完全扼杀了市场经济的活力。

为什么越管制，管制越多？一个原因是被管制者变成了既得利益者，它会以维护社会利益的名义要求政府不断加强管制，来保护自己。这些法定垄断者没有挑战者，没有监督者，不会受到威胁。尽管他们的利益最大化与社会利益最大化不兼容，却会编出好多说法，证明市场是多么的不完善，管制是多么的好、多么的重要，糊弄老百姓。所以管制的自我膨胀是很自然的。弗里德曼以前讲过，印度那些大商人老告诉政府，竞争不好，垄断好，看起来头头是道，实际上是竞争对他不好。这里我顺带说一下，就是好多地方政府，名为保护"地方利益"，实际上保护的不是地方利益，而是地方官员的利益，顶多是地方某些既得利益部门的利益。如果说地方政府保护的真是地方利益，那么地方老百姓愿意将棉花、粮食卖给别的地方时，它为什么不让？武汉人买桑塔纳车要多付几万元，据说是为了保护地方利益，其实是保护了地方一部分生产者的利益，并以损害了地方老百姓的利益为代价。

管制者会从供给一方推动管制的膨胀。施蒂格勒曾经分析过"俘获理论"（capture theory），证明好多管制者和被管制者到最后，本身变成了管制的既得利益者，他们总是会找到更多的借口，建立起更多的规则，利用政府赋予的合法权利来创造出更多的管制。仅这一条就使得管制完全变了味。

管制为什么失败？

　　问：经济学家们越来越倾向于让市场自己调整自己，而不是靠政府管制，为什么？

　　张：这是因为，市场本身纠正自身毛病要比政府纠正市场的毛病更为有效。因为市场上任何一个企业都面临着激烈的生存竞争，竞争的压力迫使它必须讲究信誉，否则就无法实现利润最大化。

　　经济学越来越倾向于让市场自己调整自己，而不是靠政府管制，还在于认识到管制的失效性。传统上，当人们主张政府管制时，他们隐含地假定：第一，管制者是追求社会福利最大化的、大公无私的、仁慈的；第二，管制者是无所不知的，拥有完全信息，譬如知道消费者的偏好，知道企业的生产成本，知道需求弹性，知道最优的价格定在什么地方，等等。第三，管制者说话是算数的，管制政策具有公信力。不过，经济学家们现在已经发现，这几个条件根本不存在。

　　首先，政府的任何一项管制政策，都要通过具体的政府官员来实施，但是现实中的管制者并不是以社会福利最大为目标。任何一个政府官员，他和普通人一样，有自己的效用函数。政府官员既不比普通人更坏，也不比普通人更好。也许政府官员的平均素质比普通人还要高一些，至少文化水平可能高一些，但在"理性人"这一点上大家都是一样的，所谓"仁慈的政府"是没有根据的。

　　管制以后自然会有一个政府官员责任增加的问题，但情况与市

场上企业家责任的增加不一样。市场上当企业家的责任增加，他一定
会找到一个最优的成本—收益平衡，而这个平衡恰恰可能也符合企业
的最优经济效益。但官员在增加了大量的责任之后，一般不会相应地
增加收益。这样就会形成官员成本—收益的严重不对称，官员就有可
能做出许多非常没有效率的决策。除非我们能够设计一个非常好的
制度，在这个制度下，官员追求自身利益的同时也能满足社会的利益
（incentive compatible），否则管制的目的就不能达到。但是，我们很难
设定一个标准，让官员追求社会福利的最大化。

这里面的一个深层次问题与前边谈到的政府特性有关系，也就是
政府的目标函数是非常多元化的，要想给管制者提供一个合适的激励
机制是很难的。

我们甚至找不到一个合适的指标来考核管制者。如果我是股东，
我可以对经理定一个指标，但我们没有办法给政府规定这样的指标。
好比我们对政府做一规定，经济增长一定要达到8%，而政府造假，你
凭什么来证实？前几年有人推测，我们的能源消耗增长不多，为什么
经济增长那么高，一定有假。但是别人可以解释，这些年搞了多少多
少节能工程，上了多少多少高新技术，消耗能源相对减少是正常的。
到底怎么回事，我们没有办法搞清楚。有人说他身高一米八，你不信
可以用尺子量，但要是政府说中国13亿人平均身高达到了一米八，你
用尺子量一遍试试看？

更何况，管制者有可能套利（arbitrage）。什么叫"套利"？就是
管制者为了某一方面的任务，可以把其他方面的资源挪用过来。米尔
格罗姆和霍姆斯特朗（Holmstrong）分析过，当存在着许多工作任务

的时候，哪一个任务的激励最强，代理人就会把资源调度到这个任务上来。具体到我们国家的情况，哪一个指标激励最大，官员们就会不惜牺牲其他方面来把这个指标搞上去。比如，计划生育一票否决。官员们怎么办？全部资源都用于抓计划生育，公检法全上，其他办案全停。结果计划生育搞上去了，可是其他方面呢？

其次，管制者常常是无知的。这里面的原因，一个是像哈耶克所说的，由于市场的分散化，每个人只能了解他所能了解的那些东西，也就是说信息是分散的，分散的信息只有市场才能汇集和反映。但管制之后，市场传递信息的渠道就不存在了，管制者怎么还能知道呢？二是管制者不一定有积极性去获得这些信息，因为获得这些信息对他本人并没有什么好处。退一步讲，就算管制者有很好的积极性去了解真实的成本，但是，管制者的时间、精力有限，怎么可能对那么多的企业的财务报表进行审计呢？管制者也许可以考虑雇佣独立的审计部门来帮助审计，但是，独立的审计部门也可能与企业合谋，管制者怎么解决这些问题呢？再就是被管制的对象有更大的积极性欺骗管制者，或者收买管制者。在一个市场上，想要收买消费者是不可能的。但是，要收买管制者就要容易得多。这样，尽管管制者知道被管制者报的成本是不真实的，却没有积极性去审计或更正。

打个比方，你说要搞价格自律，说人家企业定的价格不合适，那你怎么能知道什么价格是合适的？你要知道什么价格是合适的，你必须知道消费者的偏好、生产者的成本，你还要知道替代产品的生产成本，以及消费的替代弹性，等等。所有这些，管制者怎么可能知道？如果管制者不具有有关价格的这些信息，他怎么能知道他做出的决策是对的还是错的，是有利于还是不利于社会福利的呢？

管制者经常被被管制者俘虏，也与信息有关。最近霍姆斯特朗和梯若尔（Tirole）的一篇文章讲道"正式的权威"与"非正式的权威"，认为无论是"正式的权威"还是"非正式的权威"，获得权威都是需要条件的，其中之一是要花时间去获得必要的信息。如果管制者没有足够的时间去调查企业，事实上他就不可能有权威说这个企业报的情况是假的，他最好的选择就是接受它。

再次，政府政策的可信度是值得怀疑的。这里有两个问题。一是客观上有些政策会形成事先和事后的效率冲突，这样使得事先最优的政策在事后证明是不可行的。好比说，你是垄断企业，我来管制你。我规定一个价格，你不能超过这个价格，你要不断降低成本，如果你不降低成本，到时候亏损了我不承担损失。但如果管制的结果只允许这么一家企业存在，好比说航空公司，那它亏损以后，你能让他倒闭吗？你不可能让它倒闭。当你消灭了这家企业的竞争对手后，你其实也就消灭了竞争的压力，消灭了这家企业技术创新、提高效率的积极性，因为你所有的约束它的政策都变得不可信，就像通常所说的"大马不死（too big to fail）"的情况那样。

另外一方面，就算不存在客观上的障碍，管制者有没有积极性来兑现自己的承诺呢？这也是值得怀疑的。前面提到，政府的目标是多元化的，并受到各个利益群体的制约，这足以妨碍政府的政策一以贯之。如果政府批准你建一个水厂，并给你一个利润空间，譬如说5%，同时承诺如果你降低了成本，提高了效率，多赚的钱都是你的。现在我们设想，这个企业真的这样做了，多赚了钱，会怎么样？很有可能企业的高利润会引起其他的消费者、选民的不满，他们认为这个企业的利润不合理，太高了，一定要降下来。政府在这种情况下，就可能收回成命。这样，如果企业预期到政府会将企业降低成本提高效率的好处收走，它为什么还要提高效率？

这样，我们就可以看出，政府管制的基本假设，即政府是无所不知、大公无私、言而有信的政府，是不成立的。实际上政府可能是自私、无知、言而无信的，由此导致管制失败。这就是从 20 世纪 80 年代开始，西方国家都进行所谓经济自由化，对原来的管制重新考虑的原因。

问：请举出一个管制失败的具体例子？

张：弗里德曼曾经研究过美国政府医药管制的实例，发现负责医药管理的那些官员，负有极大的责任——如果他们审批后，发出许可的药出了问题，那是有责任的，但是，药卖了多少钱，他并没有收益。这样，对一个理性的官员来说，把新药的申请报告压在抽屉里，就是最合理的选择。只要不批准，就不会有新药，当然也就不会有假药。因此，在实行药品管制后，美国新药上市的速度大大减缓，其后果是很严重的，用弗里德曼的话说，患者因为吃不到更新更有效的药而死亡的人数，可能远远超出了政府防假药减少的死亡人数。这可以说是管制失败的一个具体例证。

许多管制其实都是这样。有一个楼堂馆所失火了，我们马上去追究消防队员的责任，问你们当初是怎么审批的。那么这样一种做法会有什么效果呢？消防部门最好的一个决策就是我不批准搞楼堂馆所，不批准，你就没法失火。

中国目前的通货紧缩也是管制失败的例子。银行家在市场中放出贷款，他知道有风险，与此同时他也有一个预期的收益。他与借款人谈判，设法达到最好的风险收益比。而我们的金融体制呢？以往贷款没有责任，银行就乱贷款，刹都刹不住，现在是谁贷出去要终身负责，那我最好的办法就是不贷或少贷，我贷出去我要终身负责，但贷得好我能享受多少收益呢？

管制与信誉

问：你说过"法律和信誉是维持市场有序运行的两个互补的基本机制"，市场秩序必须以信誉为基础，同时强调"对信誉的挑战来自政府"。管制与信誉之间究竟是什么关系？

张：这是个很重要的话题。总的来说，信誉机制靠市场竞争而形成，而管制常常会阻碍这一机制的形成，甚至完全破坏这一机制。

对于市场的运作，我相信大多数批评市场的人远远低估了市场本身维护其运转的力量，特别是信誉机制的力量。好比说我们谈垄断，有自然垄断、行为垄断和法定垄断等不同类型，好多西方的管制针对的是卡特尔垄断——几个人合起来，然后定一个高的价格。这样的垄断是不是要管制呢？现在经济学家们大多持否定立场！你不要以为有人一举起拳头来，就会打死你；更不能因为有人举起拳头来，你就一枪把他打死。这是很可怕的，因为一个人想干的事和能干的事是不一样的。

事实上，信誉机制会约束一个具有主导市场能力的企业的行为。比如，如果这个企业销售产品的价格持续地维持在最优的垄断价格，消费者就可能对它进行惩罚，如寻求替代产品——尽管是不完美的替代，比消费者本来要买的量少，但毕竟可以此作为惩罚。所以就算是一个具有市场强力（market power）的垄断企业，它也会注意在消费者心目中的形象，也会自我约束。

可以这么讲，如果企业只是凭一己之力而形成的市场垄断，所能达到的结果非常有限。鲍莫尔提出了"可竞争市场理论"（contestable market），认为市场上即使只有一个企业，但如果进入的成本不太高，这个企业的行为会表现得相当于有一个竞争对手一样。否则，企业追求垄断行为，就会有新的进入者进入，这对它威胁更大。这也许就是西方在航空等领域放松管制的一个重要理由。

这个理论不难理解。我们看家庭中一夫一妻制其实也是一种垄断，夫妻双方彼此垄断对方。但是，无论是妻子还是丈夫，都面临着第三者插足的危险，所以"垄断"的约束并不真的那么可怕。

垄断者可以为所欲为，想干什么就干什么，这种情况只有在政府管制所给予的"法定垄断"下才有可能出现。因此，真正可怕的是一般的行为垄断变成了法定垄断，这时候再没有人能够挑战它。

管制正是法定垄断的根源。事实上，管制的初衷可能是限制垄断，最后的结果却是将行为垄断变成了法定垄断。这种法定垄断形成后，因为没有挑战，就成为最坏的垄断，和其他垄断不一样，没有第三方的力量能够限制它。

我有两个判断，一是管制最多的地方，一定是骗子最多的地方，原因就在于管制消灭了市场本来应有的信誉机制。第二就是管制越多，越是骗子就越有积极性贿赂政府，因为骗子贿赂成本低，只要拿到政府的批文，他就可以赚钱，而老实巴交的商人、守法诚实的商人，他们受自我约束，或者没有额外的资金去贿赂政府，反而进不了市场。所以管制多的地方，反倒是好人难进去，骗子更容易出现。

当骗子越来越多时，政府不会感觉到是因为他不该管，管得太多，反而误认为他管得还太少。这样，管制会自我强化、变本加厉，最后令信誉机制赖以形成的市场竞争无立足之地，企业信誉当然也就无从谈起。

问：许多著名大公司都有"召回制度"，譬如英特尔，发现新推出的芯片有问题，马上全部召回。这里边不是政府管制而是信誉机制在起作用。一个药厂是生产假药对它更有利，还是建立信誉对它更有利，我想从长远看，答案是后者。

张：是这样。如果没有政府管制，靠市场竞争及其信誉机制，更多更高效率的新药完全有可能及时推出，减少的死亡人数有可能更多。

所以我这里想强调，我们经常赋予政府太大的责任，这不是一件好事。实际上，在市场当中你应该是让直接的行为者去承担责任，而不要让政府承担太多的责任。

问：是不是取消了管制就一定会有信誉呢？西方放松管制，是在产权清晰的基础上进行的，而我们不是这样，至少不完全是这样。

张：我们现在的麻烦就在于，由于这么多年的计划经济、政府管制，市场、信誉这些好东西都被消灭了，一旦放开的确有可能更乱。好比这么多年，猫都杀绝了，狗抓老鼠，现在老鼠很猖獗，你说让狗回家休息，人们就担心短期内猫也没有狗也没有，会不会全是耗子。但如果老这么拖下去的话，这个问题怎么解决？

所以我们面临着一个长痛与短痛的选择。如果着眼于眼下，那就维持这个状态；但从长远来看，如果不逐渐放开，信誉机制就不会建立起来。

信誉的建立依赖于稳定的预期，需要一段时间才能形成，不是一天两天的事。就像我曾经举过的栽树的例子，不是说今天这树产权归你，你就有积极性栽树了。如果你预期明天政府就会把树收走，你仍然不会有栽树的积极性，相反你会先砍了树再说。因此，稳定预期的形成变得非常的重要，但在这个过渡阶段可能会有好多困难。

这有点类似于我们企业搞技术改造的情况。好多企业为了提高当年的利润指标，不提或少提折旧，不大搞技术改造，光拼设备。这样，当年利润可能上去了，但一代产品卖完后，就没有新的产品了，终究会败下阵来。国外企业的情况不是这样。他们在卖第一代产品的时候，第二代就已经准备得差不多了，同时着手研发第三代产品。市场秩序的建立与此类似，我们一定要从现在开始考虑：谁是我们后续的市场秩序建立的生力军，谁将是我们这个市场的运营主体？

问：你的话让我想起了斯蒂格利茨第一代改革、第二代改革和第三代改革的提法。企业要讲信誉，政府要不要讲信誉呢？

张：政府当然也要讲信誉。但是，政府是不是讲信誉与政府的权力体制很有关系。比如，地方行政长官调度频繁，那他就不会讲信誉，或者讲信誉的积极性就不会那么大。如果地方官员待在一个地方，他的命运跟地方紧密联系在一起，可能就会比较讲信誉。有许多这样的情况，外来的投资者没来之前，地方官员曾许诺许多优惠条件，但一进来之后，就关起门来打狗。为什么呢？因为每个人只管他任期内的事，我把钱花完了，以后没人来是后任的事。下一届别人当市长、当书记，投资者不来不关我的事。甚至不乏这样极端的心理考虑，也就是说前任希望在他退下来后，下一任不如他，以显示出自己更能干，让大家怀念他，这样他故意把钱花完。这跟私营企业不一样，你从企业退下来后，你还有股份在里边，你当然希望企业更好。

在国外，做一个好总统，在任时讲信誉的一个约束还在于，如果你是一个好总统，退休后你到大学等场所讲演的机会就会很多，讲课费也会更高。但如果你总统当得很糟糕，那你退休之后再赚钱的机会就少多了。政府的信誉只有政府的官员有积极性去讲，才有可能逐步建立。

我国四大国有银行的行长是可以随便调动的，那么这时候行长们就很难考虑信誉问题。我花很大的精力为银行建立起信誉，但过几天把我调到另一个银行，我创造的信誉反而给了我的竞争对手。何苦？

为什么贷款要抵押？它其实是可以进行事后惩罚，从而迫使你讲信誉的措施之一。如果你欺骗我，那你的抵押就没了。在古代，国王或者诸侯将自己的儿子送到对方那里去做抵押，表明自己绝不侵犯对方。结婚交彩礼也是这样，如果你悔婚约，你的彩礼就白交了，这也是让你讲信誉的一个手段。就政府而言，它不可能有这样一种资源做抵押，因此政府必须通过法律、通过制度规则来限制自己的行为。

政府的人事制度，包括领导的任期、选人方式都会影响到政府信誉的建立。在西方，来自其他国家的竞争、政党内部的制衡以及政府内部的人事制度、任期，都对政府产生制约作用，迫使政府不得不讲信誉。

全球化下的政府与政府间的竞争

　　问：经济的全球化，中国加入 WTO 对于政府放松管制有什么重大的意义？

　　张：经济全球化，中国加入 WTO 以及发展互联网的意义非常大。网络化的一个作用是大大加速了经济的全球化，加入 WTO 则是中国经济全球化的重要一步。对政府而言，全球化的最大含义是使得每一个国家的政府成为全球市场中的一个"企业"，面临竞争的考验。当然它是个超级企业，但是在国际社会中，在国际市场上，它开始有了"面对面"的竞争对手。这样，产品可以自由流动，资本可以自由流动，人员也会更自由地流动。在这种情况下，老百姓的参与约束变得重要了。国与国之间的竞争，主要是制度的竞争，哪一个国家的政府能够提供更好的投资环境，更清晰的法律环境，就能更好地生存和发展。在全球化时代，政府变得有点像有竞争的饭馆了。

　　为什么我们现在政府的行为变化很大，这与国际竞争的不断强化、经济全球化的进程有关。在全球化时代，你这个政府没有信誉，人们就会往其他的国家跑。原来我们说肉烂在锅里边，现在肉可以不烂在锅里了，肉会跑到大海里，会烂到人家锅里！

　　对外开放还有一个好处是市场知识的扩散，让我们大开眼界，让大家认识到市场究竟是怎么回事。我们原来的许多市场概念是从教科书上学来的，但教科书上说这些东西时，已经把好多复杂的东西抽象掉了。现在外国人进来了，外资进来了，人家提出国际惯例的问题，我们才知道，活生生的市场究竟是怎么回事。有那些在其他地方玩过的人，有美国、欧洲的那些大玩家，特别是跨国公司大量地跑到中国来，西方市场经济的文化必然会带到中国来。这些人对完善的市场环境要求很高，对投资环境尤其是政府行为很敏感，这对政府也会形成压力。

一个良好的体制从某种意义上讲是竞争出来的，过去中央政府缺乏竞争，这一点会在加入 WTO 后有重大改观。

问：地方政府好像变得更快一些？

张：这是因为地方政府之间的竞争早已开始了。我们原来的计划体制没有竞争对手，地方因为没分权也没有竞争对手。后来地方分权之后，地方有了竞争对手，所以地方政府的行为会逐步地规范起来，哪个地方不规范的话，它就会失去竞争力。

地方政府竞争，一开始想到的是保护地方利益，到后来，它发现真正要发展得保护投资者，这时候就想到要修改它的规则。否则，投资环境不好，资本、人才都跑到别的地方去了，像西部的一些地方，"一江春水向东流"，优秀人才都跑到广东、深圳去了，资本也进不来，经济怎么搞？这个时候，就逐渐形成了对地方政府行为的约束。越来越多的地方政府现在发现，政府讲信誉，不干预企业，能够提供一个良好的投资环境，对于当地经济发展最为重要。

金融领域的管制问题

问：我们谈谈具体领域的管制问题。你对金融管制怎么看？

张：金融这个行业比较特殊。一是金融行业信息不对称的情况更为严重，从债务人做出承诺到兑现这种承诺的时间也更长，这样的话，机会主义、欺骗行为可能会产生。另一方面，金融业有较强的外部性，涉及整个货币体系，一个金融机构倒闭往往会引起连锁反应。金融业的这些特性使得人们通常认为有必要对金融业加以管制。

但就现在来讲，我想我们国家对金融业的管制远远多于它应该管的，因此，金融业更多的应该是允许和提倡竞争。我们可以考虑设立一个标杆，比如说资产必须在多少以上才可以开银行。但是，只要达到这个标杆就一定不能有歧视，不可以批张三不批李四。谁先符合这个条件，谁先进入。

并非对金融业的管制越多，欺诈行为就越少。现在我们的管制很多，但坏账更多。看看当年山西票号的情况，在从 19 世纪到 20 世纪初 100 多年的历史中，它并没有什么欺诈行为啊！那时候，办银行不需要审批，没有中央银行，也谈不上什么监管，也没有计算机传递信息。它靠什么呢？靠的是信誉。

但是，管制太多，信誉就没有了。在政府管制下，已经进入的银行拥有垄断权，可以坐享丰厚的垄断利润，干吗还要建立信誉？在利率自由化的情况下，信誉好的银行可以给存款人付低的利息，信誉不好的银行则要付高的利息，因此银行都有积极性建立良好的信誉。但是如果实行利率管制，我信誉再好，我和别人支付的利率是一样的，那我何必建立信誉？

在中国还有个产权问题，也就是说，因为金融机构是国家的，就更不会有信誉机制了。既然是国家的银行，老百姓知道反正有政府兜着，把钱存在哪一个银行都是一样，他们就不会有积极性去选择银行，或者去惩罚信誉不好的银行。

金融管制已经影响了中国的银行提高效率、建立信誉，所以金融业迟早要开放竞争。我再重复一下，可以设一个进入标杆，但只要达到这个标杆，任何人都可以办银行。

问：现在发展民营银行的呼声已经起来了，但是国有银行的人认为没有操作性。

张：任何法定垄断领域，如果有人想进入，垄断者一定会游说政府，找出无数的垄断好的理由，这可以说是本能的反应。垄断者很清楚，就谋取最大利益来说，没有什么比法定垄断更好的手段，至少他可以像亚当·斯密说的那样"过一个清闲的生活"。所以，我想国有银行的反对是很自然的。

但实际上未来更应该搞的是民营银行。国有银行由政府兜着，永远不会有足够的激励去提高效率，效率不高怎么和外资银行竞争？所以未来一定是民营银行的天下。只有民营银行才会有积极性建立一个有效的治理结构，这一点应该是很清楚的。

如果说国家一定要办银行，办商业银行还马马虎虎，投资银行绝对不能去搞。投资银行要求非常灵活的体制，非常强的激励机制，这些政府根本办不到，政府搞投资银行肯定失败。

投资银行也好，商业银行也好，我们为什么需要这些东西呢？说到底是因为我们对信用的需求。以投资银行为例，为什么卖股票的企业不直接去市场摆摊，而是要通过投资银行来间接地卖呢？因为前一种情况投资者更容易受欺骗，企业也就更不容易得到别人的信赖，所以投资者不愿意出高的价格。而投资银行以自己的信誉担保企业的价值，投资者就愿意出高价。但如果这些机构本身不讲信用，它存在的意义就都没了。

在国外，投资银行一定要靠说真话、靠信誉来赚钱。国内的证券公司现在基本是通过说假话来赚钱。这又回到我们刚才讲的问题。为什么说假话还能赚钱？当然是因为垄断地位和政府管制。所以，放松管制和发展民营银行是国内银行建立信誉机制的出路所在。

问：民营银行是早点放开还是晚点放开好呢？

张：也许应该这么来想，如果我们在十年前那个时候就有计划地放开私人银行，那么我们现在可能已经产生一些非常大、非常强的私人银行了，但我们没有。如果我们现在仍然不放开，那么五年、十年后放开，中国的金融业一定会更加被动。当然，外国银行的进入会带来好的信誉，对维持市场的稳定也有好处，但中国的老百姓在感情上可能不容易接受。

民营银行的发展有一定风险，但可能不像我们想象的那么大。因为现在发展民营银行，不会从一个人先卖土豆赚了钱再开始。中国已经有大量有实力的民营企业，股份制银行也起步了，为什么不可以考虑从股份制银行开始？另外，国有银行也可以搞民营化的试点。

问：难道国有银行就一定贷不好款？

张：国有银行贷不好款事出有因。当市场上企业的信誉建立起来时，你愿意把钱贷给谁？肯定愿意找一个好的企业。但现在好的企业特别少，那么你用什么样的标准找好的企业？对于国有银行来说，如果这个企业是政府圈定的重点企业，企业老总评过全国优秀，所有的银行都有积极性去找它，这个企业的钱就会花不完。当自由现金（free cash-flow）多的时候，管理人员就开始胡闹。这样，一个大家都认为好的企业，由于银行拼命给它授信、给它放贷，最后变成了一个坏企业。

国有银行有没有其他的选择？譬如，贷款给一些名不见经传的企业，给民营企业。问题在于，这些企业一旦垮了，贷款还不上，别人可能怀疑你吃了回扣，而国有银行贷给好的国有企业，尽管到时候它也可能出事，但贷的时候它毕竟是好的啊，大家都是同意给他贷的，贷款人的责任轻多了。

因此，贷款人的机会主义，谁也不愿承担贷款责任和风险的做法，最后的结果肯定是集体性地创造一批坏企业出来。除非通过产权变革，使得银行能够自己去承担责任，否则贷不好款是很自然的。

最后我想，如果国家在放松银行管制上有比较大的动作的话，可以给社会一个信号，证明政府有一个承诺，会向完全的市场经济转化，从而产生一个额外的"信誉"收益。

是谁"黑"了中国股票市场？

问：中国证券市场政府管制最多，任何一个企业上市都必须得到政府好几个部门的审批，但问题也最多。最近，"基金黑幕""庄家操纵股市"的报道一个接一个。你对证券业的管制怎么看？

张：这个问题与管制有关，同时也与产权有关。在中国这个市场，缺少真正的长期投资者，政府对股票市场随意地管制和利用，大家对股市没有稳定的预期，不出这样的问题才怪呢！

我们知道一句话，"自己掐不死自己"。好比现在大人跟孩子讲：

"你好好学习，不好好学习，我把你从窗户扔出去。"大人的话小孩是不会信的，因为这话本身就是不可信的。同样，如果制造假冒伪劣的企业是政府的企业，政府是很难下手的。这跟民营企业不一样，民营企业要是名声坏了，声誉坏了，它也就完蛋了。但如果这是国有企业，市场要你死，政府还想让你活呢，这样一种行为主体的产权结构必然对市场造成极大的破坏行为。

我们可以这样来看中国的证券市场。如果这个市场出现了很多的骗子，那么一定会有受害者。受害者不一定有办法用法律手段起诉欺骗他的人，但他还是有一招，就是不再买你的股票，不再跟你做交易。这是他对你最后的惩罚。你因为担心这一点，行为就会变得老实一些，规范一些，就会讲信誉。现在我们的市场，有那么多骗子，相应有更多的受害者。那些受害人，比如说散户，没有多大的力量，但他们可以选择"退出"，对市场上的骗子进行惩罚，结果可能就是市场交易的急剧萎缩。

但是，中国这个市场已经发展了十年，它并没有出现交易的急剧萎缩，相反，股民们是奋不顾身地往里冲。为什么？原因就在于，如果政府承担了培育市场、扩展市场的责任，那么这个股票市场现在是不能萎缩的，它必须不断地发展，而政府可以想方设法使得受骗的人也不退出这个市场。政府如何能让受骗的人也不退出这个市场呢？一个办法就是对受骗的人进行补偿。由于政府给了受骗人补偿，所以受骗人最后的结果是没有受到损害，这样，他们才有可能继续在市场交易。当然，这样一来，那些骗子也就获得了更多的机会去继续行骗。我们目前的体制其实就是这样的一种体制。

　　我一直在想，中国这么一个股市，明明上市公司没有收益，为什么还有那么多的小股民一个劲地往里冲？他一定是有好的预期啊！他一定觉得他可能得到的好处比他可能受到的欺骗加上其他成本要大，他才愿意往上冲。因为这个股市不是一年两年，而是持续了十来年啊！最后我发现事情可能是这样：在中国这样一个主要是由政府来主导的股市，所有冲进股市的人，除非你运气特别不好，否则都会得到一些好处。

　　那么，骗子们拿走的钱是谁支付的呢？是那些在股市外的人支付的！我给你举一个例子。比如说琼民源，做假账垮了，买他股票的人受骗上当。如果在一个正常的市场中，股民就会受损，就会学乖，他以后会更加小心地去了解一个企业，慎重买股票。但是我们采取什么办法？琼民源垮了，股民有意见，说这个市场不规范，他们要闹事，政府就把中关村科技这个名称给了琼民源，而琼民源原来濒临破产的股东、受骗的股东现在摇身一变，变成了中关村科技的股东，股价翻番，皆大欢喜。你想想，中关村科技包含了多少因为政府管制在人们心目中形成的无形资产和有形资产！

　　如果这样一而再再而三的话，大家就会形成稳定的预期：没关系，我知道股市有骗子，我可能会被骗，但如果我真的受骗了，政府会从其他的渠道来补偿我的，如果将来"中关村科技"也不行了，换成其他什么科技就是了，所以我受骗也不是什么大不了的事，我应该冲进去。这样就使得股票市场泡沫、黑幕、骗子越来越多。

　　问：为什么过去场外人中没有谁想到这一点，也没有感觉有什么不对头？

张：经济学证明，集体行动存在着许多悖论。我们可以联想历史上好多这样的例子。在早期的英国，国王大量地借私人的贷款，但又任意地、随时地修改贷款的合同，延期还款、降低利息等等。如果债权人预期到国王这样做，就不会给他借款，或者可以联合采取对策。但问题在于，这些人很多，国王总是可以贿赂其中的一部分人，让反对给他借款的联盟形不成。这也就是为什么现在的好多破产法规定都要有一个"优先程序"（priority），还要有"债权人会议"，目的就是要防止集体行动的"囚徒困境"问题。否则，我这个企业要破产，我欠100个人的债，其中也欠你的，你是一个比较大的债权人，他们的钱我都不还，我只还你的，把你安抚住，你还继续给我支持，那我就没有必要去建立信誉了。

股票市场的情况与此类似。政府用场外人应该享有的资源补场内，是因为股民很集中，有这个要求，而场外的人虽然人数众多，但很分散，而且利益相对间接，尽管大家有利益在里边，但不可能形成合力阻止政府这样做。而且，个人明智的选择，与其发出声音阻止政府这样做，还不如自己直接进场寻租更好。所以我说中国股市像一个"寻租场"。

这跟当年的农村城市关系有点类似。城市人离政府近，说话的声音高，农民尽管人数众多，但离政府远，说话的声音低而分散。所以政府就用剪刀差来剥削农民。

问：愚公移山信心十足，因为"子子孙孙无穷尽也"。现在中国的股市之所以能不断发展，原来是因为"国有资产无穷尽也"？

张：资源当然不会无穷无尽，但现在还没有耗尽。你犯了错误，政府必然会调用其他的资源来掩盖你的错误，政府的隐含担保使得所有在股市上玩的人，所有进场的人都预期不会受到损害。

我还想说说郑百文的事例。在西方，如果说企业垮了，股票将一钱不值，但在中国，一个企业破产了，可能创造出对壳的需求。比如，山东的三联有积极性去买这个壳。这个壳在经济学上是什么意思？它代表管制租金。这个壳又可以使得那些受骗的股民得到补偿，ST 郑百文的股价还可以涨停板。

在市场中，破产的企业是不可能有人来买的，不会再有你的牌子了；即使买，也不付多少钱。我要上市，我自己可以上市，我干吗披着你的外衣？但中国不同，上市是政府的垄断行为，我自己上不了市，就只能借壳上市。

你去卖西红柿的时候，如果烂的西红柿和好的西红柿搁一块，好的西红柿的价钱也会掉下来。但我们的问题是，好的西红柿不让卖，只能卖烂的西红柿，所以我为了卖我的好西红柿，只好将它塞进你的烂西红柿中混着卖。当前股市上烂的西红柿很值钱，损害的是好的西红柿应有的价格。

问：你说损害了好西红柿的价格。在郑百文的案例中，山东三联是不是这个好西红柿？如果买壳对三联的利益有损，那为什么三联还要买呢？

张：受损的是全中国所有的好西红柿整体。买壳对三联是有好处的，我说过所有入场的人都能预期得到些好处。我是个大投机商，我做庄，我骗了你一把，我赚大钱。你是个小股民，你损失了 100。但是，你不要害怕，政府会补给你 120，你满意了吧？原来股市上的 120

是政府垄断转移来的。

就整个社会来讲，这确实类似一个零和博弈，甚至是负和博弈（因为垄断有效率损失），但对场内的人而言，是一个正和博弈，是用 120 的场外资源来维持场内皆大欢喜的局面。可见，中国股市确实存在着场内人与场外人之间的收入再分配，如果没有外部输血，没有政府资源的进入，如果受骗者得不到补偿，这个股市就没法继续持续下去。

问：那么，这个游戏能永远持续吗？

张：不能。好比说有 10 个人，政府对每个人收 100 万块钱，许诺给 10 套房，政府收到 1000 万块钱。但政府花钱的效率很差，1000 万只建了 4 套房子，只有 4 个人能够得到，所以大家都去抢这个房子，抢到房子的人很高兴，没抢到房子的人就觉得吃亏了，要闹事。政府怎么安慰呢？再向另外的 1000 人征税，给要闹事的人再买几套房子。然后是再收钱，再建房，但总是建不够应有的房子，这样又会有人不满意，再闹，再输血。一直闹到最后，没有新的资源，不能再输血了，这个博弈也就完了。

所以，中国的股市是个资金黑洞，什么时候国家把能够运用的资源用完了也就完了。从时间看，也许不需要到这个时候，一旦发出一个崩盘的信号，或者大家预期到场外资源要用完，股市就会崩盘。然后，股票市场再慢慢走上正轨。

问：这让我想起来杂耍中的"锅盖舞"，三个盖盖五个锅，你看任何一个锅都有盖，但要是同时检查五个锅，就会露馅了。

张：能玩到这个地步，那是高手。我担心玩不到这个地步。股市中的欺骗其实是政府有意无意地造成的。政府为了防止欺骗，又要采取一些其他的措施。好比说规定上市公司三年净资产收益率在 10% 以上才能增发配股，由此导致上市公司进一步的短期行为。试想，我上市后募集了 1 个亿的资金，加上我原来的 1 个亿，我每年必须有 2000 万的利润才有可能配股，但实际上任何一个好的项目都不可能一两年盈利。那么这个上市公司怎么办呢？它自己就最有积极性去做庄炒作。

它本来过不了这一关，但现在自己炒自己，过了这一关，而实实在在的企业反而可能不敢上市，因为它上市后达不到这个要求。怎么能够第一年就拿出 10% 的回报呢？从理论上，这个东西并不难理解。就像斯蒂格利茨和温斯的信贷配给理论提出的，由于存在着"逆向选择"，银行的贷款利率提得越高，老实的企业越不敢来贷款，来的全是骗子和冒险家。

问：将"信贷配给理论"运用于证券市场，这非常有意思。

张：由于"逆向选择"，越有能力操纵股市的人越愿意上市，因为它最有"能力"满足监管的要求。可见，政府的垄断、管制本身在创造骗子，然后政府为了防止骗子，设置新的规则，迫使人们更加追求短期行为，进一步吸引更多的骗子进来。

问：在农村与城市的关系中，存在着人为的户籍制度，农民的身份很难转换。但股市不是这样，谁都可以进。既然国家保证股市盈利，为什么不是所有的人都去炒股？

张：这是因为每个人进股市的成本相差很大。比如说好多人住在偏远的地方，还比如说有的人太忙，或者缺乏兴趣。

不过，起作用的机制是一样。户籍制度无非是使得你进城的成本变得非常高。但即使在户籍制度最严格的时候，想进城也不是不可能。

比如你可以买通官员，弄个城市户口，当然那样做的成本非常高。所以更多的是有门路的人，从农民变成了城市人。但股市不是这样，它其实是一部分边缘的人、机会成本比较低的人进入了股市，机会成本比较高的人则不进入股市。

问：2000 年政府支持力度大，股市盈利好，股指上升快，新开户数据说增加了三成。应该说这与你的分析是一致的。

张：这是肯定的。政府在拉市的时候，投资者预期到政府转移的资源增加，于是进入的也就越多。如果政府打压股市，那当然不会有人跟进。

问：地方政府是否与之有关？

张：前面主要从宏观上讲中央政府与股民及社会的博弈。从微观上讲，每一个地方政府，都有积极性去维持这个虚假的股市。好比说，这个企业是我地方的企业，是我批准、我走关系才取得上市资格的，因此企业上市等于说地方政府起了保荐人的作用，怎么维护这个企业上市地位对地方政府就很重要。如果仅仅是一个企业，完蛋了就完蛋了，但企业后边的老板是政府的话，它就会想办法利用地方的资源给它注资，好让它维持下去。什么时候注资呢？在股票标成"ST"的时候！

所以，权力越大，监督越难，腐败越多。你甚至还可以用难于监督的那部分权力去掩盖容易监督的那部分权力。在证券市场，如果某个企业亏损了，那么我还可以用其他的企业来弥补它；如果一批人被套了，我还可以想办法用场外的资源来为他们解套。

石油领域的管制问题

问：针对于石油价格的波动，有人提出要搞"石油战略储备"，应该说这也是管制的一种。想听听你的看法。

张：这里边涉及几个问题。首先，政府这么做的一个原因是政府已经消灭了石油企业家，不得不把责任揽到自己头上了。但接下来要问的是，政府设想的平抑物价、保障石油供给的目的究竟能不能实现？根据我国过去的经验，政府在这方面是不成功的。比如，政府本来想通过粮食进出口来平衡国内市场，结果最后一分析发现，粮食歉收的时候政府在出口，粮食丰收的时候政府在进口，不仅没有平抑的作用，反倒加剧了供求矛盾。为什么会这样？这就涉及政府本身决策障碍问题。好比说我今年粮食歉收了，我应该进口粮食。但进口粮食要审批，要签订合同，中间有许多环节和渠道，另外，粮食也不是个简单的现货市场，今天去买就买了，往往真买的话是第二年的事。结果等到第二年粮食到岸的时候，情况可能变了，粮食丰收了。粮食丰收了，赶快又出口。然后又是报审批，跟人家签合同，再运出去。可是等到出口粮食的时候说不定粮食又歉收了。搞石油战略储备也是这样，我想这个东西可能比较危险。

问：这里边还假设政府官员没有私心杂念，真正想平衡市场。

张：就算政府官员一心为公，也还是有问题。因为政府的决策程序跟私人是不一样的。私人企业可以快速地对市场做出反应。政府却不能，一定比企业慢一拍、慢两拍，这样就会经常地出现反调节。

为什么政府的节奏慢？一是政府对于信息的接收比较慢。在市场当中，每一个企业家都要预期未来，但政府要想预期未来比较难，它不太容易做到前瞻（forward looking）。政府一般都是问题来了，最紧迫的问题需要它去解决，才会去做，所谓"头痛医头、脚痛医脚"就是这样。二是政府花的是公家的钱，国库的钱，它要考虑一下，怎么让这些国库的钱不被乱花。为此采取一个官僚化的程序是必要的，否则政府像私人决策那样快，腐败就会出现。然而，这个官僚化的程序在约束和降低腐败的同时，也会导致政府对市场反应迟钝。政府为此造成的损失有可能比防范腐败的损失还要大。但是，在市场上的损失没有人去追究责任，也没有办法去追究责任，而腐败是有可能被追究的。

事实上，我们也没有办法要求政府必须对市场快速反应，最好的办法是将这些官僚程序都取消，根本不去搞什么管制。

问：粮食进出口的问题在石油方面也是存在的。这几年，石油价格最低时我们拼命打击走私，而在石油价格最高的时候，我们却进口了历史上最多的石油。

张：这又涉及另外一个矛盾，即前面讲的政府管理者与产权所有者的矛盾。我们的政府作为企业所有者的利益与政府企图平衡市场的功能之间是有矛盾的，国际油价很低，自然诱惑人去走私，这时候就会对国内的石油企业形成很大的冲击，但政府是国内石油企业的所有者啊，这怎么行，政府要保护国内的石油企业，当然就要减少进口、打击走私。

石油的问题我还想讲一点。最近中石油上市了，中石化也上市了。在上市当中，政府作为最大的股东，为了顺利地募集资金，它对国外的公司做出了好多承诺，而这样的承诺对长期的市场关系的建立是有损害的，至少不会有积极作用。

我在报纸上看到这样的情况。中石化要 BP（英国石油公司）、壳牌去入股，做战略投资者。这些跨国公司入股，当然是有条件的，就是要求对它们开放一定的中国的成品油市场。那我们怎么办呢？我们同意为他们分割蛋糕：比如说 BP 在 A 省，壳牌在 B 省卖油。这是一个很坏的做法。我们本来搞开放、引入外国公司，为的是增强国内市场的竞争化程度，而现在这种做法的结果是什么？等于是说我们使得外国的公司进入了我们自己的垄断系统，有步骤地瓜分中国市场。那我们的目的究竟是什么？这些公司本来在国外不可能拿到的东西，现在借助于我们中国自己的石油公司拿到了。这样一来，石油公司上市的过程中就带来了外国公司垄断和瓜分中国市场的严重后果。

问：类似的问题也发生在其他领域。周其仁教授就曾对中国电信在香港市场上"出卖垄断"的行为做过分析。

张："出卖垄断"的做法彻底暴露了管制的不合理性。在国外，政府作为管制者，法律上规定要保护的是消费者，而我们的管制者保护的却是投资者。像电信管制，不是保护消费者，而是保护投资者，难道中国几千万的手机用户以及和手机用户相关的几亿人，他们的利益在天平上还抵不过香港的几家基金公司吗？

所以我认为，这时候政府的角色已经发生了冲突。实际上政府的行为已经不再是一个普通管制者的行为，而更多地表现为一个所有者的行为，并掺杂进了既得利益部门的利益。

问：有些人主张政府搞战略储备，好处讲得多，但好像不太讲成本。这是为什么？

张：政府部门的人出于自己的利益，总是会提出这样或那样的一些建议和方案。这些建议和方案听起来冠冕堂皇，但背后难免掺杂寻租的动机。那么，学者为什么也这么讲呢？可能是认识问题，因为不同的人对不同的问题是会有不同看法的。但也有这么一个因素，你去给政府出主意，比去批评政府更有好处，至少政府高兴听。这一点也非常的重要。

另外，学者和所有的人一样，他也希望得到社会的承认，为此他必须提出一些东西，越独特的东西越好。至于他提完这些东西之后，怎么来实施这些东西，他并不承担责任，他也不可能承担责任。所以他就转向下一个目标，再提出新的东西。这样的话，学者们很难回过头来去分析一下，究竟这些政策有多大的可能性。如果政策实施效果不好，他会辩白，我提的政策原来不是这样的，我的目标是那样的，是政府官员们搞歪了。

问：好比说："经是好的，和尚念歪了。"

张：是这样。但其实往深里想，你这个建议本身的可行性（feasibility）就是很重要的。如果你提出一个建议，明明知道不可能具备有效的实施机制，不会有高素质、有激励的官员去执行，你为什么还要提出这样的建议？

过去，自由派经济学家包括哈耶克、弗里德曼曾经提出，好多学者都忙于不断地为政府提建议，每个人都希望自己的建议被采纳，采纳越多成就感越高。但问题在于，为了让政府能够实施他的计划，就得让政府有权，所以有些学者老是提建议让政府一定要管这个要管那个。计划经济其实就是这么出来的！

如何戒除管制

问：你说"要像戒毒一样戒除管制"，全盘否定管制，是不是有些绝对？

张：现在全世界都在恢复自由企业制度、自由经济秩序，这是不可阻挡的潮流。

为什么要像戒毒一样戒除管制？就是因为政府管制像抽鸦片，会上瘾。管制创造出大量的既得利益者，这些既得利益者们会雇经济学家、雇学者来为自己的存在"证明"合理性。这样，管制将内生性地膨胀，越来越厉害。这是客观上的问题。

主观上呢？普通人往往不容易认识到管制的危害，在出现问题时，往往想到的是这个该政府管，那个该政府管。他不明白，当一个市场被政府管得太多的时候，就可能完全丧失免疫力。

政府管制会导致人们大量的短期行为和机会主义行为，讲信誉就很难。如果大家都不讲信誉，就会有人站出来说，需要政府维持秩序。这也就是说，政府或者说管制者其实是自己在为自己创造需求。他们把猫打死了，结果耗子满街跑。然后再学猫叫，来吓唬耗子。无奈耗子还是越来越多，于是就不断地增加学猫叫的人。这样，管制消灭了维持市场竞争、市场秩序的最重要的力量后，自己的力量却内生性地不断膨胀。

当然，中国的问题有点复杂，原来我们建立了许多消灭市场的部门、替代市场的部门，这些部门在转轨时期摇身一变，现在又以规范市场的管制者的面目出现。但是他手里的权力范围并没有削减。这样的话，规范市场、管制市场本身可能变成对市场的最大损害，因此，戒除管制就更是重要了。

问：我想将你的比方做点发挥。如果把猫比作市场竞争，它当然会消灭耗子，无奈计划经济把猫消灭了，而人们习惯了狗拿耗子。转轨之后，猫还来不及繁殖，耗子多了起来，但人们误以为狗太少，于是呼吁进一步养狗，可是狗太多，猫就没法活了。

张：这也就是说，管制者消灭了市场秩序中自我维持运转的力量和机制后，会不断为自己创造需求，管制的引入和加强将形成一种恶性循环。你管的东西越多，社会上的信誉就越差，坑蒙拐骗就越多，弄得你反过来进一步加强管制，不断地增加人工的、超经济的手段。本来你可以正常吃饭，维持生命，现在有人对你说，你得病了，肯定是没吃好，我把你的嘴堵上，给你打葡萄糖吧。然后就成天给你打吊针，结果发现你的身体越来越弱，他却认为葡萄糖打得还太少，应该加大量，这样一直到你死为止。

问：那么，戒除管制应该从何做起？

张：可以归纳为三句话，一是削减政府权力，二是改变权力使用的方式，三是提高权力使用的透明度。

削减权力其实是把大量的本来就该属于个人的权力归还个人。这门是我们家的，现在你把着门，我进自家的门还要给你小费，你说合理不合理？像这样的管制问题必须尽快解决。当务之急，要尽快消除各种各样的审批。审批制在从计划经济到市场经济转变的过程中最危险的一点，就是以规范市场的名义继承了计划经济的做法。我一再呼吁，人们一定要有创业的自由、签约的自由，这些权力一定要由政府转移给老百姓。我想这一点怎么强调都不过分。

即使对政府而言，限制自己的权力也是有好处的。过去我们认为政府越不受制约，政府得到的好处就越大。政府官员更是经常聪明反被聪明误，误以为权力越大，就越能干事。事实上，政府的权力越大，政府行为的任意性就越大，人们对政府就越没有信心，投资者没有信心就不来投资，老百姓没有信心就不会多花时间去投资专业技术、教育、人力资本，这样，经济发展就会日益落后。相反，政府对自己约束越多，经济发展可能越好，尤其当一个国家面临激烈的国际竞争时更是这样。

这里面的原因，是政府不能把老百姓假设为一个被动的机器，政府一定要考虑到每项政策都是跟老百姓、投资者、商人、消费者进行的一个博弈，这中间存在着"激励相容"的约束。这也就是说，政府出台的每一项政策，人家总是有对策。政府可能是先动者（first mover），老百姓是后动者（second mover），但中间一定是一个互动的过程。老百姓其实是非常理性的，政府的政策随机性越大，变化越大，老百姓对政府的信任度就越低。考虑到这一点，政府的每项政策当然就要预见到老百姓会做出什么样的反应，否则就会得不偿失。

历史上有一个非常好的案例，就是17、18世纪的英国。在英国17世纪后期"光荣革命"之前，国王享有非常大的权力。当时英国政府的年财政收入不够花，所以要借债。但国王没有讲信用的声誉，他随意修改债务合同，而债主对他没有惩罚的能力。这样，好多人不敢、不愿给他借债。博弈论讲，假如我违约，你惩罚我的能力越大，你就越愿意同我做生意。但和英国国王做生意，这一前提不存在，人们惹不起只好躲起来。这样，直到英国在"光荣革命"，也就是在1689年的时候，王室能借到的总债务也不到200万英镑。"光荣革命"后，新的政治架构产生，国王的权力受到了议会的限制。当时规定，任何国债合约的条款要进行修改，或者发行新的债务、延长旧的债务，一定要得到国会的批准。这样一来，政府的随意性大大降低，而放款人的信心大增，英国政府的借债能力反而提高了。时隔9年，英国政府的债务达到了1670万英镑。有了这样的融资能力，英国在英法战争中打败了法国，之后就发展成为头号工业强国。

让别人到你这个地方来投资也是一样。如果你的权力太大，为所欲为，你大概只能吸引到很少的一点投资，但是你削减权力、自我约束，反而能吸引到更多的资金。

从英国的例子，我们还可以得到一点启发：行政裁量权一定要受到十分严格的限制，政府直接决策的权力多数有必要转到立法机关。这是因为，立法机关本身不能直接行使这套权力，所以它为自己去牟利的机会相对较少，由它来制定法律就比较有可信性，对社会的损害就会大大减少。就中国的情况来说，我们应该逐步将大量的立法权由政府转到人大，让政府主要变成执行机构，而不能给它太多的权力。

因此，最重要的一点，是政府一定要说话算数，政府的信誉至关重要。外来的投资者，本国的国民，他为什么要相信你的政策，跑到你这里来？你一定要有一个好的信誉才能做到这一点。如果政府搞一锤子买卖，总是追求短期行为，那么所有的人都会追求短期行为。如果政府说话不算数，这个社会也就不会有人说话算数。我想这是特别严重的一个问题。

可惜的是，我们不少政府机构经常是说话不算数的。前段，中央电视台报道过陕西兴平市有一个工厂需要 500 万元的投资，当地政府承诺说，谁能够在 10 天内打进 500 万到账上，谁就可以经营这个项目。后来一个私营老板真的把 500 万打到了账上。结果呢，政府又不承认了。这就是政府的机会主义。类似的事例还有很多。像卖企业，政府今天将这个企业卖了，过两天工人一闹，赶快又收回来，一点不考虑当初卖企业的合同。政府这样机会主义、言而无信的做法，怎么能不导致个人的短期行为？投资者怎么可能形成稳定的预期？个人之间交易，我的东西本来可以卖 100 块钱，结果我犯傻，10 块钱就卖出去了，然后就后悔。后悔怎么办呢？打自己两耳光吧！但政府不是这样，后悔了，就打你两耳光，以保护国有资产的名义撕毁合同。

第二个方面，如果这份权力还必须由政府拥有的话，那就要改变行使权力的方式，尽量用市场化的方式来改变公共权力行使的方式。有一些权力，好比说土地的审批权，政府一时实在放弃不了的，可以多在这方面想些方法。

权力行使的方法有两种，一种是"选美"的方式，让有权力的人来选择合适的人；另外一种是拍卖（auction）的方式。拍卖方式优于"选美"方式的地方在于，它更加"公平、公正、公开"，有利于监督代理人对公共权力的使用，从而减少腐败行为。现在无论是欧洲还是美国，市场经济发达的国家，电信营运权实行的就是拍卖方式。当然，好多权力运用市场方式也不一定解决问题。比如说，拍卖一个企业与拍卖一个古董不一样，古董谁出的价格高我卖给谁，但企业也许不能简单地因为谁出的价高就卖给谁。这里边还有个环境考虑的问题，还有个我对你的信心问题，还有解决劳动就业的问题。但是，拍卖的方式至少可以大大减少腐败。

北京的出租车有六万辆，一辆汽车牌照的市场价码在十万块以上，仅这一项多少钱？六十多亿。如果拍卖，比如说你这个出租汽车公司需要多少辆车，可以去参加竞标。拍卖的钱收归财政。财政有了钱，可以减少其他许多扭曲的税收，一举多得，效率还可以提高。我们现在不采取这个办法，结果这些好处都变成个人的了。

第三个方面，如果权力使用的方式也无法改变的话，那么一定要想办法提高政策的透明度。我举一个例子，香港回归之后，它的交通规则就没跟大陆接轨，我们靠右行，它是靠左行。这有问题吗？没有问题，因为信息和规则是透明的，所有的香港人都明白你是靠右行的。由于规则透明，香港的司机到了深圳后，他仍然可以开车，只不过应该按照这里的规则来开就是了。以往，我们喜欢把规则装在兜里，不给人家看。这不行！你这样不透明，让投资者不放心，谁愿意到你这里来投资？

透明度的问题今后会越来越重要。我们加入 WTO，与国际接轨后，并不是所有的规定都必须和它接轨，有些规定不一定是要跟它接轨的，因为接轨是一个长期变革的过程，但是规则一定要是透明的。

另外，政府还有一项重任，就是要承担起法律保障特别是保护产权的责任，这包括立法和执法两个方面。如果政府在这方面不花力气，如果力气仍然花在经济建设，特别是增长速度上，就像现在大部分的地方所做的那样，就想歪了。

问：我们国家也在努力放松管制。但人们的认识好像还不是特别清楚，有的时候甚至会往回走。

张：应该说这二十年来我们走得还是不慢的，问题是我们的要求也更高了，我们现在看到了更多的问题。原来认为是习以为常的东西，从另一个角度看，现在发现实际上是很不正常的，需要进一步地改。

这里我想提一下"以经济建设为中心"这个口号。十一届三中全会废除了以阶级斗争为纲的旧的教条，提出全党工作的重心要转移到经济建设上来。从此以后，经济建设成为各级政府的中心任务，每年的经济增长率则成为政府官员头上的紧箍咒。以往二十年中，"以经济建设为中心"的口号应该说对中国经济发展起了极大的推动作用。但在目前的情况下，政府的工作是不是应该转移到"以制度建设为中心"上来？政府保护产权、维持公平交易的规则就够了，最好不要插手具体的经济建设。因此，未来二十年，为了继续发育和完善市场经济，政府应以维护市场公平为中心，以保护产权为中心，以制度建设为中心。

问：这些年来人们对政府"真抓实干，发展经济"早已习惯成自然。现在你提出政府"以制度建设为中心"，这个弯要转起来可不太容易。

张：无论是中央政府还是地方政府，目前还将大量的精力花在经济发展方面，甚至像深圳这样观念比较超前的地方也是这样，但真的是想歪了。其实，到了目前的这个阶段，你只要进一步将体制理顺，让每个人都有积极性去干活，经济自然就发展起来了。政府"以经济建设为中心"反倒容易拔苗助长。你看人家发展那么快，也要发展那么快，然后就运用政府的力量，上大项目，结果能好吗？像高科技，本来靠的是优越的体制，而不是政府能催生出来的一种东西，但我们看到人家美国的高科技、硅谷，羡慕得不得了，然后就想通过政府来搞创业投资，发展高科技。其实政府搞创业投资注定是要失败的，这是因为，高科技行业最依赖于每个人创业的积极性。如果人们没有创业的自由，或者创业以后缺乏稳定的预期，高科技就不可能发展。

靠政府拔苗助长，发展高科技，最后必然是"欲速则不达"，劳民伤财。最近《财经》杂志报道，比利时有个 L&H 公司，号称是高科技公司，在美国上市后，股票一度涨到一百多块钱。比利时的人很骄傲，因为一个小国出个"明星"很了不起。但后来，人们发现这个公司的情况全都是假的。L&H 公司的股票现在跌到了每股五十多美分。为什么会这样？就因为政府帮助他们借风险投资，并带着他们作假来膨胀。

问：那么，对于政府出台某些扶植高科技的产业政策，你怎么看呢？

张：我不同意给高科技产业优惠政策的做法。高科技依赖于个人创业，同时面临很大的市场风险，要想搞好实在不容易。如果政府放出风去，说是要制定高科技方面的优惠政策，企业家就会把心思用于怎样获取政府的资源，并通过获得政府的资源来打垮竞争对手，而不是通过公平的市场竞争来打败对手。最后的结果就是，大量的资源流向某几个企业，短期内这些得到政府扶植的高科技企业可能发展很快，但一旦面临国际竞争，它们就完蛋了。

我的看法是，政府最重要的是保持一个中立、公正、不偏不倚的政策，而不要去搞什么针对某些企业的优惠政策。政府应该清楚，它对一部分企业的优惠就是对其他企业的不公平，而优惠政策还可能变成腐

败的渠道。我主张政府的政策应该是一视同仁的（uniform）、普遍性的
（universal），对于任何行业都不搞什么特殊政策。如果你这个政策对这
个行业是好的，为什么不对所有的行业都一视同仁？如果你这个政策真
的有生命力，为什么不向全行业推广？

高科技如果真的有利可图，自然就会有人搞高科技。政府只要给
创业者自由，让创业者有稳定的预期，理性人自然会去选择最好的东
西。我们现在发展高科技的问题并不是优惠政策太少，而是整个经济
管制太死了。这种体制不仅不适应高科技，也不适应低科技。只是低
科技我们靠别人已有的技术还可以维持，而高科技在向我们转移的时
候很慢，使得我们捉襟见肘。政府真要发展高科技就应该从根上解决
问题，就应该清楚如果有一个很好的公平竞争的体制，以及有效的产
权保护，什么都可以发展起来。

我这里顺便指出一点，为了发展经济，当前一些地方热衷于聘请
外商做顾问的做法是违背公平的。据报道，北京市聘了30个外国大
企业的CEO或董事长做顾问，这种做法对吗？许多人可能不会觉得
有什么问题，其实这在市场经济下是很不合规范的做法。为什么呢？
因为政府一旦聘请了这些人，他们就跟政府有了一种特殊关系，就有
可能破坏公平竞争的规则。你当然可以说我的目的只是让他给我提建
议，但是其他的企业怎么去监控你，怎么能够相信你说的是真话呢？
人家没有办法。所以这时候容易形成对市场规则的破坏。我听说除了
北京外，好多地方现在都在聘请企业经理，特别是跨国公司500强的
企业经理当顾问，对这些被聘的人来说，何乐而不为？至少有利于他
获得优惠条件，但是对市场秩序起的是破坏作用。

问：美国政府放松管制后，导致了"新经济"的出现，放松管制对我国的经济增长是否会有类似的促进作用？

张：我问过大量的企业领导人，他们平均50％到60％的时间都花在对付政府上，而且这个成本每年都要重复。所有的管制、审批制度解决之后，会产生多大的增长力量？我原来说国内生产总值可以实现30％的增加，我现在还要更乐观。

信息、管制与中国电信业的改革

在计划经济体制下，人们的一个基本信念就是："政府是万能的，市场是无效率的。"从改革开始到 1984 年，中国经济学家的一个基本信念是：政府基本是可信的，但并不是万能的，所以，需要有市场作为政府的补充。这就是"计划为主，市场为辅"的改革思路。到 1984 年之后，中国经济学家的基本信念又变为：市场能够管好的就让市场管，市场管不好的再由政府管。我在 1986 年提出了一个观点：是不是要再进一步，也就是说，市场管不好的也不一定需要政府管。现在看来，12 年过去了，这样的信念并没有真正树立起来。所以，我今天主要是围绕政府能够做些什么，能够做得多好，特别是联系中国最近时兴的电信业及其他的一些改革来谈一下。

* 本文根据作者 1998 年 10 月 22 日在"君安学术论坛"上的演讲整理而成，曾收入《产权、政府与信誉》一书。

一、政府管制的经济学：市场失灵的三个原因

我们要问的第一个问题就是：为什么需要政府来管理经济？这里，我提供给大家经济学上讲的政府管制经济的三个理由，也就是市场失灵的三个原因。其中第一个理由比较新，管制经济学的新发展主要与第一个理由有关。

（一）信息问题：非对称信息

造成市场失灵，需要政府管制的第一个理由就是信息问题，也就是信息不对称。非对称信息可能导致市场无法实现资源的有效配置，甚至市场的消失。

一个市场经济的有效运作，需要买者和卖者之间有足够的共同的信息。但在很多情况下，卖者知道的信息买者不一定知道，或者知道得没有卖者那么多；有时候是买者知道的卖者不一定知道。这个问题严重到一定程度，也就是说，如果信息不对称非常严重，就有可能导致市场功能无法正常发挥，在极端情况下，会使市场整个不存在。有一篇非常有名的信息经济学方面的开创性论文，就是阿克洛夫（Akerlof）1970 年发表的关于旧车市场的文章。他在这篇文章中提到，在旧车市场上，如果卖车的人知道车的质量，买车的人不知道，后者只能按照预期的平均质量支付价格，这样卖好车的人就觉得不划算，不愿意卖他的好车，最后只有卖坏车的人才卖车。当然买的人也知道愿意卖的一定是坏车，所以也就不愿意买，于是这个旧车市场就可能会消失。我们生活中有好多这样的例子，许多行业中都存在这种情况。

例如，一个比较严重的问题，就是在医药和食品市场上，一个病人需要吃药，但一种药的质量他只有吃了以后才知道，而在他吃之前是不知道的，这时卖药的人就很可能会卖出假药或质量不好的药。为了防止病人受到卖药人或生产厂家的欺骗，就需要对药物及食品市场进行管制：一个厂家要生产一种新药，必须得到政府发放的生产批号，即政府允许他卖的时候才能卖。这与生产其他的东西有些不一样，如一个新的西瓜品种的上市是随时都可以的，但研制出的一种新药没有得到政府的许可是不能卖的。另外还有一些职业与此相似，如医生，一个人是江湖骗子还是一个真正高水平的医生，病人往往无法判断，所以就有必要给有行医能力的人发执照，只有获得了执照的人才能行医。还有律师、会计师，情况也类似。在金融业，也存在类似的情况，银行、证券业、保险业，信息不对称很严重。出钱的人出了钱后，花钱的人怎么花这个钱，出钱的人很难控制，这时，就会带来很多所谓的"道德风险"。我们平时买东西时出了钱后就可以拿走一件东西，但当我们买金融商品时，如股票、保险单，花了钱，顾客的义务就尽了，但是他们的权利什么时候实现还不知道。就是说，在付出与得到之间有个时间差，利用这个时间差，收了钱的银行、保险公司很可能去乱花这笔钱，到时候如果破产了，就不能还顾客的钱了。这个问题在目前的中国是一个非常严重的问题。以保险业为例，当顾客参加保险的时候，如果他买了人寿险，也许在 10 年或者 20 年后才能有机会要求赔偿，可那时这个保险公司可能已经不存在了。所以在初期，保险公司用很大的积极性去收钱，而对未来的赔偿问题关心得并不多。这时候为了防止保险公司骗钱的行为出现，政府就要求办保险公司要有执照。

同样的，证券业、银行业都是如此。如果没有政府管制，很可能一个人办一个银行收了客户的钱后第二天就跑了，当客户再去取钱时，他已经不在了。金融诈骗，实际上都与信息不对称有关系。与之相关的还有上市公司。一个上市公司拿到钱之后，它有大量的内部信息，而股民并不知道，此时，上市公司就容易欺骗股民，所以政府一旦决定发展股票市场，就必须有一套与股票市场有关的管理规则和机构跟上来。

　　当然，这并不是说所有出现信息不对称的情况都需要政府管制。有一个机制可能起作用，这就是信誉机制（reputation）。它指一个企业本来可以骗，但如果骗了一次，就再也没有第二次了，这样，由于它害怕别人说它是骗子，于是决心建立一种信誉，即遵守合同的信誉。比如说，一个企业在建立了一个品牌之后，如果要骗人，那么品牌就砸了，这样，骗人的成本太大，所以它就可能不愿意去骗。可以看出，一个企业的品牌实际上就是它不骗人的一种承诺，即一种责任。为什么大家喜欢买名牌，这是其中的主要原因。还有一种是给消费者一个保证（guarantee），如果一个电视机厂家给消费者的保修期是五年，而另外一家不敢给消费者一个保修期，那么消费者会认为第二家很可能是一个骗子，而第一家的可能性不大。为什么呢？因为如果它卖的是假的，在五年之内出了问题，他要无偿地给你修理，成本就要增加。由此可见，这种信誉机制在信息不对称时会起一定的作用，不一定都需要政府的管制。但是有时候，这个信誉机制不起作用，其原因就如皇帝的新衣这一故事讲的那样，有时受骗的人不愿意承认自己受骗，因为骗子说："只有聪明的人才能看见这件衣服，而愚蠢的人是看不见的。"这时候人们都不愿承认自己傻，本来没有衣服，根本就看不见，但他仍要说看见了，因为只有这样才能证明自己是聪明的。在这个时候，信誉是不起作用的。信誉要起作用，要求有很多条件。在博弈论中，信誉机制存在的前提是重复博弈，并且，参与人有足够的耐心。在一次性博弈中，当事人是不会讲信誉的，只有在多次博弈中，参与博弈的人有足够的耐心并且他很看重未来的收益，信誉机制才会起作用。因为说到底，建立信誉就是牺牲眼前利益换取长远利益。如果某种制度安排使人们都在进行一次性博弈，信誉也就毫无用处。同时，信誉机制要起作用，还要要求信息的传输足够快，也就是说，如果你骗了人的事还没有人知道，你就会继续骗下去，因为别人不知道，就没理由惩罚你。就如在我们国家，如果所有的报纸都在讲假话，那所有的骗子都不被记录，甚至有一些骗子买通新闻单位做广告，使更多的人受骗。在这种种信誉机制不起作用的情况下，我们就需要有政府的管制。

（二）外部性问题

第二个与政府管制有关的理由是外部性。这是我们在经济学上讲得最多的问题，如环境污染，因为企业只承担一部分成本，却得到了全部的好处，所以就会造成更多的污染，这时就需要政府管制。当然，我们知道，严格地讲，外部性是不是需要政府管还是个问题。根据科斯定理，如果产权能很好地定义，交易成本不是足够高的话，即使有外部性，也不一定要求有政府管制，人们之间的讨价还价就能解决问题。但在现实中的大部分情况下，可能交易成本非常高，当事人之间的讨价还价并不能解决问题。如银行业，如果一家银行破产，那么在它破产之后会影响一大批银行，所以一个银行经营不好可能会使别的经营得好的银行倒闭。这是一种外部性，这也就是政府要对银行进行管制的另一个理由——除了防止银行欺骗储户之外，就是为了避免一个银行关闭所引起的连锁的外部性。

另外还有一个与之相关的是网络经济（network economy），它是指每一个人从使用这种产品中得到的效用，与使用的人数有关。使用的人数越多，每个人得到的效用就越高。例如，如果一个人家里安装了一台电话，但是别人家里都没有电话，那么这个人家里的电话是毫无用处的。安电话的人家越多，每个家庭中的电话就越有用。这个就叫作"网络经济"。如果有这种网络经济的存在，但每一个企业仍只按照自己的成本收益定价，而不考虑网络效应给其他企业带来的好处和给消费者带来的好处，它的定价，有可能过高，这时政府就要制定出一个措施来降低价格。这在电信业上表现得十分明显，如果一家电信公司有几千万个客户，另一家只有几十个客户，显然顾客少的一家很难生存。为什么？联通的客户少，买联通的电话就会使可用性减弱，此时若要使联通的电话有效，就应该允许联通与中国电信的网络联起来，但中国电信可能并不愿意联通，如果它拒绝联网，政府就应该出面，强制地要求它提供联网服务，互联互通。因此电信业的管制与外部性有关系。

（三）市场势力：配置无效率与生产无效率

需要政府管制的第三个理由就是所谓的市场势力（market power）。一个市场中如果存在一部分人控制供给，那么就有一定的垄断行为，他们不是价格的接受者而是价格的操纵者。而一个市场要有效地运转，就要求生产者和消费者都是价格的接受者，而不是价格的操纵者。如果一个企业有市场势力，他就会变成价格的制定者，这时候他就按照他的收益最大化定价，这个价格可能远远高于边际成本，这就引起了"配置非效率"（allocative efficiency）：P > MC。按照资源最优配置理论，价格应当等于边际成本。但实际上由于存在控制市场力量的垄断行为，价格高于边际成本，因此带来效率损失。

与市场势力相关的第二类损失叫"生产无效率"，它的意思是，如果要在竞争的市场中生存下去，就要不断进行技术改造，降低成本；但如果是垄断者，就没有这个压力，不会积极地降低成本，也不会为了降低生产价格而积极地改进技术，这对整个经济来讲是一个损失。过去经济学家对第一类"配置无效率"注意得很多，对第二类"生产无效率"，至少在大部分经济类教科书中我们没有把它当作一个重要的问题。

以上是我讲的第一个问题：我们为什么需要政府管制的三个理由。其中后两个原因——外部性和市场势力是我们过去强调的，而信息的非对称性问题是近一二十年来经济学家才开始讨论的，我们需要再强调一下。

二、垄断的类型

我们下面集中讲垄断的问题。垄断是经济学家在传统上认为政府应该管制经济的主要原因，一般经济学家把垄断划为三类。

（一）自然垄断

　　所谓自然垄断（natural monopoly）是规模经济造成的一种状况，它使得某一行业只有在一个企业生产的时候才是最有效率的。这样，如果有一个企业已经进入，别的企业就不可能进来，因为原来的垄断企业的产量大，成本就低，别的企业进来以后肯定竞争不过它。从另外一个角度讲，自然垄断意味着，如果只有一个企业进入，利润为正；如果有两个以上企业进入，它们的利润就是负的。这种情况下，从社会资源配置的角度，也许应该只让一个企业进入；但若只有一个企业，就出现了垄断定价，这个价格远远高于边际成本，造成资源配置的无效性，也会带来生产上的无效率。因为有一个垄断者，就没有人敢进来，那么这个垄断者就不会破产，它也就没有积极性去降低成本，改进技术。

（二）行为垄断

　　行为垄断（behavioral monopoly）的产生是因为市场上存在不止一个企业，但是企业数量不够多，它们之间意识到相互的依赖性，每一个企业都知道垄断利润总是大于竞争利润，所以它们有一种组成卡特尔的积极性，就是联合起来，然后制定一个价格，这样消费者利益就受到了损害。价格高于边际成本，资源得不到有效配置。所以我们提倡反垄断法、反托拉斯法的管制，现在这些垄断行为，如卡特尔定价等，在西方基本上都是违法的。但还有一种政府难于监督的行为垄断，这就是默契合谋。这是什么概念呢？就是企业间并没有卡特尔协议，但是彼此心照不宣，大家都知道边际成本为 6 元，却都把价格定成 8 元，谁也不愿意降价，每一方都获得垄断利润。这种情况政府很难监督。

我特别想谈一下关于中国目前施行的所谓行业自律价格。前几个月由国家经贸委发布文件，同时配发全国 13 家大企业——像鄂尔多斯、海尔等——的一个倡议书提到：由于我国企业竞争太激烈，导致了所谓恶性竞争，使企业亏损、财政欠收，这对整个国家都是不利的，所以每个行业的企业应该坐下来，各自搞一个行业自律价格，每个企业都应该遵守这个价格。

如何看待这个问题？我要表达的一个意思就是，我们改革已有 20 年，到今天却出现这种情况，实在是一种悲哀。政府官员和所谓优秀的"企业家"，他们连市场经济运行应该遵守的最基本的道德规范都不是很清楚。对于这个问题我特别要谈四点：

1.集团犯罪

这种行业自律价格在西方的法律中叫集团犯罪。一旦发现行业中存在自律价格，司法机关可以起诉，严重情况下领导人会被判刑。我国还没有反垄断法，还没有一个法律上的理由可以对他们提出起诉，但这种观念至少应该有，有些事不可能都在法律上得到制裁，但在道德上应该遵守。另外，西方搞卡特尔默契协议都是偷偷摸摸的，他们害怕公开后脸面上和道德上过不去。而我国却是大张旗鼓、理直气壮地在全国各电视台报纸，通过中央政府的文件来宣告这么一件事，所以更让人感到不可思议。这种在市场经济中很难想象的事，发生在中国改革开放后 20 年，很值得我们深思。可见要普及市场经济的知识还需要很长的时间。

2.政府的功能

在西方，企业想垄断，制定一个行业自律价格来分享高额利润时，政府应该站在什么立场上？政府应该站在消费者的立场上。总的来讲，是因为消费者是较弱的，他最容易受到欺骗和剥削。目前为止，没有一个政府敢以自己财政收入的减少这样的理由来冠冕堂皇地要求企业提高价格，这是令人难以想象的。我们中国政府长期以来心目中就很少有市场经济、消费者主权的观念，所以此时政府应该干什么，政府的作用是什么，政府的权责应该在哪儿，这是中国政府部门应该严肃考虑的问题。我们的政府部门现在是在帮助我们的企业拿到一些西方企业在市场经济中不可能拿到的东西。记得前一段时间，上海的两家牛奶企业竞争，打得难舍难分，后来政府出面让他们商定了一个价格，问题就解决了。中央电视台播放了这个事件后，主持人讲了这样一句话：两个企业竞争就像两个大人打架，其实谁都不想打，但面子上过不去，这时候最需要一个劝架的人，有人劝架正中下怀，各自找个台阶下就不打了，政府这时就是劝架人。这句话很有意思，政府的功能是不是当劝架人，我们应该思考。如果两个人要打架，就让他们不断地往下打，这时政府的功能是防止有人拿暗器去打。好比拳击比赛，如果其中一人怀里揣一把刀突然捅人家一下是不可以的，政府的作用就是要防止这种情况出现。但政府绝对不要当劝架人，如果政府不自觉地成为劝架人，这就扼杀了市场竞争的规律：政府只是保护竞争的公平性，而不是亲自出面让他们坐下来达成所谓的协议。

　　3. 不正当竞争

　　有关不正当竞争的现象是有的，但我们的政府部门、企业界现在是滥用"不正当竞争"这个词。什么叫不正当竞争？如果一个企业的产品价格定得低于其边际成本，这时候它可能有不正当竞争行为，但是不一定是不正当竞争，政府要判断它的目的是否是为了消灭竞争对手，是否有可能消灭竞争对手。例如，日本电视机进入美国卖得很便宜，美国厂商就向美国政府提出起诉，但遭到了美国司法部门的拒绝，因为这时日本电视机的价格虽低，但不可能造成垄断。所以，不是说价格低就是不正当竞争，还要看客观上是不是有可能造成了竞争对手的消灭，如果可能才是不正当的；没有这种可能，政府就没有必要也没有可能进行管制。就如同一个卖西红柿的，他愿意送人，政府凭什么去管他呢？他破产了，市场上仍有很多卖西红柿的。我们要关注的是中国现在的状况。在中国，一个行业中的十几家企业，有哪一家在市场上能够形成自己的垄断地位呢？报纸上经常提到生产羊绒衫的企业之间的恶性机制，据说全国有 2400 个羊绒衫生产企业，有没有人相信有一个企业可能垄断这个市场？事实上，没有一个企业可能达到垄断的地位，因为进入成本很低，这个企业被竞争垮了，马上又会有人进来，政府不需要管。另外，即使有这种不正当竞争，我们怎么知道它的价格低于边际成本呢？在西方一般是由受害的企业来控告这个企业，所谓"民不告，官不究"，而不是由政府出来说价格太低是不正当竞争。不是说没有不正当竞争，但我们必须明确：只有以获得垄断地位为目的的价格竞争才是不正当竞争。如果没有这个目的而且客观上也达不到这个结果就不能叫它不正当竞争，否则政府部门任何时候对价格不满意都可以用不正当竞争作为理由来提高价格。

4. 恶性竞争的产权基础

第四个问题是：我国是不是存在价格低于成本的情况？我认为是存在的。问题的关键是为什么存在这样的问题，这是要重点讲的。简单地说，这与产权有关。在公有产权下可能造成企业定的价格低于它的成本，但这不等于对企业决策来讲就低于它的成本。我们知道，任何一个人的行为，无论垄断者还是竞争者，最大化选择都是以他的边际收益等于边际成本为准。但问题是在不同的所有制下，每个人感觉的边际成本和边际收益是不一样的。最简单的情况：利润＝收入－成本；竞争市场上企业会在最优产量的情况下使价格等于边际成本，边际收入等于边际成本。在中国，考虑作为一个国有企业的厂长经理，如果他承担成本的比例小于他在收益中承担的比例，价格就可能会低于成本。例如，一个空军办的企业，可以从广州用飞机运基围虾到北京，假设总成本是 100 元／公斤，但由于大量的运输费用可以作为军事费用由国家承担，当事人考虑的成本只是基围虾成本和付给飞行员的补助，所以最后对这个企业来讲，成本可能是只有 20 元／斤。另一家私营企业，租用飞机运送基围虾到北京是 50 元／斤，显然它是竞争不过空军企业的。这就形成所谓的恶性竞争。要解决这个问题，最终的出路是在所有权和产权制度上。如果不从这一角度考虑问题，做一些违反市场经济规律的事情，那对我国长远的经济发展是很不利的。

还有一部分恶性竞争与企业的重复建设有关。本来只需要 5 个企业，现在却有 500 个，为什么？这也跟产权制度有关。我在《经济研究》1998 年第 7 期上有篇文章，从控制权收益的角度来分析了这个问题。办一个企业能得到两种好处，一种是控制权上的好处，好比做总经理感觉上要好一点，这个很难量化；另一种是货币收益，就是利润。在国有企业，我们的官员、经理基本上是享有控制权好处，货币上的好处他很难占有，或是至少不能合法地占有。这样，本来办 2 个企业的总效益最好，但是，2个企业只能安排2个总经理，办200个，就可以安排200个总经理，有200个人可以享受到控制权的好处，至于200个企业是否太浪费，那也是浪费所有者——老百姓和国家的钱，与当事者个人没有关系。老百姓当然不希望浪费。如果可以贿赂这些官员，给钱让他们在待在家里，而不是办企业，浪费就可以避免。但谁也没有积极性这样做，也不可能这样做，这叫控制权损失的不可补偿性。在位时能享受，一旦下台了，就什么都没有了。所以他们有积极性不断办企业而不考虑企业的总数量是不是太多，效率是不是太低，由此引出重复建设，因而导致恶性竞争。所以，要从根本上解决恶性竞争和重复建设问题，仍然要从产权上入手。有人认为这是个长远问题，那么短期怎么办？其实长远的问题从某种意义上讲也是短期的问题。现在认可恶性竞争，价格低于成本，但亏损严重以后，当经理也成了一件痛苦的事情。只有亏损不是非常严重的时候，当经理才不会很痛苦，才会得到个人好处，如果很严重，发不出工资导致工人闹事，经理也会很不愉快的。如果允许自由竞争，很多人就得不到好处，很多企业就会关闭，我们最后就可以收敛为一个社会最优的企业数量。但如果我们用这种国家规定的所谓行业自律价格，就不可能解决问题，因为越是行业自律，大家越可以分享垄断利润，这样寻租行为就越多，大家就越有信心办新的企业，就更不可能关掉过多的企业。如果我们认为重复建设是导致恶性竞争的原因，就应该以毒攻毒，而不是保护全部。

　　这就是我想与大家探讨的行为垄断，它需要我们树立起正确观念，需要普及经济学知识，需要对官员、企业管理人员进行教育。如果我们的官员、企业家这样明目张胆、大张旗鼓地去宣传行业自律丝毫没有感到不安，甚至还列出理由说这也是为了消费者好，就令人不安了。我一直没想通是怎么为消费者好，就如同有个小偷告诉你：晚上把家里门打开，否则我就会把你们的窗户砸了；为了你好，最好把门打开。当然还有许多更高的高调，如为了民族的利益等等。什么是民族的利益？其实一个国家，离开了消费者的利益，就没有什么民族利益。美国有时实行的保护主义，也并不是为其民族利益，而是为了少数人的利益。中国也是这样。

（三）法定垄断

第三种垄断，我们称之为法定垄断（statutory monopoly），指由国家的权力，甚至通过专门的法律来规定，只能由某一个人、某一个组织来干，其他人或组织都不能干。中国的垄断大部分属于法定垄断，计划体制就是一个典型的完全的法定垄断经济。现在这种垄断许多已经被打破了，但仍然保留了许多。法定垄断的理由之一是源于自然垄断：因为只有一个企业是最有效的，重复建设会造成浪费，所以我们只用一个企业经营；但它有个缺点：既然认为一个企业是最有效的，那么即使让其他企业进来它也进不来，由于生产成本高，没有规模经济，任何企业进入都会失败，它干吗要进来？所以既然是自然垄断，就没有理由又是法定垄断，因此一般的法定垄断大部分都不是自然垄断。法定垄断存在的第二个原因可能是财政。尽管我们一直在讲要政府干预，政府干预是为了资源配置，为了社会福利，实际上政府在运行当中大部分是要考虑到自己的财政收入的。我们的政府不让企业进行竞争的原因是那样我们的财政收入就会减少。由于垄断利润总是大于竞争利润，一个国家为了政府收入，就会特许经营。如电信业，只允许一个企业经营；又如英国早期的东印度公司。垄断是政府增加财政收入的一个办法。第三个原因可能是利益集团的作用。这些利益集团游说政府官员，告诉立法者，这个行业必须只有我一个企业经营才能保持正常的秩序，如果企业一多，就会引起恶性竞争等等，政府可能就把这个权利送给了他。

三、对垄断的政策选择

选择一：管制，包括进入管制和行为管制

过去我们为什么选择用政府管制（regulation），无论是对自然垄断，还是对法定垄断，还有卡特尔协议都一并要管制？传统的管制理论建立在三个假设上：第一，政府是无所不知的，政府有充分的信息，它知道垄断者的生产成本是多少，技术进步的速度有多快，消费者的需求函数是多少，英文中对这种无所不知叫"omniscience"。第二，政府是父爱主义的、仁慈的政府，它都是为全体大众的利益，没有自己的私心，它是大公无私的，政府官员也是这样，对此英文叫"benevolent"。第三个条件，政府是言而有信的政府，就是政府说话算数，讲信用，英文中叫"pre-commitment"，政府有能力完全地承诺。这是我们传统讨论政府管制时的三个基本假设。

但现在我们看到，政府管制在大多情况下是失败的。为什么会失败？与这三个假设有关系。

　　我们原来讲的政府是一个无所不知的政府，但实际上政府常常是无知的政府，它与被管制的对象之间存在着严重的信息不对称（asymmetric information）。政府管制的一个企业如果是垄断者，就不能让它垄断定价，要由政府指导它定一个价格，比如按照平均成本，或者按照边际成本定价。但又有哪一个政府知道生产成本究竟是多少呢？没有！比如在电信业，好多生产者报给政府的成本远远高于实际生产成本，有时候相差好几十倍，政府根本就不知道。那么，政府如果不知道，又怎么能使它对于企业的管制有利于社会，有利于资源配置呢？如果政府实行的是按成本加利润来定价，如成本上加 10% 的利润就是价格，那么，企业如果成本只有 10 元，报给政府的成本是 30元，政府定价就成了 33 元，这样，政府的没有信息（uninformed）导致管制的失败。

　　实际上我们看到的不是仁慈的政府，而是自私的政府官员。真正充当管制者的人并没有积极地按照社会福利的最大化、按照资源最优配置的规则来行动。经济学上有一个理论，叫俘获理论（capture theory），根据这个理论，负责管制的政府官员最后都被被管的人俘虏了，为被管制者而不是公众的利益说话。为什么会出现这种情况？可能有好几个原因：（1）被管制的人有积极性去贿赂那些管制者，俗话说，拿人家的手短，吃人家的嘴软，被贿赂的人在制定政策的时候就肯定会制定对企业有利的政策。（2）管制者一般需要一定的专业知识，但政府官员经常不具备这种知识。（3）管制者可能要考虑以后的出路，不愿意把关系搞僵。作为政府官员，从理论上讲，他们比较贫苦，退休之后可能去企业工作，为了把握这个好机会，在管制企业的时候就非常仁慈，为企业创造各种有利的条件，因为他知道，现在对企业创造的条件越有利，以后人家才会让你进入这家企业，进入后拿的工资奖金就越多；如果现在对人家太严厉了，退休后只能拿退休金，这样，管制者是不可能制定出对社会有利的条令的。例如，现在一些重要的管理部门的官员，都有一个想法，并不想在这里长期干，只想干几年，有了良好的关系后就去某一个公司当副总之类。抱着这种想法，他的主要任务成了发展关系，几年后就有一个公司让他去做副总，假如现在对人家太不客气，真正按照保护消费者的原则管人家，几年以后是没有人要的，就只能老在政府待着，目的也就达不到了。当然例子不只在这方面，在我们好多行业里都有这样的过程，先去政府部门借着一个好的关系，因为你不去政府部门，人家就不会理你。一个研究生毕业，找工作还要四处问人家，人家又不要，最好的办法是先去一个管他们的机构，去那里发展了关系后，人家就会要你了，并且去了之后位置就会比较高，所以在政府工作期间，他的行为就可想而知。

政府管理部门在好多情况下是言而无信的，就是没有可能进行"pre-commitment"，这当然会影响被管制人的行为。例如，我们先假设政府是大公无私的，一家自来水公司要建一个大型水库，建水库的投资非常大，所以事前政府同意价格定高一些，因为如果自来水公司预期价格收不回固定投资，就不会投资。但供水的边际成本是很低的，假如这家自来水公司已经建好了水库，从社会福利的角度讲，最优的选择是"价格=边际成本"，要按这个定价格，这样，水库建成后政府又不同意高价格了，也就是，为了事后社会福利最大化，政府不能讲信用（no commitment）。这一点在金融业问题更为严重。金融是信息不对称的，有外部性，一个公司破产会导致好多公司破产，这时候我们需要政府管制金融。政府管制后，金融机构会有什么行为？假如金融机构倒闭了，政府肯定要出来解救它，这些金融机构如果能够预期到这一点的话，它就没有积极性把金融机构经营好，它会选择更为冒险的项目进行投资，因为它知道投资收益归我，失败则由政府兜着。存款人本来有积极性看哪一个银行有信用、管理更有效，就把钱存进哪一个银行，但现在都归政府管了，就不管哪一个银行管理更有效，政府反正会把钱给我，就不关心银行的信用问题了，钱存在哪一个银行都是可以的，这就可能会带来非常大的非效率。我们知道，这样的例子在最近东南亚金融危机中表现得非常突出，即使在美国也是这样。美，20世纪80年代S&L（储贷社银行）倒闭，政府赔进了1500亿美元，如果把利息算上，在位政府要靠发行国库券来补偿，总共有5000亿到7000亿美元，这被称为美国历史上最为严重的金融危机之一。为什么会发生这个危机？在20世纪70年代之前，这些储贷社吸收钱，进行抵押贷款，政府对之管制，一面限制吸收存款的利率，一面限制投资的方向。转向金融机构的资产80%～90%全部放在住房抵押贷款，政府提供担保——任何人存在储贷社的钱在40000美元之下的全部由政府赔偿，政府为此专门成立了储贷社银行的保险公司。到20世纪80年代，放松了管制，对储贷社的利率管制没有了，存款保险由40000美元提到100000美元。这样储贷社就拼命地提高利率来吸收钱，就像我国的保险公司一样，而老百姓又不关心，有30万块钱，就选3个储贷社，每个里面存10万，这样绝对安全，如果出问题，政府都会赔你；如果30万都存在一个银行，就那麻烦了，政府最多保险 10 万，另外 20 万就泡汤了。管制的放松使这些储贷社在拼命吸收存款后就乱花钱乱投资，明明房地产的空房率已经非常高了，仍然不断建房子。到 20 世纪 80 年代后期，支持不下去了，危机显示出来，那个保险公司也倒闭破产了，因为为储贷社提供保险要赔偿 1500 亿，但保险公司只有几十亿的赔偿能力，那么只有由政府新成立一个信托机构来解决问题，政府花了 1500 亿美元把事情解决了。政府能不能事前告诉银行：你破产以后我是不管的？政府虽然可以这样讲，但银行是不会相信的，银行如果真的破产了，银行不着急，政府会比银行还着急。最近也是这样，美国对冲基金在金融市场特别是在东南亚金融危机中被大家批评得很厉害，据说很大一部分危机与索罗斯的量子基金、老虎基金、长期投资基金这些对冲基金有关，最近又一个很大的对冲基金破产了，它的主要管理者是两个诺贝尔奖得主，他们面子上也很不好过，他们获诺贝尔奖是由于对金融衍生工具定价理论的贡献，所以一直经营得非常成功，但最近破产了，美国政府只好出面挽救它。这给人们一个概念，借钱少了可能害怕麻烦，但借钱越多，就越不怕麻烦了，这时候，自然有人比借钱的人还着急。他借了几千个亿，政府一想，这几千亿弄不上去，好多银行都得关门，银行关门，企业就关门，大危机就来了。所以说，这时政府说话是不可能算数的，即使它事前宣布这样，事后也不能实现它的承诺。还有我原来举过的一个例子：为什么会发生劫机事件？飞机被劫持，如果政府可以承诺，任何人劫机我都会一炮把他打下来，就没有人敢劫机了。劫机的人都是想逃跑，为了到另一个地方去，一炮打下来他死了，也就没地方可去了。但政府说这话可信吗？不可信。一般人都知道，飞机被劫持，这时政府要讲人权。已经这样了，他愿意去哪儿就去哪儿吧，重要的是保护乘客的安全。所以，由于 commitment（保证）是不可能的，就仍有劫机事件的发生。当然，如果世界是自由的，就没有劫机事件了。

这样，我们可以看出，政府管制的基本假设，即政府是无所不知、大公无私、言而有信的政府，是不成立的。实际上，政府可能是无知、自私、言而无信的，由此导致管制失败。这就是从 20 世纪 80 年代开始，西方国家都进行所谓经济自由化，对原来的管制重新考虑的原因。

选择二：引入竞争：可行性与合意性

"什么是最有效的办法？"经济学家也在讨论。是不是实行自由化、引入竞争，才是解决信息不对称、外部性和垄断的有效办法？特别对垄断性行为，原来垄断的行业是否引入竞争时，有两个问题要问：第一个是实证问题，即竞争的可行性（feasibility）——"竞争有没有可能？"第二个是规范问题，即竞争的合意性（desirability）——"竞争是不是我们希望的？"

我们知道，从大部分行业上讲，竞争是可能的，也是我们希望的，这就是我们在大部分的产业，如西瓜、电视机等中看到的。还有一类行业，竞争是我们希望的，但却是不可行的。为什么？一个原因是现在的垄断者有足够的力量去遏制进入，遏制竞争对手。正如我国的电信，1994 年开始引入竞争，也就是联通的进入，但中国电信太强大，很容易把联通掐死，联通的进入非常难，这时就需要政府有一些协助进入和限制垄断的政策。又有一种情况是，竞争是可能的，但会造成我们不希望的一种结果。比如对电信业，我们要求它提供全面的服务，

它不能只挑肥的吃，不能只在北京、上海办公司，还要去偏远山区那
种一年打不了几个电话的地方办，不能说因为西藏人太少，一年只有
几封信，一封信成本几百块就不去送，这时引入竞争就会出现挑肥拣
瘦（cream-skimming），竞争者会在最好地段、最容易赚钱的地方进
入，那么边远地区就没有服务。这在实际中是好多国家的垄断公司向
政府提出反对自由化的一个理由，如果只要我一个企业独占，我会用
业务多的地方赚的钱补贴穷地方。这个问题也不是不可以解决。再有
一类行业，竞争既是不可能的，也是我们不希望的，这就是非常严重
的自然垄断，这时竞争是不可能的，即使竞争，效率也是不高的。这
四种情况具体见下面的图表：

	竞争合意	竞争不合意
竞争可行	通常情况	cream-skimming
竞争不可行	进入遏制	严重的自然垄断

四、公用事业的自由化

下面具体讲一下公用事业。电信业是公用事业很重要的一个领
域。关于公用事业的自由化，在西方是 20 世纪 80 年代开始的。我们
首先要理解，为什么公用事业要自由化？这与刚才讲的管制的失败有
关，与经济学家倡导的各种新理论有关，也与政治倾向有关。20 世纪
80 年代开始，里根政府、撒切尔政府信奉自由市场经济，这与技术进
步有关。过去二三十年，特别是计算机、通信技术的进步，影响到每

一个行业。要理解公用事业的自由化，首先要了解它们的一些特征。简单地讲，公用事业有一个特征，它一部分是自然垄断的，另一部分是可竞争的，是自然垄断活动与潜在可竞争活动的结合。比如电信业，有的地方市话是自然垄断，有一个电信网就可以，长途电话是竞争领域，可是长途电话不经过地方电话网就没有用，现在手机部分解决了这个问题，但对于大部分客户还是不行。这就提出一个很重要的问题，如果是一般产业，你卖你的，我卖我的，你有理由拒绝帮助我卖东西，我也有理由不帮助你卖东西；你有理由拒绝把东西卖给我，我也有理由拒绝买你的东西。但是在电信行业，这种完全自由的选择就有问题，比如一家公司经营一个地方的市话网，另一家经营长途电话，如果前者有理由拒绝后者使用他的地方电话网，那后者是毫无用处的。类似的行业如煤气、电力都是这样，发电厂和电网公司，电网公司不让发电厂使用它的电网，电发出来就没有地方走。铁路和运输公司的关系也是一样，如果铁路公司不让运输公司走铁路，运输公司飞过去？不可能！又如航空公司和飞机场，飞机场不让飞机在它这儿降落，飞机是飞不起来的，如此等等，使得这一类行业与其他行业不一样，那么政府要引入竞争，实行自由化，它就必须相应地制定一些配套的规范与规则，使其能够管制这种竞争的进入。我们发现，好多电信业和其他同一类型行业在放开管制后都遇到了很大的麻烦，需要具体考虑一些问题：

（1）纵向一体化问题（vertical integration）：是否应该允许经营自然垄断服务的垄断者经营竞争性服务？例如，市话是垄断性的，长话是竞争的，我们是否应该允许经营市话的公司经营长话？电网是垄断的，是否应该允许经营电网的公司同时经营发电厂？

（2）自由进入的问题（free entry/liberalization）：可竞争性服务是否应该让其他企业进入？还是只留给垄断者经营？如果允许进入，进入是应该受到限制还是得到帮助？比如是只允许联通公司进入电信业，还是任何企业只要申请都可以进入电信业？美国是任何公司都可以进入的。另一方面，进入后政府是不是应该提供帮助也很重要。因为现在的垄断者的势力很大，如果政府不提供帮助的话，新的进入者就如同一棵嫩苗，是很容易被掐死的。

（3）横向结构（horizontal structure）：如果垄断者同时在竞争领域活动，是否应该将其分解为多个相互竞争的企业，如美国的AT&T？还是允许它原封不动地维持公司，如英国1984年的电信改革？在英国的自由化过程中，有的公司就彻底地分解为几部分，铁路公司就把管信号的铁路和运输火车车皮的运输公司分开。

（4）区域结构问题（regional structure）：究竟应该让它全部性垄断还是地区性垄断？电信业中市话是垄断的，是让每一个城市都有一个独立的电话公司呢，还是让全国只有一个公司负责城市电话服务？

（5）价格管制（price regulation）：自由进入在公用事业部门并不能消除对管制的需要，只是改变了管制的方法。例如放开，究竟什么样的产品价格仍然需要政府的管制？如何管制？究竟是按成本加利润，还是按照英国现在实行的 RPI–x（零售价格指数减去某个百分比）？比如说，今年英国通货膨胀是 3%，政府要求电话的价格是 3% 减去 5%，即价格降低 2%。原来的办法是按成本加一个百分比。

（6）接入价格管制（access price regulation）：其他经营者以什么

样的条件使用垄断者的投入？因为竞争性行业必须使用一些垄断性的资源才能实行完整的服务。联通要使用中国电信的市话网，那么中国电信应该怎样对联通收费，政府应该怎么规定收费标准？自由化以后的矛盾就出现在这儿。

（7）对非价格行为的管制（regulation of non-price behavior）：如服务质量、通话成功率，甚至产品的安全、水质测试是否合格等等。

五、中国电信业的开放与中国电信部门的反竞争行为

对这个问题，讨论得很多。我年初曾在《改革》杂志上发表了一篇文章谈这个问题。在这里，我只做简单的介绍。尽管人们已经在普遍地使用电话了，但是对电信业还是不够了解的。

电信业，简单地说指的是三个部门，分别是：电信网（network）：包括本地网、长途网以及无线网；网上服务：包括基本服务（长话和市话）、增值服务；电信设备：电信设备在中国已经很开放，我们知道爱立信、摩托罗拉、诺基亚等跨国公司竞争非常激烈。网上服务都离不开电信网，电信网现在是垄断的，自然垄断性很强。

中国电信的开放大体经过这样一个过程：

1994年前：公用网的运营和基本网上服务合二为一，由邮电部的中国电信独家经营（regulator and operator），这不光是中国的特点，欧洲好多大陆的国家都有这样的问题，在电信业开放之前，它们的管理者和经营者是一样的。从1990年开始，中国政府已经允许其他企业经营增值服务，就是大家用的传呼机一类，又如提供信息服务，如租

一条线，还有互联网。

1990 年开始：允许其他企业进入增值服务，但得邮电部门批准。像打 160、168 咨询飞机时刻，接线员态度很好，为什么？他一分钟收两块钱，这也是增值服务，很赚钱。

1980 年之前：价格由国家管制，价格管得很死，电信业基本上不怎么赢利。

1980 年："以话养话"：（1）收取初装费；（2）1982 年"倒一九分成"；（3）1986 年国务院批准各省市政府收取"附加费"；允许地方政府参与投资。价格放开了。这很有意思，一个垄断者，本来就害怕它欺负老百姓、欺负用户，才对它进行管制，现在老虎被放开了，变成爱怎么咬就怎么咬了。我们可以看到，在没有竞争的时候，放松了对垄断者的管制会带来什么结果。

1993 年 12 月 14 日：国务院同意电子部、电力部和铁道部共同组建"中国联合通信有限公司"（联通）。联通最初设想是利用专用网，专用网是部门内部网，好比电力部有电力网，铁道部有铁道的电话网，部队有部队的电话网，最初以此为基础组建，实际上后来也没怎么用。

1994 年 7 月 19 日：联通公司正式成立，股东 16 家，注册资本 10 亿。联通以电子部为主。人们经常谈到中国电信与中国联通的矛盾，实际上是邮电部与电子部的矛盾。这样，中国电信业进入"双寡头垄断"阶段的市场结构。

双头垄断一种是对称的，两家旗鼓相当；另一种是一个老大哥，一个小弟弟，非常不对称，这就引起了许多问题。这种不对称与电信业的特点有关，我们一般把它当作邮电部反竞争的表现。我提这个问题不是从电信改革的角度，当时是国家经贸委正在起草《反垄断法》，邀请我作为唯一的经济学专家参加它为此开的一个国际会议，我说我得说两句话，写一点东西，我说如果起草的《反垄断法》不能解决我文章中提出的问题，就不要起草了，因为它不会有什么用。每一个条款提出的问题有没有答案，司法上有没有判决，我们先不讲，先说一说邮电部的反竞争行为。

（1）对竞争者市场进入的限制：国务院批准联通进入电信市场，可是具体执行操作是邮电部，由于它既是管理者，又是经营者，它自然不愿意有竞争者进入，于是就设置进入限制，什么事都由它批，都要拖。

（2）对竞争者接入市话网的限制：无论用移动通信还是固定通信，都离不开电信网。130手机提供服务打到家里，都要用到市话，中国电信对此就进行限制，不让进入，使得联通的许多工作没法进行。

（3）垄断定价：对进入收取很高的价格，使进入者感到划不来。

（4）资源配置上的歧视政策。

（5）交叉补贴，不正当竞争。这里要强调一下，原来只有一个垄断者时，没有什么不正当"竞争"，如果说不正当，本来就存在不正当，在只有一个企业存在的情况下定价，长话多少、市话多少、寻呼多少无所谓，这就是所说的"肉烂在锅里面"。但一旦有了新的公司进入后，怎么定价就成了很关键的问题。最简单的办法是：把竞争领域的价格定得很低，垄断领域的价格定得很高，在内部形成交叉补贴，这样竞争对手就没法竞争了。最近手机的入网费降得很快，但其他的费用在相对地上涨，如固定电话。竞争最激烈的领域是寻呼机，有些地方如南京的邮电部门免费送寻呼机，送的成本都在其他方面收回来了，这样那些仅仅经营寻呼机的就没法生存，没人愿意入它的网。所以，这种不正当竞争很多。涉及价格，手机一直是实行双向收费，打手机的出钱，接电话的也要出钱，大家都建议改为单向收费。中国电信提出一个方案，方案中它把手机费降下来的额度全部加在了固定电话的收费上，即手机上减少的收入在固定电话上都补回来了，它自然没有吃亏，吃亏的是联通，因为联通没有固定电话，那它就亏大了，所以联通显然不同意这方案，而不知情的人骂为什么手机现在还是双向收费时，中国电信会讲，我们早就制订出方案了，联通不同意。这些问题都需要仔细研究。由于种种措施，联通很难发展，因为他是一个网络，买了130手机，家里有火灾，要打火警，但电话线烧断了，用手机又打不出去，因为邮电部不允许130手机打119、110这种公益电话。就由于这些原因，新进入者当然很难发展，也就是说，没有其他措施，完全有可能自生自灭。这时候就需要政府出来进行管制。

自由进入好，但自由进入太快也会有麻烦。现在中国电信若彻底放开，不包括国外，估计联通很快就会死。为什么？现在有两家公司，联通还可以分享一些市场，还可以活，如果再让新的企业进入，把有限的市场再进行分割，这个小公司很快就会死，当然新的也很难活下去。尽管竞争是我们希望的，但有时候是不太可能迅速实现的，要慢慢地来。所以，需要政府在政策上的安排，帮助新的进入者发展市场。遗憾的是，至今管理者依然是经营者。也许今年的机构改革后情况会有所好转，但这种情况的好转能有多快仍让人怀疑，为什么？原因在于存在贿赂，甲是管理者，乙是经营者，然后乙贿赂甲，甲和乙原来是一家——中国信息产业部是管理者，但因为与中国电信原来是一班人马，感情上有千丝万缕的联系，很难保证他们会公正地处理这件事。怎么办？应该重新组建一个电信专业独立的管理部门，这比关系还要重要，涉及整个中国电信业的发展结果。还有电信网与广电网的关系，广电部也有一套自己的全国性的网络，也可以提供电话服务，在淄博就有许多人用广电网的电话，这种电话很便宜，当然邮电部不允许，这属于违规。另外，互联网也起来了，这三网之间要解决体制的建立问题。这个问题非常大，周其仁教授主张三网并存，数家竞争。我这里主要想讨论可行的几种选择。

第一种是纵向一体化（图1）。这是过去的体制，垄断者经营基础网络，潜在的可竞争领域也由他经营，他服务于两个市场（市场1指市话，市场2指长话），没有竞争者，这是纵向一体化的垄断。这时政

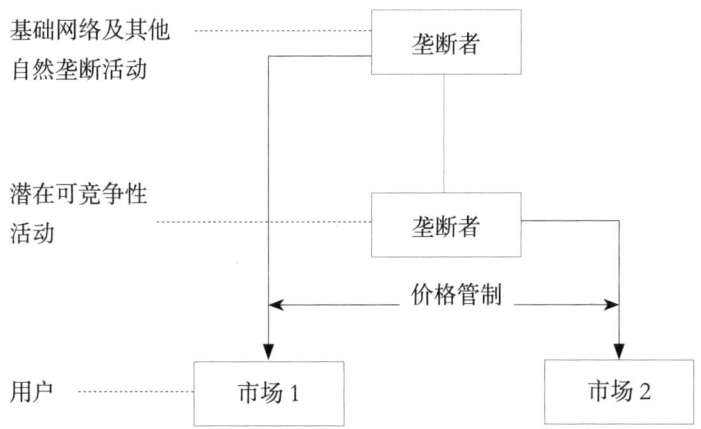

图1：纵向一体化垄断

府主要是进行价格管制，因为垄断者有实行垄断价格的可能。

第二种是纵向分离结构（图 2）。垄断性基础网由一个经营者经营，竞争性行业允许其他的人经营，垄断者只能提供市话网服务，而长话可以竞争。但是这里边有个问题：市话仍是垄断，政府就要就新进入者接入市话的进入价格，对两家协商进行管制。如果垄断者在市话上定很高的价格，虽然用联通电话的人不少，但联通却拿不到什么钱。

第三种结构是允许自由进入的纵向一体化结构（图 3）。自然垄断部门仍由垄断者经营，但竞争性的长话网同时允许其他人经营。价格管制仍然是两个层次，类似我国的结构：邮电部垄断经营市话网，同时也经营长话、手机等，联通原来在长话网，现在也开始进入市话网。这也是一种选择。

第四种选择是公用网与服务完全分离的结构（图 4）。这种状态的垄断者只对电信网负责任，所有的电话服务都不参与，就如同对高速公路的管理，开车上高速公路的就收费，不跟客人收费，只向运输公司收费。在其他经营者中，可能有既经营垄断性的市话又经营竞争性的长话服务的，也可能有只经营长话服务的，这时，价格管制在从事电话服务的公司和经营网络的公司之间进行。这个结构类似于对中国以后的电力公司的设想。电力公司是全国垄断的，以后电网系统将由一家公司经营，发电厂、配电部门可以分开，至少可以把发电分开，发电厂与电力公司独立，发电厂生产电之后再卖给公司。

第五种是所谓"数网竞争"的结构（图 5）。周其仁教授的主张大体如此。几个网同时并存，邮电、广电、国际互联网，它们同时经营竞争性服务。这样就带来了复杂的问题，因为每一个经营者都可能经营

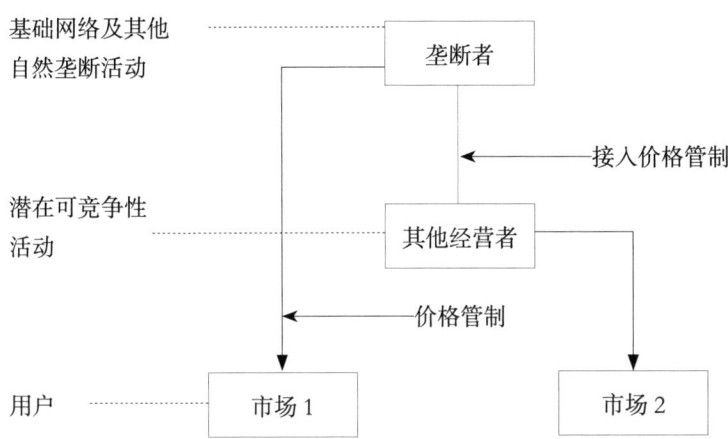

图 2：纵向分离结构

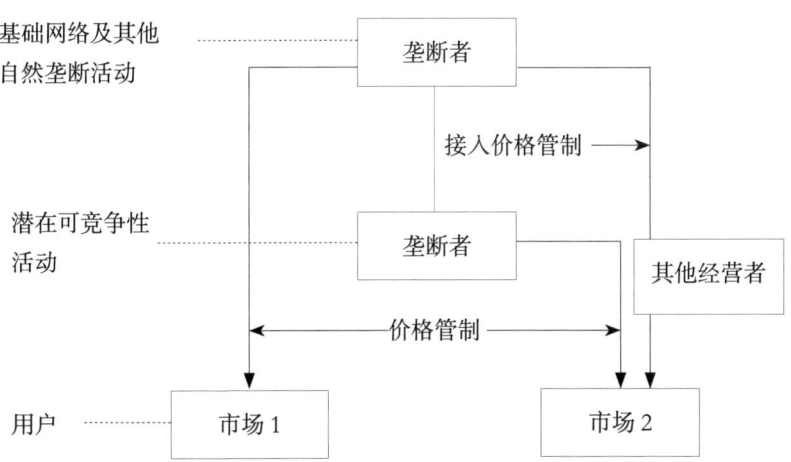

图 3：自由进入的纵向一体化结构

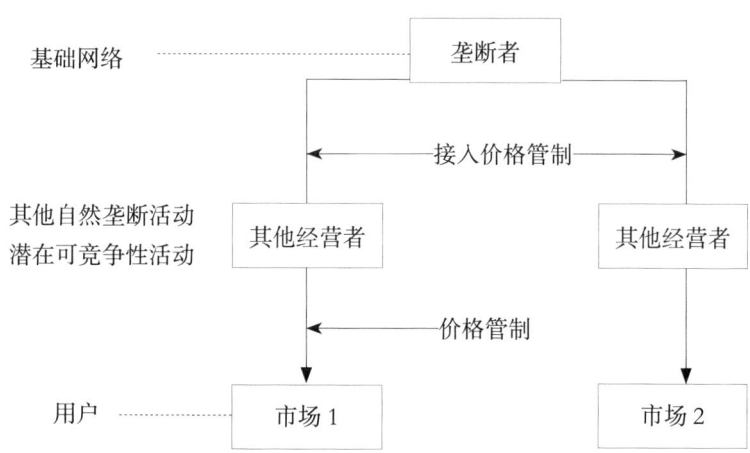

图 4：公用网与服务分离结构

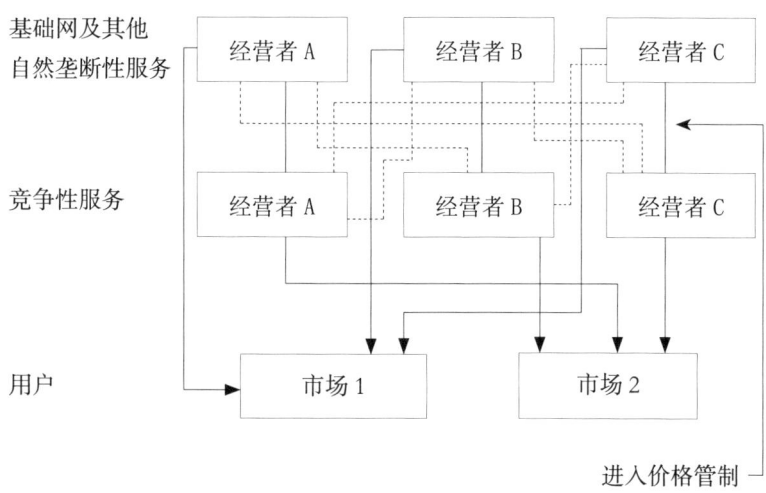

图 5：数网竞争的市场结构

其他的网，程序比较复杂，价格管制在这个进入问题上。中国现在的情况大体如此，这个数网并存很有可能。但有人批评这里存在重复建设问题，就是浪费资源。实际上，技术进步使电信硬件成本变得非常低，这样会有一定损失，但不可否认带来的收益也非常大。周其仁教授举了一个例子，每家都有一台洗衣机，虽然有时候半个月都不用一次，但为什么不能一个楼总共用一台？这时就要考虑服务可能太差，洗衣机放在谁家也是个问题，也没人维修。由此，我们假定有规模经济，只有一家企业最优，但事实上，如果有两个公司，成本提高，但由于还需考虑生产效率和配置效率的影响，虽不是最低点，但低于垄断成本点，可能也是最优点。

认识在市场经济中政府究竟要起什么作用，政府在多大程度上起这个作用，是本文的主要目的。垄断、外部性和信息不对称要求政府管制，但政府管制也会带来新的问题，甚至可能导致管制的失败，这种失败本身又与信息不对称有关，所以现在才讨论自由化问题。我特意用了一个电信业的例子，没有时间充分展开，大家有兴趣可以自己思考，我的目的主要是为了唤起大家对这些问题的兴趣。现在关注电信业的人较多，但实际上中国有大量的事需要关注，如电力、火车、铁道改革，还有航空、煤气、水。

市场秩序的形成与审批制改革

非常感谢邀请我来与知名法学家一起讨论行政审批制度改革问题。这个改革我以前曾参与过，经济学界我比较早提出这个问题。过去几年比较令人失望，原来行政审批制度改革中已经废除的一些审批，后来改头换面，全部恢复了。李克强上来后又发起新的一轮改革，决心很大，效果如何我们拭目以待，听其言，观其行。

审批制改革事关法治社会的建设

第一个问题，我们需要从法治社会建设的角度看待审批制改革。现在，中国建设法治社会，大家已经形成了共识，但有几个问题与今天讨论的审批制度改革有关，认识上可能不一定很清楚。没有审批制

* 本文根据作者 2013 年 9 月 26 日在北京大学法学院第 2 期公法论坛上的发言整理，未公开发表。

改革，就不可能有法治社会。

第一，怎么防止人定法对天理（自然法）的违反？一讲到法治，很多人理解就是"有法可依，违法必究"，以为这就是法治。我觉得这只讲到法治的后一部分，法治的前一部分是法律本身必须符合天理。"天理"是中国传统的说法，在西方叫"自然法"。也就是说，法律本身背后有一个最高原则，这个原则不能违反，如果违反了这个原则就不能叫法治，这点非常重要。现在包括行政审批制度，很多东西是用法律来规范，但如果这个法律与天理不符、与自然法的精神不符，这样的法治充其量只是秦始皇的那种"法制"，不是我们现在讲的真正意义上的"法治"，用过去的概念，就是"刀治"，不是"水治"。我上个月在合肥有一个演讲，专门讨论人定法违反天理的问题。现在有不少法律和司法审判是违反天理的，包括非法集资罪，还有最近审判的夏俊峰案。现在的审批制，政府权力都会用法律形式固定下来，这非常糟糕，但"冠冕堂皇"，说这就是"法治"。这样制定的法律本身，并不能为政府的审批权提供正当性，这是我们必须记住的一点。

第二，怎么防止公权对私权的侵害？今天是一个公法论坛，我不是法理学家，但我想这个问题非常重要。哪些权利本来是属于个人的，哪些权力是属于政府的？政府拥有的权力是公权，但公权本身的存在是为了私权，如果公权不能保护私权，那公权毫无价值，要公权干什么？我们的情况是，公权不仅不保护私权，反而把私权给公权化了，也就是把很多本该属于个人的权利收归于政府。"私权公权化"，这是审批制、许可制的一个基本特点，它剥夺了本来属于个人的基本权利，然后将其变成政府的权力，再由政府通过各种审批办法授权某些人，这样，通过审批制这个中间环节把公民的基本"权利"转变成少数人的"特权"，由此引起了严重的腐败和寻租行为。

谈到腐败问题，有必要区分两种不同类型的腐败。一类是与私权的赎买相关的腐败，也就是说，一部分私权被公权化后，本来我有权利做的事情，现在政府不让我做，我只有通过贿赂政府官员，才能赎回这个权利。这种贿赂类似交给绑架者的"赎金"。另外一类腐败是公权本身的腐败，比如司法不公，通过贿赂的方式得到对自己有利的判决等，这是公权本身的滥用。上世纪八九十年代很多腐败是私权被公有化后，再去赎买私权的过程，所以腐败过程与经济增长变成了共存的现象。当时如果不用这个方式赎买回私权，乡镇企业、私有企业都做不起来，中国经济就没法发展。现在的腐败，更多转向了对公权本身的滥用，包括买官卖官、司法不公等。这样的腐败不仅是不正义、不道德的，而且也严重伤害经济效率。

第三，怎么防止刑法对民法的入侵？刑法和民法是有分工的，人类的很多事情是通过民法和基本的社会规范解决的，包括中国传统上讲的"礼"。我们中国刑法侵入民法是很严重的问题，特别值得一提的是最近高法和高检有关诽谤罪的司法解释，这一司法解释既有刑法入侵民法的问题，又有刑法程序的滥用。本来，比如你诬陷我或者诽谤我，我可以去告你，严重的可以变成刑事问题，但以自诉为主。中国的实际情况是，普通人被诽谤，民事不给你解决，普通人去报案，警察局首先问你是否为人大代表、政协委员，如果不是就很难立案，即使立案也未必给你调查，所以司法上有特权。但现在，如果你对官员说三道四，很可能就全变成了刑事犯罪。审批制的有些东西实际上是刑法对民法的入侵。像融资方面的事情，本来融资是一种个人权利，融资合同的纠纷是民事问题，你投资我了，我违约了，还不上你的钱，是民事问题，你告我就是了。即使受骗，一般性受骗也是民事问题。但我们通过一个"非法集资罪"，把融资中的民事问题，变成了刑事问题，又总是把它与"诈骗"联系在一起。民间集资，一旦资金还不上，就变成了"集资诈骗罪"，如此掩盖了很多本属于民事的问题，不仅给资金的流动设置了许多障碍，也给一些机会主义行为提供了方便。

第四，如何防止法律对社会规范的入侵，对道德的伤害？与法律相比，社会规范和道德规则具有更大的灵活性，这种灵活性对社会和谐是非常重要的，因为社会生活错综复杂，在特殊情况下甚至允许人们违反正常情况下必须遵守的规则。我们国家现在有一种不好的倾向，就是试图用法律去规范本来应该由社会规范和道德管辖的行为。比如说，前一段时间全国人大将儿女回家看父母的要求写入法律，我个人认为这是一种对人类感情的亵渎，有了这样的法律，似乎人们孝敬父母是为了不受法律的惩罚，老年人只有感谢政府了，这是非常不好的。审批制的一些逻辑也与此类似，我们后面会讲到。

第五，如何防止行政对司法的侵害？行政权对司法权的侵害，是我们现行制度的一个基本特征。在这样的制度下，司法没有真正的独立性，不可能有真正的司法公正，我们刚才讲的好多问题，包括公权侵害私权的问题，就一定会出现。"事前审批"替代"事后审判"，在许多情况下实际上是行政权对司法权的侵害。

这是我讲的第一个问题，建设法治社会面临的挑战，这些挑战与我们讨论的行政审批制度密切相关。

行政审批制的历史

第二个问题，我想简单回顾一下行政审批制度的历史。刚才应老师已经讲了近代审批制出现的一部分历史，但就我所知，行政审批的历史、许可制的历史比这些要早得多，它最早不是出现于后资本主义时代，而是出现于前资本主义时代。西方早期的重商主义时代是审批制最泛滥的时代，做什么都要政府批准，都要国王授权。比如，法国大革命之前，法国政府对农民地里种什么庄稼、使用什么技术，都有严格规定。法国政府对工商业活动的限制就更多。事实上，除非得到国王的批准，否则一切都是被禁止的，违者会受到严厉惩罚。比如 17世纪下半叶至 18 世纪中叶，法国曾处决了上万个商人，他们的罪状是进口和制造了棉纺织品，违反了路易十四时代财政部长 Jean-Baptiste Colbert 制定的产业和贸易政策。

大致来说，19 世纪 50 年代之前，无论美国、英国、法国，成立公司都是特权，不是权利。如你要成立一个公司，要得到国王、国会的授权，也就是说每一个公司都是特许的。比如东印度公司，无论是英国的还是荷兰的，都有一个授权的期限。美国第一国民银行、第二国民银行的成立，都要得到议会的授权。1850 年左右，这几个国家相继废除了公司的特许制，转向了注册制，即注册公司变成一种私人权利，任何人都有权成立公司，只要注册备案就行了，至于以后行为是否违反法律是法院要处理的问题，不像以前成立一个公司要经过国王或议会的批准才行。这当然是人们长期斗争的结果。

我的意思是说，审批制并不是资本主义发达之后为了医治所谓的"市场失灵"才出现的，特许制在西方历史上比私权利要早。前资本主义西方国家的审批制非常泛滥、非常严重，市场经济的发展过程其实就是好多特权、特许垄断被废除的过程。20世纪30年代，尤其是经济大萧条后，西方国家政府确实又设立了一些审批，但跟历史上的审批相比，是小巫见大巫，跟我们这个国家现在的情况也不可同日而语。

就中国而言，特许权出现得也很早，有2000多年的历史了。汉武帝之前，经济活动还是比较自由的，汉武帝之后，一些重要的经济活动或者被政府专营，或者要得到政府的特许。从特许、特权到现在的审批制是一脉相承的，特许不是计划经济的特色，也不一定是社会主义的特色。当然在计划经济下，几乎所有东西都变成政府的权力，这就是我刚才讲的，计划经济下没有私权，所有私权都被公有化，都变成政府的权力。我们找工作、卖任何一个东西都要得到政府的批准，甚至出一趟门，也要由单位开一个证明，否则出不去。这走到了一个非常极端的地步。

改革开放以后，一方面政府在放权，但另一方面很多权利是通过贿赂的形式赎买回去的。比如一个乡镇企业，要买原材料，如钢铁、水泥之类的东西，都不可以。企业家怎么做？通过贿赂的方式。还有一个是戴"红帽子"的方式：想办一个私营企业不能办，就挂在政府的名下。这在本质上是一样的。20世纪90年代要摘"红帽子"时出现了很多产权和权利的争论：这个企业究竟属于谁？法律上属于政府或者一个所谓的"主管部门""挂靠单位"，事实上是个人投资成立的，这就引起了一系列的问题。有的地方政府官员开明一点还好办，不开明的话，大量私人资产就被政府拿去了。即使改制后明确了产权属于你个人的，但如果有人指控你侵吞了公家的资产，你可能就得坐牢了。

十多年前我提出废除审批制的问题。2000 年 2 月，我在"中国发展高层论坛"上的发言中说到，如果审批制废除的话，中国的 GDP 可以多出 30%，腐败可以降低 50%。腐败降低 50% 我觉得有点低估，审批制真正废除的话，腐败减少 80% 都有可能，因为腐败没有根基了。我的这个发言产生了很大的社会反响，接着中国加入 WTO 要与国际接轨，然后有短暂的审批制改革，国务院成立了个审批制改革办公室，有专家学者参与，闹得轰轰烈烈。但过去的十年里，随着经济体制改革的停滞，很多行政审批又以各种形式恢复，尤其是以 2006 年的宏观调控为开端，政府在"宏观控制"和"产业政策"的名义下把很多原来放出的权力又收回来了，废除的审批制又恢复起来，包括私人企业的投资都需得到发改委的许可，国务院出台的关于鼓励民营企业发展的"新 36 条"只能是一纸空文。

审批制出现的真正原因

第三个问题，为什么存在特许、审批制度？ 2011 年时我讲过这样一个观点：人类犯的所有错误主要有两个原因：第一个是无知，第二个是无耻。"无知"是指我们的知识有限，想做好事但不知道怎么做，或者说自以为是，结果干了很多蠢事、坏事。"无耻"是指出于自身的私利明知故犯，损害别人的利益。审批制、特许制在中国达到这样的程度，究其原因，既有无知的一面，也有无耻的一面。而且早期"无知"居多，现在"无耻"居多。

早期实行计划经济，主要是因为无知。我们认为市场是盲目的，一旦放开任其自发运行的话，就会引起秩序混乱，就会引起金融危机与经济危机；并且，我们以为中央计划当局无所不知，无所不能，可以比市场达到更好的效用。比如以产业进入为例，我们认为自由竞争一定会导致重复建设、产能过剩，而计划当局知道最优的企业规模和一个行业中的最优企业数量，可以避免市场的无效率和资源浪费。现在看来，这确实高估了政府的能力。现在的产业政策也反映了这样的无知。我们认为市场上的人很盲目，缺乏宏观概念，只有政府是有意识的、有预见性的。事实恰恰相反。市场上企业家更有积极性预测未来，因为预测失败了就彻底完蛋了；政府官员虽然也可以搞预测，但一来他们缺乏企业家那样的对未来的判断力，二来他们也没有好的积极性做出相对正确的预测。坐在政府办公室里的人怎么可能比在市场一线的企业家更清楚未来哪个产业是更有前途、最值得发展的？更何况，企业家预测失败了就得破产，而政府官员预测失败了，即使国家破产了，他们自己也不会破产，说不定在国家破产中他们自己变成富人，已经移民了。所以，"无知"仍然是审批制产生的重要原因。

另外一个原因是"无耻"。许多审批之所以出现，并不是政府官员天真地以为他们无所不知，而是因为他们想获得控制别人的权力，想获得权力寻租的机会。道理很简单，一条大路如果谁都可以自由通行，我就没有办法收费，所以我得拉一根绳子，建个收费站，要从此路过，留下买路钱。这一帮人拉一根绳子，50米外另一帮人又拉一根绳子，所以我们的审批越来越多，做一个项目要盖几百个红章。这就是一种无耻，想利用公权力设租来养肥自己。如果说 20 世纪 50 年代搞审批或者计划经济，无知因素居多，现在搞好多审批主要不是因为无知，而是因为无耻了。当然，他们这样做的时候，总是打着"国家利益"和"社会利益"的旗号。

这就回到经济学上的一个基本假设：所有决策者都是活生生的人，只有个人才有能力作决策。所谓"国家决策""政府决策"，都只是虚构的概念。国家是由人组成的，政府是由人管理的，离开个人，就没有国家，也没有政府。国家决策、政府决策，本质上都是个人的决策，只是这些做决策的个人面临一些特殊的约束而已。但由于"无知"，"国家""政府"在普通人心目中有一些神圣性，只要打着"国家""政府"的旗号，决策者就似乎变得无所不知，无所不能，而且大公无私。这完全是一种错觉！不存在这样的事情。管理国家的人，管理政府的人，和普通人一样，有七情六欲，有自己的情感、私利、无知，他们同样会犯错误。所以，我们要从根本上认识到审批制、特许制的危害，应该记住这一点。有一种流行的观点认为，有些关系"国计民生"和"国家安全"的产业，只能由国家做，不能由私人做。那我们就问一下：谁在管理这个国家？还是私人！不论他们名义上被称为国王，还是叫总统、主席、总理，他们都不是上帝！那我就奇怪了，私人都有能力管这么大的一个国家和政府，反倒管不了一个产业、一个企业？所以说，流行的观点本身是自相矛盾的。如果有上帝管理这个国家和政府，我们人类不如他，我们只好认输了。但现在不是这样，管理国家的也是私人，我们没有办法保证管国家的人比管私人企业的人更聪明、更大公无私。

很多人说国家利益、社会利益时，他脑子里装的实际上是他自己的私利，根本不是什么国家利益，他自己也明白这不过是一个幌子而已。比如最近两高新的司法解释出来以后，一些地方政府官员抓网上谣言传播者，他们打着"维护社会秩序"的旗号，其实是谋取私利，也就是消灭给自己提意见甚至曝光自己腐败行为的人。你老在网上批我，我恨死了，但那时没有好的依据，现在有依据了马上把你抓起来。这完全是无耻导致的行为。

人类由于无知和无耻犯的错误，我们经济学家有没有责任？当然有，而且很大。因为，经济学家的"市场失灵论"为政府管制提供了错误的理论基础。经济学教科书上有关市场的理论不完善，甚至很多是错的。人们把市场理论的失败当成市场本身的失败，然后就提出各种拯救市场的政策措施。这就类似你给一个姑娘画像，这个姑娘本来长得很漂亮，但画家水平有限，把她画得很丑，人们不再看姑娘本人，就拿着这幅拙劣的画评头论足，说这姑娘鼻子太大、眼睛太小、嘴唇太厚，然后就把人放在手术台上给她整容，而每次整容的结果都变成进一步整容的理由，最后把她整得越来越丑，人不像人，鬼不像鬼。政府管制实际上就是给市场整容：你很丑，只有我才能让你变得漂亮起来！

这就是经济理论对经济政策的影响。时间关系不能多讲，但我想经济学家自身要反思。比如说，现在政府反垄断的法律和政策建立在教科书中的"新古典市场模型"之上，但基于这个模型的反垄断的理论基础都是错的，因为它把垄断和竞争的概念都搞错了。经济学教科书上衡量市场竞争程度的主要指标是行业中企业的数量：企业数量越

多说明竞争越强；完全竞争是有无穷多个企业；只有一个企业是完全
垄断；有两三个企业是寡头竞争。这跟真实市场的竞争不一样。真实市
场的竞争是政府没有使用强制的暴力限制市场准入，谁都有权自由进
入任何产业。在这样的市场上，竞争就是以较低的成本提供优质的产
品和服务，就是"与众不同"。即使一个企业获得了很大的市场份额，
也面临着潜在进入者的威胁，也要不断创新，否则一定完蛋。大家知
道，按照教科书上的定义，百度在搜索市场上够"垄断"吧？但它敢
高枕无忧吗？不敢！360 敢挑战它，现在腾讯收购了搜狗又在挑战它。
它还是胆战心惊，必须不断创新。所以说，只要进入是自由的，即使
实际上只有一个企业主导市场，也不能叫垄断。反之，如果政府特许
一部分人能做，不允许其他人做，即使一百家企业、一千家企业分享
市场，也不是真正意义上的竞争。如中国的大学教育，有 3000 多所大
学也不是真正的竞争，真正的竞争是办大学是自由的，学位是自己的，
而非教育部的，这才是真正的竞争。由于经济学本身的错误，导致了
政府制定出一整套的规定来，美其名曰"反垄断"，实际上是反竞争。
现实中，所谓的"反垄断"的措施，又很容易变成官员寻租的手段。

　　所以说，经济学本身的错误增加了人类的无知。尽管经济学家也
揭露了管制背后的很多无耻，但理论不足或者错误也为错误的管制措
施提供了借口。所以我们看到，尽管现在的政府官员学历很高，甚至
有了系统的经济学知识训练，他们仍然不断地推出许多错误的管制措
施，并用经济学理论为其背书。最近在反垄断的名义下政府又加大了
对市场的介入和干预，今天罚这个企业，明天罚那个企业，似乎没有政
府的处罚，消费者就受剥削了。这是非常危险的信号。我们必须警惕借

反垄断名义实施的对市场机制的行政干预。有些所谓的反垄断措施完全是劳民伤财。如企业并购要商务部审批，他们告诉我其实企业不要害怕，过去几年的案例，98% 的并购申请都批准了。这不是劳民伤财吗？一百家来申请，只有两家没被你批准，但这一百家申请者要花多少成本啊？这些成本的相当一部分会提高销售价格转移到消费者头上，而政府美其名曰为了保护消费者！如果我们真为消费者着想，真正需要反的是由政府施加的垄断，也就是政府对市场准入的人为限制。

　　这是我要讲的第三点，审批制的真正原因：无知和无耻。有些管制始于无知，最后变成无耻了，因为权力一拿到手后发现这么好，即使之后知道它本身是坏的也不愿放弃。还有很多的无耻是以无知的面目出现，无知也不承认是无知。或者，以无耻掩盖无知，如原来因为无知而投资的项目，后来发现错了，为了保面子，就继续增加投资掩盖过去的决策失误，或者以行政手段限制竞争者的进入。这就是行政审批泛滥的原因。

只有放松管制才能形成良好的市场秩序

　　第四个问题，管制、审批制与声誉机制的关系。我们不要低估市场上声誉机制对人的行为的约束。人们的合作行为很大程度上来自对声誉的考虑。

　　但在今天的中国社会上，声誉机制的作用确实有限。原因在什么地方？就在于政府的过度干预，私有财产没有得到有效保护，人们没有安全感，所以所有人追求短期利益，能捞一把就捞一把，没人考虑长远。没人考虑长远，市场秩序如何建立得起来？如果认识到这一点，政府真正要做的是完善私有产权的保护。为此，必须落实宪法，把权力关进笼子里，核心是约束政府，防止政府的公权侵害私权。这个问题解决后，市场自然会发展出一整套的中介机构、大公司，秩序就形成了。

　　大公司对建立和维持市场秩序是至关重要的。一个大公司背后有数十个、数千个、数万个小公司，大公司对其背后的小公司承担连带责任。比如汽车制造商有一级、二级、三级、四级、五级供应商等等，任何一个环节生产的零部件质量有问题，消费者都可以问责于汽车厂家，汽车厂家必须承担责任。市场秩序就是这样建立起来的，不是靠政府决定谁能生产汽车谁不能生产汽车，不是靠审批建立起来的。睁开眼睛看看基本的现实，纵向看历史，横向看国际比较，哪个国家审批制多，哪个国家市场秩序就最混乱，哪个国家坑蒙拐骗就最多。比较中国和美国，你的市场秩序混乱是因为你管得比他少？不是！显然是你管得比他多。你管得一多，做什么都要政府审批，我跟政府搞好关系就可以拿到许可，拿到资源，就可以赚钱了，讨好政府就行了，干吗要讨好消费者？

　　在市场秩序形成的过程中我们需要有耐心，不要市场一出点问题就用政府手段，人们形成稳定的预期是需要时间的。我很早之前就举过这样一个例子：我在农村时，生产队里的树老长不好，为什么长不好？因为树是集体的，大家就偷着砍、放羊啃。农民还是比较实用主义的，觉得这样下去不行，就决定把树分给个人。奇怪的是，头天宣布分给个人，第二天好多人就把分给自家的小树砍了，拿回去当柴烧。队干部觉得这样也不行，趁还没砍完之前赶快再收归集体所有。但过几年还不行，只好又分，分了又砍，如此恶性循环。为什么农民把分给自己的小树砍了当柴烧，而不是等小树长成大树卖更多的钱？因为他有一个预期：我不砍的话你就会收回去。所以，在你没收回去的时候就先砍了。结果还真被收回了，验证了他的预期，那些没有趁早砍的人就后悔了。正确的做法是，忍受一点眼前的混乱，随着时间的推移，没有砍的人就会发财，砍树的人就会后悔，预期建立起来了，人们就会开始栽树了。在市场秩序形成的过程中可能有类似的问题，某一领域放开后短期内可能会带来更大的混乱，如果一有点混乱就重新实施管制，就会陷入管制的陷阱，形成恶性循环，市场秩序永远不可能形成。政府管制消灭了市场当中最重要的维持市场秩序的机制，就是每个人、每个企业对自己名声的考虑、对自己长远利益的考虑。过度管制下，企业只考虑眼前不考虑长远，所有人只考虑讨好上级，不考虑讨好市场和消费者，所以结果一定是坏的。

审批制损害社会道德

　　最后一点，我们讨论行政审批制度时，不要忘了它不仅仅是一个简单的经济效率问题，还是一个道德问题。审批制、特许制给我们这个国家、社会道德秩序带来很大的伤害，这个伤害远远超过对经济的伤害。有了审批就有特权，一有特权企业家就觉得竞争不公平，企业家觉得竞争不公平时让他在市场上有诚实的表现就很难了。政府官员利用审批的权力大把大把捞钱时，让老百姓讲道德就不容易了。所以现在讨论行政审批制度改革应该放在更高的角度来看，它关系到中国

未来社会道德体系的建立。审批制再这样继续下去，中国的市场秩序
只能越来越混乱。

　　我们还可从历史上来看。其实，最早提出自由市场理念的不是 200
多年前的苏格兰人亚当·斯密，而是 2000 多年前的中国人司马迁。翻
翻司马迁的《史记·货殖列传》，第一段就讲得很清楚，"故善者因之，
其次利道之，其次教诲之，其次整齐之，最下者与之争"；后来又说
道："待农而食之，虞而出之，工而成之，商而通之。此宁有政教发征
期会哉？"我们国家现在是完全倒过来的，司马迁讲的最下策我们现
在是最上策，司马迁讲的最上策我们是最下策。首先是垄断、特许，只
准国有企业做，不准民营企业做。不光是特许，而且是排他性的，特许
是有几个名额还可以申请，但现在中国不能。允许民间做的也要经过
名目繁多的审批，受到各种各样的管制，就是司马迁讲的排在第四位
的"整齐之"。政府管了又没有管好就批评别人，甚至说企业家没有道
德的血液，也就是司马迁讲的"教诲之"。实在管不了的鸡头狗脑的事
才让你顺其自然地去做。司马迁之前、汉武帝之前，中国社会的管制没
有那么多，没那么繁琐，汉武帝之后政府大大增加了对所有资源、产业
和价格的控制。如果汉武帝之前被管得那么多的话，司马迁就写不出
《货殖列传》了，司马迁一口气为 30 多位企业家立传，里面有各种生
意人，炼铁的、做小买卖的，当然还有盗墓的。看过了中国的历史，那
么今天，我们应该从市场秩序的形成、法治社会的建设的角度来看待
审批制的弊端，想一想我们应该怎么去改革才对。

信息、信誉与银行

为什么需要银行？

　　为什么需要银行？这一问题可能并不如我们想象的那样简单。提出这样一个问题，是因为我们知道银行本身只是一个中介机构，银行贷给企业的钱基本上是存款人的钱，银行本身的自有资金是很少的。那么，为什么存款人即真正最后出钱的人，不是把钱直接交给企业，而是先交给银行，再由银行贷给企业呢？此外，从企业的角度看，为什么当企业需要钱的时候，他们不是从股票市场上直接发行股票，或者在债券市场上直接发行公司债券，而是去找银行这样一个拿别人的钱来对企业放款的中介机构呢？

　　投资者在选择投资的时候，将面临一个很重要的问题，即你并不

*　本文写作于 2000 年，曾收入《产权、政府与信誉》一书。

能确切地了解企业的真实经营状况，而且企业也未必会和你说实话。这样就会产生在投资者和企业经理之间的信息不对称问题。例如，企业现在需要融资一个项目，对于项目的质量及其风险分布，经理显然比投资者更为清楚。在这种情况下，投资者就要考虑如何从市场上众多的企业和项目中筛选和选择合适的投资项目。企业都有自己的特性，有的企业风险较大，有的企业风险较小。一般来说，越是高风险的企业和项目，越有积极性从市场上融资。因为企业承担的风险和投资者承担的风险是不对称的，即投资成功时，企业经理或者股东只需要支付固定利息而获得很高的剩余利润，而当投资失败时，却无需承担额外的责任。

投资者通常希望选择一个风险比较适中的企业或项目，而不是风险很大的项目。投资者如何选择项目呢？一般来说，投资者在做出决策之前需要收集各种信息，并对所有可行投资进行比较分析，这实际上就是我们通常所说的"事前监督"。

但是，决定选择哪一家企业进行投资并不意味着投资者就可以坐收渔利。投资者还必须对企业进行"事中监督"，这是因为存在道德风险问题。投资和买东西不一样。如果你想买一个杯子，那么交钱之后，你就可以拿到杯子并且知道杯子的质量好坏。投资则很不相同，其质量是很难监督的。你把钱投资给企业，你并不能立即得到什么，你实际上只是得到企业对你的一个许诺，即如果企业赚到钱，它将支付给你多少。

企业能不能赚钱在很大程度上取决于企业经理在融资之后是否会按照事前的承诺去干，以及他是否有积极性搞好企业。设想有两个项目可供经理选择，一个是安全项目，一个是风险大的项目。在融资的时候，经理可能会在项目报告书中声称将投资于安全项目，但在融资后，如果投资者不能监督企业经理（很多情况下都是如此），那么企业经理就可能选择高风险项目。因为对经理来说，成败所带来的风险分布是不对称的。这种非对称分布体现为两个方面。一方面是在经理和投资者之间。对经理而言，由于经理在企业获利的时候可以拿到高额奖金甚至股利，而在亏损的时候并不损失什么，这样经理就有积极性选择高风险的项目。另一方面，这种风险的非对称分布还体现在大股东和小股东及债权人之间。当已知一个企业或项目的利润在零点附近或亏损时，大股东就有可能会孤注一掷，选择高风险的投资项目。

事实上，事中监督还包括另外一个方面，即经理的道德风险问题。投资项目的成败在很大程度上取决于经理的努力，这时投资者就会面临事中监督的另外一个问题。一般来说，由于监督的困难和相关的监督成本，投资者很难知道经理是否偷懒或者侵害了相关利益者的权益。

除了事前和事中监督之外，在项目完成之后，投资者仍然要对企业进行监督，这就是"事后监督"。由于信息不对称，投资者并不知道项目获利情况到底如何。因为经理也知道投资者不知道，所以他就有积极性对公司的利润进行操纵，企业经理既有可能在企业获利的时候报告亏损，也有可能在亏损的时候报告获利。在这种情况下，投资者就可能要借助于其他机构来进行证实和核对。

无论是投资的"事前""事中"还是"事后"阶段，投资者对企业的监督都非常重要。但是监督是需要成本的。一个项目涉及的投资者通常有很多，如果每一个投资者都花时间去调查项目获利前景、经理努力程度以及事后是否获利，那么每个投资者都会花很高的成本。如果每一个投资者都预计到其他投资者会对项目和经理进行监督，那么每一个投资者都不会对企业进行监督，而希望"搭便车"使自己获利，这是典型的公共产品问题。这样一来，无论是事前、事中还是事后，任何投资者都没有积极性去监督企业。

现在我们设想有这样一个机构，它可以代表投资者去监督企业。首先，它可以调查项目盈利前景及获利的可能性，然后决定是否对其进行融资；如果决定对其进行融资，那么在融资后还要继续监督项目的执行情况和经理行为；在项目完成之后，它还要对企业的真实盈利情况进行核查。银行，就是这样一个机构。换句话说，银行就是为众多的投资者去监督企业，代表众多的投资者监督企业。监督的规模经济意味着由单一监督者对企业进行监督会更为有效，有了银行之后，投资者就不必事必躬亲，而只需要把钱交给银行就可以了。

我们知道，银行给企业放款有一个很重要的理论基础，即大数定律。也就是说，从银行来看，尽管每一个放款项目都可能产生坏账，但是，在正常情况下，银行可以根据大数定律来估计坏账比例。比如说，银行贷款给 100 个企业，这 100 个企业各有一个不同的项目。如果企业之间的获利情况是独立的，而且我们假设有 5 个项目将会失败，其他 95 个项目将成功，那么我们就可以合理地估计银行有 5% 的坏账，而其他 95% 是赚钱的。从投资者的角度看，这也就意味着他将资本放到银行只有 5% 的坏账可能，或者说他至少可以收回 95% 的放款。但是，如果投资者是将资本直接投到企业项目中去，那么投资到 5% 失败项目的投资者将分文无归，这对风险回避的投资者来说是无法承受的。此外，由于投资者并不知道哪个企业将成功，哪个企业将失败，这样，对风险回避的投资者来说，如果只有直接投资，那么他的最好策略就是不投资。显然，从社会福利的角度看，这一结果并不是我们所希望的。如果有了银行，我们就可以解决这一问题。因为银行可以通过对不同的企业和项目进行投资而分散投资者的投资风险，从而吸引投资者并促进社会福利的提高。

但是银行也有一个道德风险的问题。银行有两种选择：一种是把钱贷给风险低、收益稳定的企业；再一种是把钱贷给风险高但收益也高的企业。如果贷给后者，成功了，银行就可以获高利，如果失败了就一分也没有了。但银行也许会有积极性去冒风险，因为它几乎所有的钱都是别人存进来的。所以对银行的经营安全，需要国家出面进行一些规制和管理。

东南亚金融危机很大程度上是由信息不对称带来的逆向选择和道德风险造成的。在东南亚、东亚一些国家，特别是韩国，它的一个严重的问题就是企业与银行的关系不正常。当企业赚钱的时候，自己就去扩展了；但当企业失败了，就把烂账甩给银行了。而银行又是由国家来兜着，外国的投资者一开始也不担心这个问题，因为一般这些银行有国家信誉做保证，假如说国内银行还不起外国人钱了，就由国家出面还。银行也好，投资的企业也好，都有一个道德风险。借的钱越多，越是追求高风险项目。

制度设计要解决的问题，就是要做到使得这种信息不对称的情况得到缓解。资本市场的完善，就是指这种信息不对称在多大程度上得到缓解。

保护投资者最重要

所谓融资，就是一部分人出钱，另一部分人花钱。为什么要保护投资者？理由很简单，如果投资者的利益得不到保护，就不会有人愿意把自己的钱交给别人花。在任何一个国家，当投资者的利益得不到保护的时候，资本市场是早晚都要出问题的。

保护投资者的一个办法是法律赋予投资者一定的控制权。企业在发行股票时，不光要转让未来企业的一部分收益权，还要转让未来企业的一部分控制权。在信息不对称的情况下，保护小的投资者就成为一个难题。要使小股东也能行使对企业的控制权，需要有《公司法》等相关法律的保证。

类似的，银行或者债权人把钱交给企业后，得到的除了对企业的收益权，还有对企业的破产权。假如企业无法还钱，控制权就属于债权人了。这属于《破产法》解决的问题。《破产法》也同样面临由于信息不对称导致的道德风险和逆向选择的问题。

设想企业欠贷款 2000 万，应该还 2000 万，但现在只剩下 1000 万了，怎么办？只有两种可能：一种可能是银行现在马上把企业卖了，讨回 1000 万；第二种可能是再给企业追加 1000 万，这个企业有可能就搞好，过了两年后有可能就变成了 2500 万，这样的话，作为债权人是划得来的。从事后的角度看，银行也应该这样干，但麻烦的是，如果企业的经理知道银行会兜着，那他事前就没有积极性好好干了，这就是道德风险。

　　银行时常会遇到这样的困境，考虑到事后的效率就可能会损害事前的效率，对企业经理就没有约束。反过来说，有时候为了对经理形成事前约束，就得损害事后的效率。

　　显然，作为债权人的银行本身也存在道德风险的问题。银行的工作人员一般都不是所有者。假如企业出现了坏账，如果把这个企业清盘，银行的坏账也就出来了；而假如说再给企业贷点款，那么一时半会还看不出问题来，具体操作者就更有积极性去掩盖问题，办法就是追加新的贷款使旧的问题不暴露出来。这个问题在全世界都存在。

　　由于信息不对称，买未来收益权的人，无论股东也好，债权人也好，都要求有一定的控制权。但是对大量的外部投资者来讲，直接的控制是不可能的，于是就要求有更有效的法律来保护他们的利益。如果企业想要得到资金，那就必须有保护出资人的法律。

　　一个国家的资本市场怎么发展，与法律对投资者的保护有关。

　　国外有学者按照法律对投资者的保护程度将 49 个国家和地区分成四类：第一类是英国普通法；第二类是北欧法；第三类是德国法；第四类是法国法。它们对投资者的保护是依次递减的。英国法对投资者保护得最好，德国和北欧介乎之间，法国最差。如果债权人权利保护的最高分是 4 分，那么法国法的保护是 1.58，英国法的保护是 3.11；对董事权力的限制，最高分是 5 分，英国法是 3.39，法国法只有 1.76。日本、韩国和我国台湾地区是德国法系的，新加坡和我国香港地区属于英国法系。

　　这项研究证明，对投资者的法律保护越好，资本市场就越发达。让我列举几个指标说明这一点。上市企业由企业经理、董事长等人持有的股票叫内部股票，另一部分是由外部人持有。第一个指标就是外部股票的价值占国家 GNP 的比例；第二个指标是每 100 万人口拥有的上市公司；第三个指标是一年内新上市公司的数量；第四个指标是私人企业的债务占整个 GNP 的比例。

以 1994 年的数字，英国法系国家的公司外部股值占 GNP 的比例是 60%，其中英国是 100%，美国是 56%；而法国法系国家只占 21%，特别是意大利只占 8%。在每 100 万人拥有的上市公司数这一指标里，英国法系的国家是 35.45，而法国法系的国家只有 10 个上市公司，其中意大利每 100 万人只有 3.9 个上市公司。每 100 万人在 1996 年 7 月到 1997 年 6 月一年间新的上市公司的数量：英国法系国家是 2.23 个，法国法系国家 0.19 个，而意大利是 0.31 个。私人公司的债务占 GNP 的比例：英国法系是 68%，法国法系是 45%。

由此得到一个信息，英国普通法系国家公司的融资成本更低，特别是比法国法系要低得多。道理很简单，对投资者保护得越好，投资者越有信心，要的价格也就越低，企业也就越愿意从外部找资金。而法律保护越不充分，别人拿出钱的时候要价就越高，融资成本就会越高，企业也就越不愿意去融资。

有不少中国经济学家和政府官员梦想上海可以超过香港，成为亚洲的金融中心，这个梦想能否变成现实，主要不取决于硬件设施，而取决于法律制度。除非上海能建立起完善的法律制度保护投资者，否则，梦想永远是梦想。

金融市场的发展离不开信誉机制

在当前中国向市场经济转型的过程中，企业种种不重信誉的行为深深为人们所诟病，而如何建立起企业信誉，又成了业界人士谈论最多的话题之一。对经济学来讲，关键是依靠什么制度，才能使大家更有积极性来建立好的信誉。

首先来看这样一个例子，一方是企业，另一方是银行。银行有两种选择：贷款或不贷款。企业也有两种选择：还款或不还款。假定银行选择贷款，企业选择不还款，企业得到 100 的最大收益，而银行损失 20；如果银行贷款，企业还款，企业得到 60，银行得到 20；如果银行选择不贷款，双方都没收益。这实际上是一个博弈，结论是大家合作比不合作好。

问题在于如果博弈只进行一次，合作就不会出现。这是因为，给定银行愿意贷款的话，企业的最优选择是不还款。为什么？不还款时得到 100，还款时得到 60，所以不还款比还款好。

预期企业将不还款，银行的最优选择是什么呢？不贷款。所以在一次博弈的情况下，唯一的均衡就是：企业不还款，银行不贷款。这就是"纳什均衡"。

这是一个很重要的社会现象：每个人都为自己好，追求自己的理性选择，而导致了集体的非理性。这就是所谓的"囚徒困境"，困就困在有好的结果，但无法达到。

"纳什均衡"这个概念对设计制度来讲是很重要的。一个制度是不是有效，能不能够被执行，那就要看你这个制度是不是一个"纳什均衡"。一个国家也好，一个企业也好，在设计制度时，领导人要首先想一想人们会不会自觉地遵守它，如果大家不会自觉地遵守这个制度，那么这个制度就很难存在下去。

那么，在什么情况下企业会特别看重信誉呢？

关键在于博弈是否可以重复许多次地进行。比如银行说：如果这次你没有骗我，下次我将继续给你贷款；如果我受骗上当了，我永远也不给你贷款了。企业怎么选择呢？如果企业选择诚实，不欺骗人的话，就能获得长期的收益。如果企业选择欺骗的话，只能获得一次性收益。正是由于考虑了未来，才重视声誉，不去欺骗。

这可以解释好多现象。比如，为什么政府部门、企业、学校老是强调站好最后一班岗，因为最后一班岗是最没有积极性站好的。个人只有对未来有信心，才会重视声誉。这也可以解释为什么大企业更重视声誉。博弈进行的时间越长，人们就越有积极性去树立好的声誉，不会欺骗。这也与信息的传递有关，假如企业骗银行多次以后才能被发现，企业就更有可能不注重声誉。

此外，在长期博弈中，对违约的处罚亦是保证参与人采取合作策略的重要因素。就企业与银行的关系而言，如果企业违约不还款，银行下次就不会给其贷款，而且其他银行也不会对其提供贷款，企业就更有积极性还款（假定信息是完全的，其他银行可以了解到企业违约的信息）。相反，如果银行的惩罚很轻，无论你是否还款，银行都会不断给你提供贷款，企业自然就没有积极性还款了。因为企业的第二次贷款与第一次贷款的偿还情况无关，所以企业总会选择不还或者少还，这正是中国国有银行和企业体制很重要的一个方面。由于国有企业还承担着很多其他职能，如果破产或停业，很多职工的就业和生活就会成为地方政府很头疼的问题。企业越是还不起款，主管部门和政府就越会督促银行给它们贷款。企业领导者知道这一点，当然就不会还款了。在这种情况下，银行对企业的威胁和处罚也是不可置信的，因为企业知道银行一定会继续向其提供贷款。如果我们不能解决这些问题，信誉制度建立不起来，银行和企业就不可能形成一种健康的合作关系。

由于信息不对称，需要政府管制，但政府管制也常常导致企业不注意自己的声誉。比如说，假如没有政府对利率的管理，那么银行搞得越好，信誉越高，吸收存款的成本就可以很低。但是假如政府把所有的利率都管起来了，那么银行有没有好的信誉还有什么关系呢？反正所有人筹资成本都一样，银行就不会有积极性去注意自己的信誉了。

同样，由于国家做最终的担保，往往造成了银行不顾及信誉。如果国家不再给银行做担保，储户就要小心了，就要琢磨是往建设银行存还是往工商银行存，银行就要注重信誉了。

中国人的文化传统是言而有信的，但是现在不重视信誉了。为什么呢？这源于我们的产权制度。要想让人讲信誉，首先必须做到让他明天还存在，而国有企业的厂长经理对明天的位子是没有把握的。企业家普遍感到位子不稳，今后他是不是仍然在位，主要不是取决于他干得好坏。现在存在这样的情况：企业干得越好，企业负责人越觉得职位不安全。为什么呢？因为企业干好了，上面还有另一个人要安排，而且你干得这么顺当，困难这么少，他有可能把一个他更喜欢的人派来。正是由于国有企业的负责人不能确定他明天还在不在这个位子上，所以他就不会重视这个信誉。原因在于政府选人的时候不是按照他干得好坏来决定他去留的。

所以说，信誉机制在我们现实的经济活动中还很难发挥作用。要解决这个问题，最终还是要在产权制度改革上下功夫。信誉机制存在的基础是产权。只有私有财产得到有效的法律保护，信誉机制才能真正建立起来。

中国的股票市场：管制与信誉

从两年前开始，证监会的有关部门就在加强对投资者的保护和对上市公司的规制，这是非常重要的。但如果上市公司的经理们没有积极性建立一个良好的信誉，我们不可能从根本上保护投资者。

要理解这个问题，首先涉及的是融资的概念。在西方，融资的概念与中国有很大的不一样，我们从西方的教科书里看到的描述是：作为公司融资来讲，假定你有一个有利可图的投资项目，你用什么办法为这个项目找到资金？比如是发行股票还是发行债券？中国融资的概念是什么呢？是如果你能被政府允许发行股票的话，你拿这些钱去干什么？你要做的事是先编出一个故事，在这个故事下才能获得政府的许可，然后再到股市上去发行股票。因为投资项目本身就是编出来的，拿到钱后变更投资方向就是很自然的事情。这就是中国企业与国外企

---

* 本文写作于 2003 年，曾收入《通往市场之路》一书。

业在公司融资上的差别。

严管中的欺诈

我国的资本市场，有几个基本的特征：（1）增长快；（2）上市公司可交易股票的比例非常低，大部分上市公司的股票只有 30%，也就是 1/3 的股票在交易，另外 2/3 是不可以交易的法人股和国家股；（3）可以交易的这部分股票，其转手的频率非常高；（4）股票的市场价格远远高于企业的真实价值，也与上市公司的业绩无关；（5）政府对上市公司有着非常严格的管制，从申请上市到许可，到完成审批程序，到最后定价，政府一直在其中起着主导的作用。可以说，我们的资本市场从诞生之日起就被政府严格地操纵，但事实是整个股市仍然充满了欺诈行为。

有关欺诈，我们看到了很多的例子。比如，"猴王"就有 10 亿的资金被其母公司占有；"三九"有 25 亿，也就是上市公司 98% 的净资产都被它的母公司挪用了；还有最近发生的"银广厦"事件，公司所有的会计报表被发现都是虚假的，所有统计数字全是伪造的。

中国股市有两个问题需要我们回答：第一，我们的政府既然有这样复杂、官僚化的管制程序，但是市场上为什么仍然充满了欺诈行为？第二，为什么十年来我们股市的股票价格会持续高估？

假设在一个市场当中，所有的信息都是对称的，那么这个市场就可以凭着自身有效地运转。但如果市场的信息不对称，一部分人知道的事情，另一部分人不知道，比如说，上市公司的经营只有经营者知道，投资人却不知道，在上市公司中，哪一家好，哪一家糟糕，投资人无法判断也无法弄清楚，那么这个信息不对称的后果就可能是市场的失灵。

为了避免市场失灵，需要政府通过法律和政策规制这个市场。为了防止上市公司欺骗投资人，在其上市前的所有审批程序都是在保证它的账目是真实的，保证它披露的信息是真实的。无疑，这些都是靠管制在起作用。但通常人们在需要知道真实信息的时候，还有一双隐形的眼睛在起作用，那就是信誉。企业要保证它的长远发展，就一定在乎那双盯着它的隐形眼睛。

管制与信誉有什么差异？管制是由谁来执行？是政府机构还是法院？投资者与企业之间的合约仅靠管制裁决行不行？信誉靠什么体现？

我对管制有两个判断：一是管制最多的地方，一定是骗子最多的地方，原因就在于管制消灭了市场本来应有的信誉机制。二是管制越多，骗子就越有积极性贿赂政府，骗子以并不高的贿赂成本降低了他进入市场的门槛。当骗子越来越多时，政府不会感觉到是因为管制太多，反而误以为是管制太少。结果，管制一再被强化，变本加厉，最终令信誉机制赖以形成的市场竞争无立足之地，企业信誉当然也就无从谈起。

法院或政府部门如果要对某上市公司实行监管，第一就要获得那些公司的信息；第二法院作为第三方要认证或者说证实这些信息的真实性，这些都需要很高的成本。利用管制解决问题的交易成本非常高，而用信誉解决就会很低。如果我们双方都非常信任，有些问题就非常简单，但如果我们互相不信任，那就需要签订一个很复杂的合约，以便在操作的过程中有一个合理合法的依据，这个复杂的合约也将带来不低的交易成本。

有大量的股市问题都与这个有关。举个例子：比如信息披露，有法律规定必须强制披露。强制披露是法律的手段，但事实上企业如果重视信誉的话，会自愿披露这些信息，不需要法律来强制。我们到商店买衣服，没有法律强制让顾客试衣，但所有商店都允许顾客试衣，还有一部分商店允许顾客退换，这就是商店因注重自己的信誉而自愿提供的信息，这就不一定靠政府来强制。我在这里顺便说一下，现在比较盛行强制信息披露，包括我们国家的管制机构，但是，世界上的研究并没有证据能够证明，强制性信息披露会带来什么好处。我想说的是，在股市上，企业如果很重视信誉，只要一条法律就够了，那就是你可以不披露信息，但你要对所有披露的信息的真实性负责任。就向我们在电影中看到西方的警察对嫌疑犯说的：你可以保持沉默，但你说的每一句话，都将可能用来作为法庭指控你的证据。

并非所有的企业，我们都要求它强制性地披露信息。因为每一个企业的情况是不一样的，有些信息披露并不好，比如说企业的许多商业机密，如果都披露出去，企业的商业价值就没有了。

信誉的形成有几个重要的条件：第一，博弈应该是重复的，只有在重复博弈下，当事人也就是企业才有可能有长期的眼光，才能考虑未来，才有足够的耐心等待未来的收益。而所有的欺骗行为都是因只考虑短期的、机会主义的利益的结果。第二，环境要相对确定。如果环境非常不稳定，今天有赚钱的机会，明天有没有不知道，这时候的当事人就会急功近利地有一把就捞一把，就会变成机会主义者。第三，欺骗的行为能够被及时发现，也就是说信息传输的速度十分重要。第四，受害人一定要有可能性和积极性去惩罚骗人者。在中国的市场上，许多骗人者是幸运的，因为受害者没有积极性和可能性去惩罚骗人者。比如你是房地产商，你的房子是卖给政府或国有企业的，尽管你有欺骗行为，负责买房子的人也没有可能惩罚你。因为你已经拿两套房子贿赂了他，接下来你可以卖给他 100 套。这样的受害人并不在乎他的受害，当然这时的骗人者也没有必要在乎自己的信誉。

企业是信息和信誉的载体

在现代社会中，一个组织、一个企业，实际上也是一个承担信息载体责任的中介机构。在所有交易活动中，我们能认识和了解的人非常有限，而需要交易的范围又很广，要识别每一个人的行为非常困难，成本非常高，欺骗行为就很容易发生。但作为组织、作为企业，一旦出现欺诈的做法就很容易被认定。比如麦当劳这样的全球企业有十几万员工，如果我们想知道是其中哪一个员工卖了过期的汉堡包，不仅查找困难，而且即使查到了，发布信息的成本也会很高。但有了"麦当劳"这个企业，消费者就不需要知道具体的行为人是谁，"麦当劳"三个字就使其维持信誉的信息传输非常容易，这就使企业本身充当了信誉的载体。当然，找到具体的行为人并对其实施惩罚，是麦当劳自己的事情，这也是麦当劳的价值所在。

企业类似一个庙，它的经理人员以及员工就类似庙里的和尚，现代社会就是通过庙的声誉来约束和尚的行为。就像少林寺的声誉如果败坏了，就会直接影响这个寺院的和尚得到布施。维持庙的声誉需要满足两个条件：第一，和尚会因庙的声誉而得到好处，和尚的利益如果与庙的声誉没有关系，他是不会在乎庙的声誉的。第二，建庙的权利不能被垄断。当建庙的权利被垄断，只能你建别人不能建，只能你收布施别人不能收时，那么这个庙的和尚也不会讲信誉。

由此我们可以看出，企业缺乏信誉机制是因为企业这个庙里的和尚都是过夜和尚，是"访问学者"，是处于今天在庙里住一宿，明天在不在还不知道的流动状态，这使和尚对庙的声誉的重视程度非常低。

我们国家的许多组织都是垄断的，像会计协会、律师协会等都属于别人不能再建的，这种垄断性就决定了它只会去"寻租"，而不会十分在意自己的信誉，政府给它的特权使它也没有必要去考虑如何建立信誉。这也正好解释我国的一种典型现象，即种草的积极性很大，栽树的积极性不强，信誉就类似栽树而不是种草。

我国股票市场管制与信誉之间的关系

如果我们画一个坐标系，横坐标代表管制，纵坐标代表信誉，我们可以画出两条曲线：一条是需求曲线：信誉水平越高，对政府管制的需求就越低；信誉越低，我们需要的政府管制就越多；如果完全没有信誉，也就是大家都不讲信誉的话，就只能求助于政府管制了。

在研究中我们还发现了另外一条曲线，可以称为"供给曲线"，与需求曲线不同的是，供给曲线并不是单调的：政府在开始时有一些管制的措施，人们就会注重信誉；当政府的管制增加时，信誉仍在提高，但它有一个临界点，超过这一点，政府若再增加管制，人们就开始不讲信誉了，管制越多，信誉越差。为什么会出现这种情况？为什么政府的管制会破坏人们的信誉？

第一，管制越多，政府官员的权限自由就越大，未来环境就越不确定，结果就越难以预测。这就促使人们只追求短期利益而不考虑长期利益。

第二，政府管制的结果常常是垄断，垄断就带来"租金"。比如只有你能上市，别的公司不能上市，你就有机会享受这些租金，由于你有特殊待遇就不再在乎信誉，因为股民可以分享垄断带来的租金，也就没有必要在乎企业实际上搞得如何，你的公司也不会因不讲信誉而受到惩罚。

第三，管制多了腐败的机会就多。前面讲的房地产商卖房子，若卖给200个消费者，需要让200人满意；若卖给政府或国企，200套房子只需贿赂房管处长一人即可。而且贿赂政府部门比让消费者满意的成本要低得多。这样，尽管有政府的管制，但政府本身做出来的认证是不值得信赖的。

再加之实施管制的人效率低下，最终对信誉的影响是管制越多，越没有信誉，大家都不讲信誉，就引来了更多的管制，最后是只有管制，没有信誉。

这就是我们现在看到的现象，有那么多的政府管制，但到处都充满了欺骗。上市公司要经过那么多政府部门的审查，结果账都是假的。是不是股民太傻了？怎么会被上市公司一骗就是十年？

其实，在中国的股市上，不存在一个人欺骗另一个人、大股投资者欺骗小股投资者的问题。中国股市是一个寻租场，因为骗与被骗之间的交易很清楚，你若让我骗你100元，我会在别人那里故技重施为你补上120元，你能净赚20元为什么不让我骗你？骗人者相信对这笔交易受骗人会很有积极性，就像100元钱买张200元的假发票一样，双方都有利可图。

这就是我国上市公司的一个基本运作。中国股市的一个基本功能是为国企解困，濒危的企业想找到解决困难的办法就上市，先从股民那里圈来钱再说。而股民明明知道这些公司的盈利并不好却依然愿意买它的股票，这是因为股民看到了其中的利好，买了这种企业的股票就等于买了政府的承诺，企业一旦出了问题，政府肯定会用垄断的特权挽救它、保护它，股民早已预期到这个投资不会受到损失。

股市"租金"的来源靠政府的资源垄断，包括对上市资格的垄断，这种垄断使每个上市公司的壳都很值钱。不盈利的上市公司本来没有任何价值，只是因其壳的重要，才会在濒临破产时仍然有卖点。股民买这类公司的股票，也是因它的卖点而预期到其股价的新高。所以，也才有了上市公司ST之后，股票反而上升的不可思议的现象。

产权是信誉的基础

在过去的两年中，中国的股市发生了很大的变化。特别是周小川担任中国证监会主席之后，证券监管部门才有了一个正确的思路和眼界。中国的股市要真正长期发展，必须走规范化之路，包括信息的披露、上市资格的市场化、废除审批制，以及任何企业只要合格、备案，够条件就可以上市。

这样下去将摧毁整个股市的租金。当企业上市自由之后，租金就会不存在，这也是近两年股票价格往下掉的一个主要原因。这个现象正好与国有股减持撞在一起，结果许多人判断是国有股减持造成的股票下跌。其实，这是股市规范化促使人们预期股市的租金会消失而引起的正常反应，这才是中国股市走向健康发展的利好消息。

但股市租金的消失会与政府相关部门的许多短期利益发生冲突，所以就有了"维持股价"的呼吁，现在所有的目的都是维持股市，美其名曰"保护投资者利益"。在中国业界，包括政府相关部门都对保护投资者有一个庸俗的理解：保护投资者就是保护买股票的人不亏本。这是一个非常错误的观点。如果所有买股票的人都不亏本，那他买股票时就不会在乎这个公司经营业绩的好坏，也不会在乎这个公司的信息是真是假，买股票的人如果没有了这些挑剔，那上市公司还考虑什么业绩和信誉？其后果必将远远偏离股市的规范和健康发展。

上市公司经会计师事务所审计披露的信息是假的，这是众所周知的事，其中包括证监会的官员。当然，假到什么程度可能了解不一，但谁也没有指出，谁也没有在乎，尤其是最终的投资者没有在乎。为什么不在乎？是因为大家都看到了在这个市场上，由政府管制带来的租金有政府做最终的保障。现在我们看到，上市公司虚假的财务信息被揭露了，板子最先打到了会计师事务所身上。大家想一想，会计师事务所的真正信息需求源在哪儿？真正的客户是谁？不是上市公司，而是股民。如果股民不需要真信息，那么，会计师事务所一定会生产大量的假信息。

现在要规范这个股市，我们无法要求会计师事务所把问题在一夜之间解决。我只是担心这个矛盾仍然被掩盖，政府仍然利用国有资产为股民短期的不闹事来继续给股市打强心针。这样发展下去，股市的发展前景将非常危险。从现在开始，要促使中国企业重视信誉，不做到这一点，仅仅靠政府的管制，靠独立董事，靠强制性的信息披露，都很难起到根本的作用。

我认为，要让企业从根本上重视信誉，产权制度的改革是最重要的。一定要让庙里的和尚与庙的声誉联系起来，如果和尚不能从庙的声誉中得到好处，他为什么要重视庙的声誉呢？如果企业的市场价值与决策者的利益无关，决策者为什么要重视企业的信誉呢？产权制度的基本功能是为人们提供一个追求长期利益的稳定预期和重复博弈的规则。产权是信誉的基础，明晰的产权是人们追求长远利益的动力，只有追求长远利益的人才会讲求信誉。孟子讲：无恒产者无恒心。也就是"无恒产者无恒心，无恒心者无信用"。破坏产权，实质上是一种搅乱预期，从而毁灭道德的行为。中国要有良好的市场秩序，必须从根本上改变产权制度。

一个社会的信誉程度取决于全社会的耐心，人们在没有耐心的时候，这个社会不会有信誉。同样，建立信誉的过程，规范股市的过程，也要求我们有足够的耐心。我现在担心的是太多的政府部门领导人都是在种草，不是在栽树，都追求短期的平稳，而没有顾及未来长远的健康发展，这样，股市的问题以及社会的问题都只会越来越多，而不是越来越少。

中国股票市场的六个问题

我过去在描述中国改革时经常使用的一个比喻——在座各位可能都知道——我们国家的好多改革似乎都是在马背上画白道道，画出一匹斑马来，我想这话也同样可以适用于我们股票市场的发展。高西庆主席刚才讲的意思是，画白道道在当时的情况下是对的，有两个理由：第一个，当时我们只有马，没有斑马，那么你不让我画让我干什么？第二个，你当时真搞来一个斑马，由于认识还不统一，你喜欢斑马，你们家其余的人还不喜欢斑马，如果你弄了一匹斑马，你们家的人就会跟你闹："你把我们家的马弄丢了，换了匹斑马！"所以就先画一画，看，这还是一匹马，闹着玩的。这就是方流芳教授讲的，为什么姓

* 2000 年 3 月，北京大学工商管理研究所"君安学术论坛"以"中国资本市场何处去"为题举办了一个研讨会，研讨会由吴志攀教授主持，高西庆、方流芳和张维迎分别做了演讲。本文是作者的演讲稿，曾发表于《财经》2000 年第 4 期，并收入《产权、政府与信誉》一书。

社姓资的指导思想对我们国家股票市场的发展起了那么根深蒂固的作用。我想方教授讲的意思是，我们已经过了这个时候了，那么我们是不是也可以考虑把假斑马换成真斑马？高主席讲当时的历史条件是这样，但你也得允许我们谈一谈什么是真斑马。

两位法律专家似乎更多地从收入分配公平与否的角度来谈。我想资本市场公平不公平实际上是一个次要的问题，首要问题是它是不是能成为一个有效配置资源的系统。如果有一幅名画，有一个人很会欣赏它，这幅名画原来在一个老太太手里拿着，她不欣赏它，转给能欣赏它的人，出的价格不是最重要的，也许老太太着急，换两个鸡蛋吃了，这也没什么不公平的。问题是我们国家的股票市场很可能是，那幅名画弄得留在老太太手里边，而真正欣赏画的那人却得不到它。

发展股票市场的指导思想

就我的理解，西方的股票市场是老百姓（投资者）发展起来的，然后才有政府介入；中国股票市场从一生下来就是政府催生的，甚至是政府生出来的。所以西方无所谓什么指导思想，每人想赚钱，这样大家交易就做成了，没什么指导思想，只是赚钱的思想。但是由于我们国家股票市场是在政府的操纵下发展的，所以这个指导思想就很重要。

我想强调，到目前为止，我们发展股票市场的指导思想仍然是帮国有企业解困，我想是不是还是应该换个说法，说帮助国有企业实现民营化比帮助国有企业解困好一点。帮助国有企业解困是怎么让老百姓的钱流向最困难的国有企业，而帮助国有企业民营化是怎么使国有企业流到最能经营好它的人手里边。这是不同的指导思想。

证监会的定位

中国证监会副主席高西庆先生讲，证监会专门防止骗子。我觉得这讲得很好，证监会就是干这个事的。或者说得好听一点，叫保护投资者免受上市公司经理的欺骗。但好像实际上证监会的用处不是这样，因为实际工作中，证监会的主要作用还是帮助国有企业解困，即怎么让钱流向困难的国有企业。

证监会一直在帮助国有企业解困。1999年的时候，又增加了第二个功能，就是怎么帮助提高社会总需求。大家学过宏观经济学，社会总需求是很重要的。去年要保增长，怎么保增长呢？就是有投资需求或者消费需求。那么消费需求怎么上去呢？于是就有人出主意，股票市场越好，大家收入预期就好，所以消费就上去了，国民生产总值7%的增长就保住了。为什么证监会发几个社论和评论员文章去干这种事？就是为了提高总需求。

在证监会承担着这两个功能的情况下，怎么抓骗子？根本没办法！所以你就不可能保护投资者。

产权问题

中国上市公司主要是国家控制、国家任命董事长和总经理的上市公司，这会带来一系列的问题。

第一个问题，企业不会注意信誉机制。但资本市场要发展的话要有两个重要机制：一个就是信誉（reputation），一个就是法律（law, legal protection）。那么，人们怎么有信誉机制？当大家玩一个重复博弈的时候，就会注意声誉。国有企业的问题是使得每个人都在玩一次性博弈，因为明天谁当总经理谁也不知道，我干吗不今天捞一把？

资本市场之所以在西方能发展，很大程度上是骗人者骗一次可以，骗两次也许行，骗三次就很难了，所以如果你想在这个市场上生存的话，你要特别注意声誉。但是我们国有企业的经理不需要考虑这个问题，只要在任期内能捞到一笔钱，以后这个企业能不能再融到资，就不是他关心的问题。所以我认为，产权不改革，只能造成短期行为，大家都干一锤子买卖，这个资本市场早晚是要垮的。

第二，你没有可能从法律上保护投资者。好比说关联交易，在现在我们国有企业制度下是不可能制止关联交易的。大家知道，关联交易是根据所有者定义的，而不是根据业务定义的。因为国有企业就一个所有者，所有的交易都是关联交易。

道理很简单，好比说，这企业上市了，是高科技企业，捞了几个亿，结果发现那儿有个低科技企业正在困难呢，职工工资都发不出来，政府说你把它兼并了吧，这就是关联交易。这里有法律上的概念。如果这个产权制度不改革，关联交易的现象是不可能解决的。如果按照香港的上市规则，需要小股东审批的话，那么我想中国的股东二十四小时不睡都批不过来，因为所有的交易都是关联交易。

第三，如果产权不解决的话，企业内部的权力斗争就会非常严重，这是我最近研究的一个主要问题。为什么我们的国有企业内部的权力斗争或者说"内耗"这么严重？主要是产权问题，因为在国有企业，你掌握这个企业但并不持有这个企业的股份，只有拿到控制权才会有好处，所以大家就为了争夺控制权而斗争，把精力主要用于权力斗争而不是生产性的投资和生产性的努力上。这个问题，在上市公司表现得更为严重。

在西方，上市公司也存在一个权力斗争的问题，但西方上市公司权力斗争常常是改进效率的一种手段。如果这个上市公司的总经理干得不好，就会被人给推翻。我们上市公司的斗争可能是搞垮企业的一种措施。性质完全不一样。

第四，股票市场的游戏规则没法制定出来。我们国家上市公司的好多条例，管理者脑子里想着它是个国有企业，制定出好多特殊的条例来约束它。好比说只有三年赢利才能够上市，这东西没有道理，正如只能卖好看的西红柿，长得不好看的就不能卖，这是没道理的。你只要说清楚，你的信息披露是真实的，谁爱上市谁就可以上市。没道理说只有赢利才能上市，三年不赢利就给弄下来。

我想这个条例是针对国有企业的。还有当时所谓的资产重组，当时的资产评估之后，按照多少多少，这都是害怕国有资产流失而做出的规定。什么叫资产流失？公开叫卖，谁出的价格高谁拿走，哪怕只出一块钱，也不能叫流失。但是由于我们是国有企业，如果不遵守这项规则的话，就将真的造成国有资产流失，所以我们就制定了大量的这样的规则。规定注册企业时无形资产不能超过总资产的20%也是出于同样的考虑。如果真有私营企业要上市的话，就使得我们的股票市场感到特别累，这些规则并不是根据它制定的，但是它还必须走这个程序，这就是第三个问题：产权问题。

地方股票市场

西方的股票市场是从地方到集中。集中的股票市场有一个要求，就是法律体系要更为完善，信息的传输要更为畅通。如果这一点做不到的话，中国要追求建立一个全国的股票市场，而且认为地方的股票市场更捣乱，我觉得至少理论上讲不通。

如果法律制度是不健全的，谁愿意借给别人呢？只有借给你认识的人，村里的人，周围的人。现在的规定好比说，村里的人不能互相借钱，要借钱的话，广东的人必须借给陕西不认识的人，这才是国家应该允许的，这个道理完全反了。正因为我们国家法律不健全，由于我们的信息传输扭曲得太厉害，没法使人说真话，所以应该是出钱的人和花钱的人关系更近一点，我买了你的股票，那么我总是在看着你是不是已经垮了。我们现在买的那个股票连垮了都不知道，有好多企业已经成烂泥了，但是大家都不知道，报纸上还宣传它是好企业，这样才真正造成金融危机。

我不认为地方上发地方股票会导致金融危机，因为金融危机都是全国股票市场形成之后才出现的，而不是在地方性股票市场出现的。当然地方有一个问题，由于地方政府的介入，中国发展地方股票也可能会出好多乱子。但这时候应该管政府，而不是取消地方股票市场。

经理与股东

发展股票市场，我们的法律力量是不是准备好了？股票市场上经理和股东是什么关系？是委托人—代理人关系。这个经理是作为代理人，他有一些对股东的法律责任，就是诚信（fidelity）。那么这个fidelity或者loyalty（忠诚），怎么在法律上得到保证？这对我们法律队伍本身提出了一个非常大的挑战。

英国公司法的整个现代制度是从最原始的trust law（信托法）走过来的。英国人自豪的是，他们对法学所做的最重要的贡献就是发展了trust（信托）这个概念。现在我们所有这些东西都没有，我们的法官、律师对trust的文化背景、案例都没有足够的积累，这时候我怀疑我们没有一个能够保护资本市场的真正的法律队伍。这当然就是对我们法学家提出的一个很重要的任务，我想我们经济学家也愿意帮忙。

职业道德

经理人的职业道德问题与上一个问题是相关的。经理人的职业道德当然是个制度问题，但是在表面上它是一个道德问题。经理其实是人家的保姆，但我们现在总认为总经理是老板，他自己也觉得自己是老板，其实不是。好比一个保姆，主人不在，保姆就变成主人了。那么保姆再成立一个俱乐部，把主人家的东西都拿来，这就是他们的企业。

但是从长远来看，职业道德是非常重要的。发展资本市场，简单地说就是把你的钱交给别人花，别人用。你怎么愿意把自己的钱交给别人用？如果你对用钱的人的道德没有基本信赖的话，不是犯傻吗？

职业道德问题不仅是经理的问题。

在一个企业里面，总经理持有 10% 的股，如果他为了这部分股损害企业利益的话，是违法的，包括一些关联交易、内部交易，其实关联交易主要就是由于你在不同企业持有的股不一样，这样通过价格的操纵就可以赚钱，损害其他公众的利益，那就是违法的。

但是在国有企业里，假如说一个国有企业有 200 个工人，所有者说这个企业应该卖了，但 200 个工人不同意卖这个企业，这并不被认为是违法的。我觉得这就没有道理了。这也是违法的。因为这企业是全国人民 12 亿人的，就相当于这企业是那么多股东的，你只占了其中的那么百分之零点零几，你就能决定这个企业的命运？你就可以为了自己的私利阻碍这企业的出卖？这应该是违法的。所以我想经理也好，工人也好，都有一个职业道德问题。

Ⅲ 企业家的困惑

市场经济中的政府行为

——日本的经验

随着中国经济体制改革的深入，越来越多的中国学者对日本模式发生了兴趣，日本政府在经济活动中所起的作用尤其受到推崇。在对日本的经济体制作了一番理论分析和实地考察之后，我们感到，日本政府在经济活动中所起的作用确实值得推崇，但在这个问题上，目前国内流行的观点至少有两点不切实际之处：一是对日本政府的作用估计过高；二是对其作用的方式估计错误。简单地说，日本的政府并不是我们中国学者所想象的那种政府。本文很大程度上是针对上述流行观点的两点误解写成的。第一部分从国际比较的角度分析了政府对市场机制的破坏程度，我们发现，日本政府是市场经济国家中对市场机制破坏程度最小的政府之一，这是日本能后来居上的主要原因；第二

*　本文作者为张维迎、程晓农，刊印于中国经济体制改革研究所内部刊物《经济体制改革研究报告》1987 年第 33 期日本考察分报告之八（1987 年 11 月 2 日出版），张阿妹、郝一生同志参加了本报告的讨论，特此致谢。本文曾收入《价格、市场与企业家》一书。

部分分析了日本经济发展中政府与企业家的关系及政府扮演的角色。我们的结论是，最有利于经济成长的政府是帮助企业家的政府，而不是替代企业家的政府。第三部分分析了企业制度与政府行为的关系，我们认为，日本的民间企业制度是日本政府的积极作用得到充分发挥，而消极作用受到有效限制的基本约束条件。

在正式讨论之前，有一个涉及理论方法的问题需要简单陈述一下。本文与流行的理论不同，我们把政府作为市场体系的一个内在构成要素，一种交易工具，而不是独立于市场体系之外的异物。我们认为：市场经济的内在矛盾在于市场体系自身包含着反市场的力量——政府。这是一种"异化"。市场要有效地运行，不能没有政府；但政府力量的扩展，可能导致市场本身的毁灭。因此，如何在发挥政府的积极作用的同时有效地节制政府对市场的破坏，是每一个市场经济国家面临的难题。

一、政府对市场：最小程度的破坏

在分析日本经济成功的原因时，许多学者把注意力集中在日本政府对市场的干预上，有些学者甚至用日本的例子来证明市场的失败和政府干预的有效性。然而，我们的研究发现，日本成功的原因不在于政府对市场的干预多，而在于政府对市场机制的破坏程度小。下面我们就政府最容易对市场机制形成破坏的几个方面做些讨论以说明我们的结论。为了使我们的论点更有说服力，我们把比较的范围限于市场经济发达的国家。

1. 政府预算

政府预算在国民生产总值或其他类指标中所占的比重，是衡量政府活动范围的一个综合指标。政府预算通过需求和供给两个方面对经济活动施加影响，预算比重越大，政府破坏市场机制的可能性就越大（有关政府财政投融资的"第二预算"容后再述）。

比较项目 国别	政府支出与转移支付对国内总支出的比率 (%)						税费负担对国民所得的比率 (%)	
	政府支出		转移支付		合计			
	1979	1984	1979	1984	1979	1984	1979	1984
日本	16.0	15.0	11.2	12.3	27.2	27.3	21.3	22.7
美国	19.4	20.7	9.7	11.6	29.1	32.3	25.7	24.6
西德	22.9	22.4	17.0	16.9	39.9	39.3	28.9	28.6
英国	22.5	23.9	12.4	15.1	34.9	39.0	31.8	35.4
法国	17.7	19.3	22.7	26.5	40.4	45.8	25.2	27.9
意大利	19.3	23.5	18.3	22.1	37.6	45.6	21.2	29.6
加拿大	22.1	23.7	11.6	15.0	33.7	38.7	30.9	33.3
瑞典	32.4	31.1	21.2	22.2	53.6	53.3	40.6	44.0
芬兰	21.3	22.8	10.7	11.4	32.0	34.2	33.1	36.2
奥地利	22.4	21.6	18.3	18.7	40.8	40.3	33.4	34.6
挪威	25.9	23.4	22.5	20.9	48.4	44.3	44.3	43.4

表 1：政府支出与租税负担的国际比较

表 1 和表 2（见下页）所列的是经济合作与发展组织部分成员国有关政府预算的比较资料。从表中可以看出，在与政府有关的所有项目中，日本都属于最低之列。日本政府消费的国民财富是最低的，日本国民的租税负担是最轻的。即使在再分配领域（转移支付），日本政府所发挥的功能也比许多国家小，但日本却是资本主义世界中收入分

配最为平等的国家之一。日本政府在执行福利国家政策上步伐迟缓，这一点受到许多人士的批评，但对日本国民来说，这很难说不是一种福气。政府把更多的消费选择留给国民个人，而不是收归政府。大量经验表明，消费选择由个人做出比由政府官员做出有效得多。日本预算低的一个原因是国防费用低，但即使剔除这个因素，基本格局也不会有大的改变。比如说在剔除国防费用后，中央政府支出占 GNP 的比重，日本为 15.1%，美国为 17.2%，西德为 11.2%，英国为 27%，法国为 17.9%。

国别	1965	1984	国别	1965	1984
日本	8	10	加拿大	15	21
美国	17	19	瑞典	18	28
西德	15	20	芬兰	14	19
英国	17	22	奥地利	13	18
法国	13	16	挪威	15	19
意大利	15	19			

表 2：政府消费占国内生产总值的比例（%）

在发达国家，日本的租税负担最轻（相当于瑞典的 52%、英国的 64%、法国的 81%、美国的 92%），这一点对日本经济发展有着重要意义。高税负导致低增长是世界银行经济学家从统计分析中得出的结论，在这一分析中，日本被选为发达国家中低税的标本。税收水平通过两种方式影响经济增长：第一，通过提高或降低主要生产要素的纯（纳税后）收益来影响这些要素的总供给；第二，影响资源利用的效率。租税负担轻，意味着国民收入中有更大的份额归个人和企业支配，从而为个人工作和企业投资带来了更大的刺激。可以认为，日本国民的高储蓄率和企业的高投资水平与此有很大关系。尽管日本政府采取了各种措施诱导居民储蓄和企业投资，但它总是尽量避免把个人资财直接充公和对企业盈利征收过重的税负，这就使市场机制在决定收入分配和资源配置中能发挥更大的作用。

2. 政府活动与国营企业

日本政府预算比重低的一个可能的原因是政府活动的效率较高，也就是说，在对国民提供等量服务的情况下，日本政府所花费的成本比其他国家的政府低。但在没有拿到有充分说明力的证据之前，我们宁愿认为，日本政府预算比重低的主要原因在于政府所从事的活动范围少，在其他国家由政府提供的许多服务，日本则是由家庭和私人企业提供的。

表3（见下页）列出了公务人员、公营企业职工人数的国际比较资料。资料表明，平均每千人拥有的国家公务人员（包括中央政府和地方政府）日本最低，为34.5人，法国最高，为66.6人，其他为：美国64.1人，英国48.4人，西德50.1人。就是说，日本公务人员的比重仅为法国和美国的一半强，英国和西德的2/3。公务人员比重低，意味着日本的劳动力中有更多的部分在物质生产部门创造财富。

在政府可能对市场形成破坏的所有因素中，国营企业是破坏性最强的因素之一。这是因为，市场经济的基础是民营企业制度，国营企业的无节制扩展会使这个基础毁灭，从而使整个市场经济不复存在，因此有必要对国营企业做专门分析。

表 3 所列"政府企业"的范围如下。日本：国铁、电信电话、专卖公社等；英国：国铁、邮政、电力、煤气、公共汽车、水道、煤炭、钢铁等；西德：邮政、国铁；法国：国铁、电力、煤气、水道、公共汽车、煤炭。美国"交通"一栏中包括煤气、水道等。从表中可以看出，平均每千人政府企业的职工人数，日本为 7.7 人，与英、法的 30 人以上相比，显然低得多，其原因在于英、法两国实行大规模国有化运动。西德的邮政包括在政府企业中，平均每千人的职工数为 13.5 人，而日本即使把邮政包括在内，也只有 10.3 人，仍低于西德。在美国，铁路、电话由民间企业经营，所以政府企业一栏为空。但是，地方政府中，在交通等方面，平均每千人中有 2.5 人，这个数字比日本大。

另一个有意义的比较指标是国营企业投资在固定资本投资中的比重。表 4（见 270 页）表明，非金融国有企业在固定资本毛投资中的比重，日本为 11.4%，比除西德和美国之外的其他国家都低（与瑞典持平）。表中法国的数字为 12.1%，但在 1982 年实行第三次国有化之后，仅工业领域，国有企业投资比重就达到 30%~32%。按自有资金排列，法国最大的 25 家工商业公司中，国有企业占 15 家。按职工人数排列，最大的 20 家企业中，17 家是国有企业。法国国营企业用参股的办法控制私营企业，日本则找不到这种情况。

从国营企业的经营范围看，日本的国营企业主要限于金融部门和基础设施部门，而法国的国营企业不仅在银行金融业和基础设施部门占据垄断地位，而且广泛分布于工商外贸各部门。日本的制造业企业没有一家属于国营企业，而法国政府拥有的制造业企业比比皆是。在

国别 / 比较项目		日本 人数(千人)	日本 每千人平均	美国 人数(千人)	美国 每千人平均	英国 人数(千人)	英国 每千人平均	联邦德国 人数(千人)	联邦德国 每千人平均	法国 人数(千人)	法国 每千人平均
中央	公务员（A）	872	7.3	1792	7.7	454	8.1	156*	2.5	2193	40.4
	其中 学校	131	1.1	—	—	—	—	—	—	981	18.1
	邮政	321	2.6	660	2.8	—	—	—	—	459	8.4
	医院	53	0.4	—	—	—	—	—	—	—	—
	其他	376	3.2	1132	4.9	454	8.1	156*	2.5	753	13.9
	国防（B）	300	2.6	3123	13.4	556*	9.9	668	10.8	457	8.4
	政府企业（C）	918	7.7	—	—	1872*	33.3	832*	13.5	1963	36.1
	总计（D＝A＋B＋C）	2090	17.6	4915	21.1	2882	51.2	1656	26.8	4613	84.9
	除国防（D－B）	1790	16.1	1792	7.7	2326	41.3	988	16.0	4156	76.5
地方	公务员（E）	3225	27.2	13123	56.4	2915 <2265>	52.9 <40.3>	2935		1423	26.2
	其中 学校	1304	11.0	6631	28.7	<1046>	<19.6>	（na）		—	
	医院	171	1.4	1164	5.2	—		（na）	47.6	655	12.1
	交通	53	0.4	584	2.5	—		（na）		—	
	水道	76	0.6			—		（na）		—	
	其他	1621	13.7	4694	20.0	<1220>	<21.79>	（na）		768	14.1
总计（D＋E）		5315	44.8	18038	77.5	5857 <5148>	104.1 <19.5>	4591	74.4	6036	111.1
除国防（D＋E－B）		5015	42.3	14915	64.1	5301 <4592>	94.2 <81.6>	3923	63.6	5579	102.7
人口（万人）		11869		23262		5629		6168		5431	

资料来源：大藏省。附"*"的数据为1981年数据，其他为1982年。英国栏的"＜＞"中的数据不包括北爱尔兰的数据。

表3：公务员数、政府企业职员数的国际比较

意大利，1984 年汽车业的国有化已达 25%，钢铁业的国有化 75%。

资料是纷乱的，结论却是清楚的。日本是市场经济国家中国有化程度最低的国家之一，国铁、电信电话、专卖三公社是日本国有企业的主体（1982 年三公社职工人数占国营企业职工总数的 76%），现在三公社都已民营化了。考虑到这种情况，仅从人口平均的职工人数来看，日本的国有化程度同美国处于同等水平，或在其之下。日本政府从来无意建立一个国营经济系统，这使它可以把更多精力用在扶植私人企业上。这是日本经济具有活力的重要原因之一。

国别	年份	比值（%）
日本	1978—1980	11.4
美国	1978	4.4
西德	1978—1979	10.4
英国	1978—1981	17.0
法国	1978—1984	12.1
意大利	1979—1980	15.2
瑞典	1978—1980	11.4
奥地利	1978—1979	19.2
挪威	1978—1980	22.2
荷兰	1978	12.6

表4：非金融国有企业在固定资本毛投资中的比重

3. 经济计划

政府参与经济活动的一个重要方面是制定经济计划。战后以来，日本政府相继制定了十多个经济计划，颇受计划主义者的推崇。那么，如何看待日本政府的经济计划呢？

计划	计划年代	计划增长	实际增长
1. 经济自主五年计划	1956—1960	5.0%	8.7%
2. 新长期经济计划	1958—1962	6.5%	9.9%
8. 国民收入倍增计划	1961—1970	7.2%	10.7%
4. 中期经济计划	1964—1968	8.1%	10.6%
5. 经济社会发展计划	1964—1971	8.2%	10.9%
6. 新经济社会发展计划	1970—1975	10.6%	5.9%
7. 基本经济社会计划	1973—1977	9.4%	4.2%
8. 昭和50年前平期经济计划	1976—1980	6.0%	3.9%
9. 新经济社会发展计划	1979—1985	5.5%	4.0%

资料来源：根据有关统计资料整理。

表5　计划增长率与实际增长率　（GNP）

　　首先应该承认，日本的经济计划对日本的经济发展是有积极意义的，但产生这种积极意义的原因并不是由于计划挽救了市场的失败，而是由于计划没有破坏市场机制的正常运行。表5列出了日本计划增长率与实际增长率的对比资料。从表中可以看出，二者之间的偏差是很大的，大体来说，在20世纪60年代，计划增长率远低于实际增长率，而从70年代开始，却发生了相反的情况。实际增长率之所以与计划增长率发生偏离，主要原因在于实际经济活动是由企业家操纵的，而不是由政府计划操纵的。尽管我们不知道，假使没有政府计划，实际增长率会是如何，但我们可以知道，假使政府计划统治了经济，日本经济就不会取得如此成功。

为什么日本的经济计划没有成为破坏市场运行和约束企业家行为的力量？ 原因至少有两条：第一在于计划的内容和性质；第二在于计划的制定方式。

从计划的内容和性质上讲，日本政府制定的经济计划只是对政府和企业表明今后的奋斗目标，并不是政府的"实施计划"。计划内容主要包括对诸如增长率、物价水平、国际收支等这样一些指标做出预测，目的在于为民间企业从事经营活动提供一个参考资料。从我们中国人的观念看，这根本谈不上是什么经济计划。 有人说日本的经济计划是指导性计划，但如果把指导性计划理解为国家告诉企业生产什么，企业可以听也可以不听，那么，日本的计划连指导性计划也谈不上，因为它并没有具体规定企业生产什么、生产多少。关于计划的性质，1960 年发表的《国民收入倍增计划》中的一段话值得引证：

> 在此计划中，尊重民间的经济自主立场，许其通过自由企业和市场结构追求经济的合理经营，根据其创新和运筹运行自主活动。关于民间部门的这一计划，具有预计未来情况的性质，希望民间企业以此计划所估计的国民经济将来的趋势和各种情报为基础，制定企业的长期计划，改变过分依赖政府的态度，建立独立的责任体制。（ 经济审议会编《国民收入倍增计划》第 41 页）

从计划的制定过程来看，日本的经济计划很难说是由政府官员制定的，因"制定"计划而声名远扬的"经济企划厅"实际上不过是一个秘书班子，它在日本政府部门中是最没有权力的部门之一。制定计划的正式程序是这样的：先由内阁总理向经济审议会提出请求，要求他们准备一个全国经济计划；审议会准备好它的报告后再呈交总理大臣；当这个报告被内阁会议采纳时，它就变成了政府管理经济的一个指针。经济审议会是一个咨询委员会，1982 年成员大约 30 人，其中大部分是活跃于公共场合的大企业的董事长或总经理和准政府机构的官僚，还包括一些学者、工会领袖和消费者代表。计划的准备和评议工作由委员会下属的一些次级委员会做出（1979 年，成员共 160 人），这些次级委员会也主要由企业界领袖和准政府官员组成。在计划制定过程中，作为审议会秘书处的经济企划厅负责收集必要的情报资料，并与有关省厅协调，准备文件，起草报告。整个计划制定过程实际上是企业界与政府之间的信息和观点的交流过程，这样制定出来的计划显然与政府官员一手制定的计划有天壤之别。

在市场经济国家，与日本的经济计划相类似的还有法国的经济计划，但在法国，政府拥有大量的国营企业，政府通过计划合同控制国营企业的经营，所以它的计划容易导致反市场的后果。

4. 产业政策

日本的产业政策被不少人士誉为日本成功地走向世界市场的关键因素，通产省也因制定产业政策而举世闻名。但在这个问题上，流行的观点同样不能令人满意。的确，如果说政府的经济计划只是一个对未来的预测，产业政策则是政府对经济活动的更现实、更具体的行动。但是，日本的产业政策之所以能在日本经济发展中发挥比较积极的作用，原因并不像有些学者所认为的那样，是英明的政府纠正了目光短浅的企业家的错误，而在于政府的政策顺应了企业的要求，尽管我们不得不承认，在有些情况下，政府的政策确实对市场运行产生了一些破坏性作用，这些破坏性作用部分地抵消了政府所应起的积极作用。

对于日本的产业政策，必须从一个更为广泛的背景上加以考察。如果仅仅从"产业政策"这个名词出发，就会得出产业政策是日本特有的政策这样的结论。但是，如果我们把战后日本搞产业政策的背景与英法等国搞国有化运动的背景联系起来，我们就可以得出这样的结论：日本与英、法等国的区别不在于前者有产业政策后者没有，而在于它们实施产业政策的方法完全不同（印度等国的经济计划比日本的产业政策更像产业政策，所有社会主义国家的经济计划从一定意义上讲，都是一种产业政策）。战后的欧洲和日本一样，都面临着振兴经济的重任。为了振兴经济，就要优先发展煤炭和钢铁等基础产业，优先发展出口产业，这是各国政府的共同意识。但是，日本政府采取了扶植民间企业的方式来实现它的产业政策，英、法等国政府却用国有化生产方式来实现它们的产业政策。效果的差异来自方法的不同。因此，欧洲人应该反省的是他们的政府为什么破坏民间企业制度，而不应该是他们的政府为什么没有像日本政府那样制定"产业政策"。

体改所张阿妹同志写的《日本产业政策的形成机制》一文有助于澄清有关日本产业政策问题的一些错误观念。在此，我们仅指出以下几点：

第一，日本的产业政策是产业的重点扶植政策，而不是产业发展的全面包揽或抑制政策。对于经济发展意义重大而民间企业由于财力不足或由于难以承担风险不能或不愿投资的企业，政府从资金、税收、补贴等方面给予优惠以鼓励民间企业投资于这些产业，但是政府从来没有试图控制民间企业的投资方向，也很少采取惩罚性措施对它所认为的非重点产业实行限制。事实上，除了战后短暂的复兴时期外，日本政府很少有可用于惩罚企业的手段。这是因为，尽管政府手中握有一部分投资资金，但投资资金的大头仍在民间，如果私人企业家认为兴办某项事业是有利可图的，即使得不到政府的支持，他也可以从民间金融市场或国外筹措资金开办自己的事业。这就是说，政府的参与并没有否定私人企业家的选择。正由于这个原因，像索尼、本田这样的公司才能在得不到任何政府资助的情况下独立自主地发展壮大。另外，由于政府的政策主要是针对行业的，而不是针对个别企业的，所以即使在重点产业领域，企业之间仍处于激烈的竞争之中。

第二，如同企划厅的经济计划一样，通产省的产业政策也是政府官员与民间企业界通力合作的产物，而不是政府一手制定的。在产业政策的制定过程中，产业结构审议会处于举足轻重的地位，而组成这个审议会的主要成员是企业界领袖和大学、研究机构的学者。政府部门与企业界之间的信息和观点交流贯穿于政策形成过程的始终。据说日本共有1000多个来自各行业团体的代表，通产省在制定出任何一项政策之前，省内负责该行业的部门一定要与企业界团体通气、商讨。在政府官员与企业界发生不可调和的意见分歧时，做出让步的通常是通产省而不是企业界。从政策的动议讲，有相当一部分政策最初是由企业界提出的。即使由政府官员提出的"政策"，除非得到企业界的认同，否则很难变成现实的政策。正是从这个意义上讲，我们认为，日本的产业政策与其说是政府的政策，不如说是企业的政策，在政策形成中处于实际支配地位的是企业家而不是政府官员。

第三，政府政策破坏市场运行的一个可能原因在于，如果政策随机变化太多，就会增加企业经营环境的不确定性，从而给企业家决策带来困难。日本的产业具有稳定性、连续性和程序化的特点，每一项政策都有明确的法律规定，这样的政策显然有助于企业家对未来做出更为准确的预测。

5. 政策金融与金融政策

仅仅从财政的一般预算来评价，事实上低估了日本政府在资金分配中的支配力。这是因为，日本大藏省除了掌握着一般预算外，还掌握着一种特别预算——财政投融资预算。那么，又如何评价日本政府的财政投融资制度呢？

首先应该指出，类似财政投融资制度这种性质的东西，并非日本特有之物，尽管日本在这种资金的管理方法上有别于他国。财政投融资的一个目的是向国营企事业提供资金，而由于日本的国营企事业比重较低，由此所占用的资金比重也比其他国家低得多。政策金融的另一目的是对民间企业提供贷款，以协助政府产业政策的实施或扶植中小企业的发展。在日本，执行此功能的是政府金融机构——"两行九库"。事实上，类似这种性质的政府金融机构在欧美国家同样存在，尽管其功能并不完全相同。（表6）

更为重要的是，与欧洲一些国家相比，日本政府拥有的金融机构的实力也是最弱的。在法国，国有银行在金融市场上占据绝对统治地

表 6：政府控制的金融机构的国际比较

功能 \ 国别	日本	法国	西德	美国	意大利	英国
经济开发与产业扶植	日本开发银行，日本输出入银行	国民信贷银行，对外贸易银行	复兴信贷银行，出口信贷银行	美国进出口银行	国民专业银行	—
中小企业扶植	国民金融公库，中小企业金融公库	—	—	—	—	—
农业扶植	农林渔业金融公库	全国农业信贷金库	—	联邦土地银行，联邦中期信贷银行	农业信贷银行	—
住宅开发	住宅金融公库	储蓄银行，房地产信贷银行	—	住宅建设信贷机构（四家）	—	—
居民储蓄吸收	邮政储蓄	信托储蓄银行，储蓄银行	储蓄银行（划汇中心），邮政储蓄银行	—	储蓄银行，邮政储蓄	国民储蓄，银行信托，投资银行

位，五大商业银行集团全部为国家所有，国有化银行的存贷款数额分别占全国银行系统存贷款总额的 74% 和 75%，占注册银行存贷款总额的 84.6% 和 89.8%。在意大利，九家最大的银行属于国家所有，占全部银行营业额的 45%。相比之下，在日本，商业银行没有一家属于国家所有，政府金融机构的贷款量约占全国金融机构总贷款的 30% 左右。这就是说，在金融市场上，日本政府所拥有的物质性破坏力量远比欧洲一些国家小。

在《日本的金融体制与政策金融》分报告中，我们对日本政策金融的功能做了更为详细的分析。这里只需要指出，日本政府在政策金融上的功能选择是建立在民间金融市场选择的基础之上的，尽管前者也反过来对后者发生作用。此外，政策金融很大程度上也是按市场规则运行的。政府金融机构虽不以盈利为目标，但它在贷款选择上，仍要考虑投资的安全性和收益率，仍要有抵押或担保。仅仅从政策金融的角度论述政府在金融市场上的作用当然是不能令人满意的，因为政府的金融政策对金融市场有更大的影响。但在这个问题上，流行的观点同样存在着不少误解。从财政与银行的关系上讲，尽管《日本银行法》规定大藏大臣对日本银行（中央银行）有业务命令权和监督命令权，但实际上大藏大臣很少行使这种权力，中央银行的金融政策基本上是由"日本银行政策委员会"独立制定的。政策委员会主席一般由日本银行总裁担任，大藏省和企划厅派来的二名委员只有发言权没有表决权。而在英国和意大利，不仅法律规定了中央银行与财政部的隶属关系，更重要的是财政部事实上总是在行使对中央银行的命令权。意大利的中央银行被公认为欧洲共同体国家中最听命于财政部的中央银行。在英国，金融政策的变动多次是先由财政大臣在议会上宣布，然后才交英格兰银行贯彻执行。这样的例子在日本则很难找到。在中央银行与商业银行的关系上，与美国相比，日本中央银行的权力是比较大的，但与欧洲国家相比，情况却未必如此。在高速增长时期，日本银行确实对商业银行的存贷款利率和贷款额度有过一些规定，但这些规定对金融市场的实际影响远不像某些学者所描绘的那么大（这一点我们将在本报告第三部分谈到），这些规定欧洲国家也并非没有。事实上，在 20 世纪 70 年代之前，欧洲共同体成员国中，除了西德之外，没有一个国家不曾对商业银行的贷款数量、贷款方向及利率实行过直接的行政控制。而正是这种直接控制的恶果导致了 20 世纪 60 年代末期和 70 年代初意大利、法国、英国、比利时、荷兰等国的金融自由化运动。相比之下，日本银行的"窗口指导"则更具有民主的色彩。日本民间银行的贷款活动确实支持了政府倡导的产业政策，但是，这种支持是银行从自身利益出发选择的结果，而不是接受政府命令的结果。日本的银行能购买企业的股票，美国的银行则不能，仅此而言，日本银行的选择空间无疑比美国银行大一些，尽管前者在其他方面受到的约束也许比后者要多一些。

以上我们就政府可能对市场机制造成破坏的几个主要方面做了分析。尽管这种分析是不全面的，但它的结论却是显然的。这就是，从国际比较的角度看，日本政府对市场机制的破坏即使不是最小的，也是比较小的，至少比英国政府和法国政府小得多，这是日本经济体制更有效率的主要原因所在。当然，我们绝不是在为日本政府唱赞歌，事实上，日本政府破坏市场的例子也比比皆是，这种破坏自然给日本经济带来了十分恶劣的影响。日本经济学家最喜欢举的一个典型例子就是 1956—1957 年国际收支出现赤字之后政府采取的紧缩政策。当时由于中东局势紧张，国民担心政府将实行进口限制，所以猛增进口库存，结果导致了国际收支赤字，而政府却误以为是民间设备投资过大使进口增长过多，因而投下了政策性错药，给日本经济造成了不必要的连续高度紧缩的痛苦。

二、政府对企业家：帮而不代

我们已经指出，日本政府对市场机制的破坏程度比大多数发展中国家和二战后的英、法等政府小得多，但是，我们同时不得不承认，日本政府对经济发展所起的积极作用比这些国家政府又要大得多。可以说，作为市场经济的一个内在组成部分，日本政府比较成功地扮演了它应该扮演的角色——充当企业家的"帮手"，而不是经济活动的主宰者。这是一种现实，又是一种传统。在明治维新时代，同大多数后起的发展中国家一样，日本政府有着强烈的赶超冲动，但它清楚地认识到，要达到赶超的目标，必须依赖无数私人企业家的主动性和创造性。明治政府也曾多方面地干预过私人企业家的活动，在发展过程中起了关键性的作用，但它从来没有试图越俎代庖地取代私人企业家。企业家自己可以干好的事情，政府就不再插手；企业家靠自己的力量办不成的事情，政府就设法帮助解决；当企业家经营遇到困难时，政府就给予补贴，而不是把它们收归国有。最初，明治政府在许多工业中建立了领头工厂，因为它知道，这些工厂是当时私人企业家无力建造的，但它从来无意建立一个国营工业体系，所以工厂一旦建成，明治政府很快就把它们卖给私人企业或新型股份公司，因为它相信，这些工厂由企业家经营比政府经营更有效。为了提高储蓄率，明治政府不得不建立全国性的税收体制，但它没有把这种预算收入直接变成预算支出，变成政府的固定资产，而是将其存入银行，再由银行把这些资金贷给私人企业家，让那些富有创业精神但又无法筹措足够资本的人建立自己的工厂，开办自己的事业。明治政府从来不曾试图控制投资总额或投资方向，因为那是私人企业家的事情。

明治政府这种对私人企业家"帮"而不"代"的传统基本上被战后的日本政府继承下来。战后，当许多国家的政府甩开膀子自己充当"企业家"的时候，日本政府却胸有成竹地采取了扶植私人企业家的"产业政策"。结果证明，日本政府扶植企业家的政策比其他国家政府自己充当"企业家"的政策更为有效，因为它对市场机制的破坏作用最小。

1. 作为企业扶植者和保护者的政府

市场经济之所以需要政府，一个原因在于企业家的经营活动需要政府的扶植和保护。企业家需要政府保护他们的产权，需要政府帮助建立一个维持公平竞争的法律制度和社会环境，需要政府出面抵挡外来的侵犯。尤其是对后起的发展中国家来说，当它们开始经济起飞时，它们的企业家资源不仅数量少而且力量弱，而这些弱小的企业家却面临着强大的工业国的竞争。这些强大的工业国有着充裕的资本、先进的技术，能生产成本低、质量高的产品，假若没有政府的扶植和帮助，落后国家的企业家队伍不仅难以发展壮大，甚至可能胎死腹中。

第二次世界大战使明治维新后日本企业家几十年努力的成果毁于一旦，日本重新沦为一个落后的发展中国家。日本新一代企业家肩负着重振经济的重任，但他们不仅面临着外国大资本的竞争威胁，而且严重缺乏经营大企业所需要的资本和技术。因此，他们对政府有一种强烈的要求，要求政府从政策上给予扶植和保护。为了换取扶植和保护，他们甚至愿意付出某种代价——接受政府的指导，如果这种指导不危害他们的根本利益，也适应企业家的要求的话。日本政府承担了它应承担的责任，一方面，通过税负减免、财政补贴、金融资助、行政指导等手段扶植企业发展；另一方面，又通过关税、外汇管制等手段使新兴产业不置于凶猛的外国资本虎口之下。日本的产业政策，实际上是扶植和保护民间企业的政策。

作为企业的扶植者和保护者，日本政府坚持的方针是：

（1）扶植为主，保护为辅。保护是一种消极的政策，扶植才是一种积极的政策。过度保护实际上是一种溺爱，它比自由放任更不利于企业的发展。日本政府能够较好地把扶植和保护结合起来，坚持以扶植为主、保护为辅，从而使日本企业能在短时间内告别幼儿时代。而一旦企业具有了独立发展的能力，政府就撤销保护，实行自由化政策。1960 年 6 月，日本政府公布了贸易自由化计划大纲，这个计划的目标是，将 1960 年 4 月实行的 40% 的自由化率提高到三年后的大约 80%（石油、煤炭为 90%），计划大纲还详细规定了每种产品的自由化指标。贸易自由化不仅没有使日本企业被外国企业打倒，反而使日本企业的国际竞争能力进一步增强。日本经济增长率最高的时期，也正是实施贸易自由化和资本自由化的时期。这是自由主义经济学家的胜利，也是日本政府保护主义的胜利。

（2）外部保护，内部竞争。经济学家几乎一致认为，保护政策将使企业失去提高技术和改进效率的压力，从而不是提高而是失去竞争力。美国政府对钢铁业和汽车业实行保护政策的后果证明经济学家是正确的。那么，为什么日本的情况会有所不同呢？主要原因在于，日本国内市场上存在着远比美国激烈的竞争，所以尽管存在着外部保护，企业仍未失去提高技术和改进效率的压力。因此，正如日本经济学家金森欠雄指出的那样：从日本的实际业绩评判，在国内企业之间竞争激烈而充满活力的时候，暂时限制进口，保护幼稚产业的政府，可以说对经济的发展是有利的。反过来说，在国内市场缺乏竞争或竞争不足的情况下，保护政策未必是一种合适的选择。

2. 作为企业间竞争维护者的政府与作为企业间合作推进者的政府

市场机制要有效地运行，不仅需要企业间的竞争，而且要有企业间的合作，一方面作为竞争的维护者，另一方面作为合作的推进者，这是市场经济下，政府所应扮演的一个重要角色。作为竞争的维护者，日本政府所做的主要工作是通过法律和政策防止不公平竞争行为的发生和垄断行为的出现。早在占领军时代，日本政府就仿效欧美国家颁布了《反垄断法》(1947)，并设立了"公平交易委员会"负责这项法律的实施。在几十年的经济发展中，这一委员会对维护日本市场的竞争秩序发挥了积极的作用。此外，日本还通过一系列政策措施来促进企业间的竞争。日本政府有关中小企业扶植政策的一个目的就是防止大企业对中小企业的不公平对待。

在市场经济下，如果说企业间的竞争还比较容易展开，那么，竞争者之间的合作则不是一件很容易的事情。这是因为，无论竞争，还是合作，企业都是从自身利益出发的；有利益差别，就会有竞争，但合作却要以对共同利益的认识为前提；如果没有这种"共识"，合作就无从谈起，而由于竞争造成的敌对心理，企业间要达成"共识"常常需要一个很长的过程。在很多情况下，企业之间的利益冲突与其说是实际上的，不如说是认识上的。因此，正如自由恋爱者有时也需要媒人一样，企业间的自愿合作有时也需要中间人的协调。在推进企业合作方面，日本政府成功地发挥了一个中间人的作用，这是值得称道的。通产省是日本政府机构中执行这一机能的核心机构。通产省官员反复强调通产省是"中间人""协调者"，而不是"领导者"。这是通产省功能的真实写照。作为"中间人"和"协调者"，通产省不是靠行政命令强迫企业组织起来，而是通过劝说和协商的方式推动企业达成"共识"，在"共识"的基础上自愿合作。通产省的产业政策之所以能得到企业界的支持，一个原因在于政策是企业间利益协调的结果。通产省没有权力命令一部分企业为另一部企业的利益做出牺牲，尽管在某些情况下，它可以从政策上对利益受到损害的企业予以补偿以换取对某项政策的支持；企业界有时求助于通产省解决它们之间的纠纷，是基于对它的信赖，而不是畏惧于它的权威；如果政策过分偏袒于某一部分企业，通产省就会失去企业界的信赖，所制定的政策也就会由于部分企业的抵制而失去效力。作为"中间人"，通产省为企业发表各自的意见提供机会；在各方意见不一致的情况下，通产省说服各方意见一致为止。在达成共识之前，通产省不会采取任何行动。通产省也不用投票的方式来解决问题，因为他们"不想以多数人的立场来迫使少数人接受"。从这个意义上讲，通产省更像一个交易所，而不是政府机构。在经过反复协商之后，如果各方意见仍不得一致，通产省通常就放弃自己的努力，让企业自行其是。1978年通产省试图重新调整开口平炉的钢铁生产时，就遭遇过这种情况，当时，由于大的钢铁公司拒绝合作从而使"关闭工厂"的协议未能达成，小厂商就自己组织了卡特尔，并且因此受惠。这样的例子可以举出很多。正因为如此，一项政策的制定往往要两三年的时间，但一旦政策出炉，就意味着协调工作已经解决。当然，通产省之所以能扮演一个成功的中间人角色，一个原因在于大量的协调工作是由企业通过中间组织自身来完成的，通产省的协调工作是在企业界协调基础上进行的。正如一位通产省官员所说的："共识要由参加竞争的厂商和大众共同达成，通产省只是推进这一共识过程，并使决策的进行更顺利而已。"

竞争秩序与企业间的合作往往是存在矛盾的（从1954年到1979年的25年间，日本公平交易委员会发现企业间的合作曾269次违反了《反托拉斯法》），所以，政府事实上也在扮演着一个自相矛盾的角色。在日本政府内部，以维护竞争秩序为主要任务的公平交易委员会与以推进企业合作为主要任务的通产省之间的矛盾一直存在，尽管冲突最激烈的是20世纪60年代。但是，日本政府能够比较好地把维护竞争与推进合作结合起来，使日本企业既没有失去竞争的效率，又没有失去合作的优势。日本企业由垄断导致的X非效率现象比其他国家少，而日本企业间合作的成功又比其他国家多。这个经验是值得重视的。

3. 作为信息生产者的政府

　　政府作为生产者，除了供应一般说的公共物品之外，也许最值得供应的一类物品就是企业家决策所需要的信息。在所有具有规模经济的产业中，也许信息产业是最具有规模经济的产业，信息产品比其他许多产品也更具有非排他性的特点（当然并不总是如此）。政府部门有庞大的遍布各地的官僚机构，由它来收集和传递信息，不仅容量大，而且成本也低。此外，许多有关国民经济的宏观统计资料是由政府部门掌握的，这些资料是私人信息公司无法提供的（当然可以设想，由私人公司对政府承包收集统计资料也许更有效）。如果政府不能有效地向私人企业家提供信息，就是政府的渎职。经济学家主张政府制定经济计划的一个理由，是私人企业家只掌握微观信息不掌握宏观信息，无法把握经济活动的总态势，从而无法做出正确的远期决策。如果经济学家的理由是对的，那么正确的做法就是政府应该尽可能地向私人企业家提供决策所依据的宏观信息，而不是直接代替企业家做决策。如果政府把宏观信息垄断在自己手里，它就没有理由责备企业家缺乏宏观头脑。日本政府是日本最大的信息"公司"，它不仅向企业提供有关国内外经济发展一般态势的信息，而且提供一些专业性很强的技术性资料。在日本的政府部门，几乎找不到一本印着"机密"字样的统计资料。政府官员认为向社会公开统计资料，是他们的义务。日本政府诸如大使馆这样一些驻外机构，同时也是经济技术情报机构，它们不仅广泛收集有关各国的政策和法律信息，尤其是那些可能对日本经济产生影响的信息，而且收集有实用价值的商业情报。更重要的是，它们收集到的情报最终不是锁在政府的保险柜里，而是送到有关企业手中。日本企业能走向世界市场，一定程度上得益于政府提供的信息服务。日本贸易振兴会可以说是日本政府的一个专业外贸信息公司，它的主要任务之一是为出口企业收集和提供国外市场情报。日本政府制定经济发展计划，与其说是对企业的指导，不如说是对企业的信息服务。拟订计划的目的，不在于告诉企业该干什么，而在于"搜集其他先进国家经济结构的变化趋势，资本与有限劳动力的活动情况，像美利坚合众国那样顺利发展的经验，能够取得哪些国家未来的生产模式等资料，然后参照这些资料，启发民间产业去考虑哪些问题"（诺曼·马克雷著《日本已经崛起》）。因此，重要的不是计划指标的准确性，而是计划所包含的信息量。即使最不相信计划的企业家，也把它当作一个"有用的参考"。

当然，信息作为一种产业，并不是非由政府经营不可。事实上，日本企业家决策所依据的绝大部分信息都是自己收集的，或是由专业的信息公司提供的。但是，如果政府收集信息的目的不是为了垄断信息，而是为了向民间企业提供信息，这样的政府活动对市场机制的运行是有利的。

以上，我们从政府与企业家关系的角度就日本政府的几个职能做了分析，当然政府作为市场体系的一个组成部分，它的职能也不限于这些，但这些职能却是非常重要而又常常被经济学家忽视的。这些职能也不是日本政府特有的，而是市场经济国家的政府共同具有的，尽管各国政府发挥这些职能的程度和形式并不相同。日本经验给我们的启示是：最有利于经济成长的政府，是"帮助"企业家的政府，而不是"代替"企业家的政府。对政府来说，最重要的任务是为企业的生存和发展创造一个良好的社会环境，与企业家建立一种友好的伙伴关系，尽量减少企业家的投资风险，帮助企业家筹措资金、开拓市场，同时在企业家力所不及的地方填补空缺，而不是自己直接充当"企业家"，组织生产，从事投资活动。即使在某些情况下政府不得不开办工厂，但一旦工厂建成，就应该让位于企业家经营。日本政府把自己的工作局限于"帮助"企业家，当企业家的"助手"，所以它取得了成功。相反，像印度等发展中国家和二战后英、法等国政府越俎代庖，直接充当"企业家"，所以尽管它们的目标令人敬佩，成绩却让人沮丧。

三、企业对政府：强硬的约束

在日本考察期间，我们一直在思考着这样一个问题：为什么日本政府对经济活动的积极作用能够较好地发挥，而它对市场机制的破坏又能得到有效节制？我们列出了好几条理由，这些理由涉及日本的政治体制、新闻自由、政府官员的个人素质，乃至日本的文化传统等方面。但最使我们信服的理由是日本企业制度——企业属于民间所有，而不是政府所有。正是这种企业制度形成了对政府行为的强硬约束，使它在参与经济活动中能适可而止，不至于形成对市场机制的过分破坏。

日本的体制被西方学者称为"官民协调"体制。依我们的理解，所谓官民协调，就是民（民间企业）对官（政府）之需求与官对民之供给的一种均衡。官民协调的基础是民（企业）。没有民，"官民协调"何来？ 日本企业与政府之间的关系有点类似市场上顾客与商店老板的关系。如果说顾客是老板的"皇帝"，那企业也就是政府的"皇帝"。

当商店老板不能为顾客提供价廉物美的商品时，他就有破产的危险。同样，如果政府不能很好地为企业服务，它也就失去了存在的价值。当然，与市场上的老板不同的是，政府并没有自己的竞争对手，但政府是由政治家领导的，政治家却有自己的竞争对手。政治家的竞选经费不是来自财政预算，而是来自企业募捐，最有希望当选的政治家也就是最能为企业服务的政治家。当然，在这里，企业与公众之间也存在着一种交易，这种交易是企业换取政府服务必须支付的一种价格。

我们反复强调过，日本的产业政策是通过政府与企业界之间的协商做出的，但协商并不是政府官员的偏好，毋宁说，对政府官员来说，最省事的办法是命令而不是协商。但是，在日本的企业制度下，政府在经营活动方面并不具有对企业的命令权；任何一项政策，如果不能得到企业界的赞同，就只能是一纸空文。如果政府的政策触怒了企业界，那主持制定这项政策的官员也就可能威信扫地。日本政府官员退休后有一种"下凡"到企业工作的惯例，在政府工作期间若没有做出有利于企业的事情，退休后就被企业认为是"不受欢迎的人"。这种潜在的制约迫使政府部门在提出任何一项政策之前，都不能不首先考虑这项政策是否会得到企业界的认同，这就产生了协商制度。相反，在国营企业制度下，政府与企业间就不需要这样的协商（当然有其他形式的协商）。事实上，在日本，确实有一些官员为他们不能对民间企业发布命令感到遗憾，他们很羡慕国有经济制度下的政府官员。

政府行为是需要监督的。但监督首先要有监督的动力，因为监督要花费成本，如果从监督中获得的收益不能抵偿这种成本，人们就不会有监督的刺激。民间企业与国营企业相比，一方面，由于前者的经理不由政府任命，从而监督成本比后者少得多；另一方面，由于监督的收益归企业所有而不是归全民所有，这就使刺激监督的收益边际线大大降低。这也是民间企业比国营企业对政府行为更具有监督动力的原因所在。

当然，这并不是说在民间企业制度下，政府的政策总是符合企业利益的。如同企业家追求自己的利益一样，政府官员的目标也是追求自身利益的最大化。企业家有施行监督的动力，政府官员则有逃避监督的动力，因为成功的逃避意味着交易中取得的一种便宜，对追求权力的政府官员来说，这是求之不得的事情。因此，政府官员总是企图提高监督成本，以扩大自己的权力范围。从日本的情况来看，政府官员滥用权力把自己的意志强加于企业的事情也时有发生。

民间企业制度并不能保证政府不做出错误的政策，但它能使错误政策的作用程度受到有效节制。从日本的情况来看，政府政策的效应是不对称的。如果一种政策是好的，符合经济规律和企业利益，它就能发挥积极的作用。相反，如果一种政策是坏的，不符合经济规律和企业利益，它就会受到企业的自动抵制，从而难以发挥作用。在日本的产业政策史上，这样的例子举不胜举。可以说，在日本，当政府与企业发生冲突的时候，取得最后胜利的通常是企业，而不是政府。企业对政府行为的约束不仅发生在政策制定之前，而且发生在政策实施之中。假使日本政府的所有政策（不论好坏）都能像好的政策那样得到贯彻执行，那日本经济就绝不会取得如此成功。

民间企业制度还可以补救政府对市场机制的扭曲，当然这种扭曲不会过于严重。在高速增长时期，日本政府实行低利率政策，但日本低利率政策并没有像许多发展中国家的低利率政策那样导致资金使用的浪费，其原因在于日本银行的主体由民间拥有而不是政府拥有。资本的交易与一般商品的交易不同，利率只是许多交易条件中的一个。当利率调整受到限制时，银行就从自身利益出发，通过其他交易条件（如投资风险、贷款期限、信誉等）的调整来选择投资方向。事实上，在高速增长时期，商业银行对企业贷款的名义利率与实际利率是不一样的，实际利率基本是由金融市场的供求关系决定的。原因在于，当企业向银行贷款时，银行要求企业将贷款一部分继续留存银行作为补偿平衡资金，存留比例根据不同的企业情况和金融市场的供求情况来确定，资金短缺严重时就高些，反之就低些；由于存款利率低于贷款利率，从而使企业实际支付的利率高于名义利率。比如说，如果贷款的名义利率为 6%，存款利率为 4%，存留比例为 0.5，那么，实际贷款利率就为 8%。这个例子再次证明，考斯定理是一个多么伟大的真理。

中国的崛起离不开中国政府的转型

　　我们现在碰到一些非常有意思的现象。我们在参加一些国际会议的时候，讨论最热烈的问题可能就是中国的经济，但是我很少看到中国的企业家、中国的学者在这个会议上出现。我们走到全世界看到中国制造的产品到处都是，但是很少有来自中国品牌的产品。最近，我们又看到人民币与美元的汇率成为热门话题，但如果我们到全世界看一下，看一些新闻媒体，我们看不到人民币和外币的价格表，究竟人民币是重要还是不重要，这是一个非常大的困惑。

　　在过去的 25 年里面，中国的经济有了非常快速的发展，我想中国的崛起，不仅仅是中国经济的崛起，中国的崛起至少应该包含着三层意思：第一层是中国经济的崛起，第二层是中国企业、中国企业家的崛起，第三层是中国文化的崛起。就目前来讲，应该说中国经济的

＊　本文根据作者在"2004 年观察家论坛"上的发言整理而成，曾收入《通往市场之路》 书。

崛起远远快于中国企业家的崛起，中国企业家的崛起又远远快于中华文化在世界上的崛起。在未来，像刚才胡祖六先生展望的，在 2050 年的时候，中国经济超过美国的经济，如果中国的文化在世界上没有地位，我想我们仍然不能认为我们是一个真正的屹立在世界上的强大的国家。当然，文化的崛起有漫漫的遥远的道路要走。我们有必要回顾一下过去 100 多年里，我们究竟干了一些什么事情。我们必须承认我们干了很多事情，毁坏了中国的传统文化，我们今天面临的好多困惑都可以在这里找到答案。我们现在要重振中华文化，有很多艰难的问题需要解决。

回过头来看，为什么中国经济的崛起远远快于中国企业家的崛起？应该说，我们现在制造业出口的 50% 的产品都是外国企业在帮我们出口，我们还很难说出来，有哪些中国企业、哪些中国企业家在国际上拥有一种受人尊重的地位，而印度经济虽然不发达，但是它的企业家在国际上的地位远远比我们高。此外，中国的经济没有受到普遍的好评，我们的民营企业没有站在中国经济的制高点，我们的国有企业仍然站在制高点，但是它站在制高点上不断往下衰落。为什么会形成这种状态？我想与我们政府的行为、政府运转的模式有很大的关系。所以，我在这里简要地说一下，在我看来中国政府的转型、转轨需要注意的几个方面。

第一个方面，我们的政府怎么能够从一个全能型的政府转变到一个有限政府？我们现在的政府仍然管得太多。过去几年里面，中央政府到地方政府都在精简行政审批，我们仔细看一下，好多行政审批在另外的机制下又得到了保持，一些政府部门实行所谓的减少审批数量，但真正含金量高的审批并没有放弃。

第二个方面，我们如何从一个离线的政府转变为一个在线的政府？这个要求助于我们现在的网络技术。我这次去诺贝尔周的时候参加了思科公共管理论坛的高层峰会，这个会上我得到一个非常重要的消息，各国政府都在加强电子政务，提高政府的效率，提高政府的工作质量，世界上不少国家政府已经在电子政务的第三、第四阶段，真正提供服务，而中国大部分政府仍然还在第一阶段，也就是怎么把信息放到网上，怎么把政府的文件、政府领导人的活动、领导人的讲话放到网上，而很少为老百姓服务。

第三个方面，政府怎么从一个地区性的垄断者转变为一个全球性的竞争者？在长期的封闭的经济当中，我们看到政府只是作为一个垄断者，因为没有人跟它竞争。在全球化背景下，我们政府面临一个很大的观念转变，即不再是一个垄断者，因为人才在流动，资本在流动，在全球化过程当中，政府也是许多竞争者之一，有美国政府的竞争，有英国政府的竞争，等等。这就要求我们政府真正把心态调整过来，真正从一个竞争者的角度去提高政府在国际上的竞争力。

第四个方面，非常重要的一点，政府如何从一个游戏规则的制定者转变成为一个游戏规则的执行者？在过去，我们政府只是制定规则，我们并不习惯于遵守规则。现在在全球化进程下，政府不仅仅是制定规则，更重要的是遵守规则。我们看一下最简单的事例，就可以看到，在中国最不遵守规则的恰恰是制定规则的部门，比如交通规则，我们知道大街上最不守交通规则的是什么车，就是警车、军车，还有政府部门的车。看来，目前政府官员脑子里想的不一定都是为老百姓的。其实我们应该看到，一个法治的国家，大部分规则是为政府制定的，就是为了防止政府滥用职权。我在不同场合曾经讲过，为什么法律面前要人人平等。其实法律面前人人平等，无论从效率的角度、公平的角度都是不对的，我们之所以需要法律面前人人平等，是为了限制执法者滥用权力。如果一个人犯了错误，我们最好针对不同的人采取不同的措施，好比这个人身体好，可能需要打四十板，身体不好就打二十板，如果都打四十板，身体不好的可能被打死了，身体好的还没有事，这就不公平。本来应该打四十板的，如果给他贿赂一下，说他身体不好，可能变成了打二十板或者不打，这样就会引起一大堆的滥用法律职权的问题，所以我们才要求法律面前人人平等。

第五个方面，政府如何从社会的控制者转变成一个社会的服务提供者？在这里面我要特别强调一点，就是有关信息的问题。政府好多部门拥有大量的信息，这些信息本来是为社会服务的，应该无偿地或者适当收费地提供给企业，提供给研究人员，提供给老百姓，但是我们好多的政府部门把这些信息垄断起来。我们知道在现代社会，信息就是权力，垄断了信息就是垄断了权力，所以它不愿意把这些信息提供给企业，提供给老百姓。这需要做一个很大的转变。

第六个方面，如何使我们的政府从一个自我中心的政府转变为客户导向的政府？政府应该把老百姓看作客户，就像企业把客户看作上帝一样，以客户为导向，以老百姓的需要为导向。这样，政府就不能够说干什么事情要看政府怎么方便，而应该看老百姓怎么方便。我们应该在政府管理当中引入 CRM，就是客户关系管理。例如，看一下政府的网站的设计，是不是真正地以客户的需要为导向。在国外，现在好多政府网站一进去，你是本地市民你就点击进入本地市民版块，你是旅游者你就进入旅游者版块，根据客户不同的特点，然后一步一步引导，你需要什么服务它就提供给你什么服务。我们所有网站都不是这样，而是完全根据政府本身的方便，这是计委，这是人事局，这些都是很落后的。我们国家政府与居民的关系正在发生着一些根本变化，这个变化是由好多因素造成的，其中一个重要的因素就是税收制度的变化。在计划经济下，我们知道政府是不向个人收税的，政府从国有企业拿到利润，然后给我们发工资，所以我们在脑子里面有一个概念，我们拿到的每一分钱都是政府支付给我们的，所以每次涨工资，我们都要表示我们的感激之情。现在不一样了，现在政府开始征税，尽管我们有一些人不太习惯政府征税，也不一定喜欢交税，但是政府征税是一个非常重要的事，对改善政府的服务非常重要。因为当我们交税的时候，每个老百姓的公民意识就会提高，我们自然就会要求，既然你征我的税，你就应该提供足够好的服务。举一个例子，到一个朋友家吃饭，即使饭菜很糟糕，你不会批评的，你还会说非常谢谢你，你的菜非常的可口、非常好。但是如果去一个饭馆吃饭的话，饭菜不好，你会抱怨，这个饭菜太糟糕了。这就是过去政府和老百姓的关系与现在政府和老百姓之间关系的差异。过去我们看起来政府像在请吃饭，实际上是拿我们的钱请我们吃饭，但是我们没有意识到，所以还要谢谢。而现在，政府怎么服务好老百姓，就变成一个非常重要的问题。否则的话，我想社会民众就会有好多不满。

如果真正做好这六个方面，我想中国经济就会有一个发展，中国就会真正崛起世界级的企业，真正崛起世界级的企业家。

医疗体制的问题主要出在政府垄断

　　最近有关医疗体制改革的争论非常多，有一种非常流行的说法：现在医疗体制中存在的问题应该归咎于市场化改革。在我看来，这种看法是没有根据的。大家总讲"看病难""看病贵"，其实在一个真正的市场中，"难"和"贵"是不可能同时存在的。市场化可能带来"看病贵"，但是不会带来"看病难"；如果看病又贵又难，那只能说明我们没有真正地按照市场去做。

　　这样说，并不是主张医疗服务都要通过市场来做。但如果将医疗体制中存在的问题全部归咎为市场化改革的话，不仅归错了原因，而且会使下一步的医疗体制改革迷失方向，对我们未来的改革也没有好处。市场最重要的一方面就是自由竞争。改革开放以来，医疗市场基

＊　本文根据作者于 2006 年 3 月 10 日在北京大学光华管理学院卫生经济与管理系举办的"国家药品集中招标与采购政策研讨会"上的发言整理，发表于《健康报》2006 年 3 月 16 日，曾收入《通往市场之路》一书。

本上是国家垄断。市场的第二个要素就是价格自由，但是医疗服务没有价格自由，特别是医务人员的工资报酬制度完全不是按照市场来做，医务人员也不具有充分的流动性。

我们现在医疗体制中存在的这些问题，最根本的原因是什么呢？简单地说，就是政府对医疗的垄断，政府本身做不好，也不让别人做，就导致了严重的医疗供给不足。按理说，社会对医疗服务的需求增长一定高于经济增长，但中国医疗服务供给的增长远低于人均收入的增长。举个简单的数字，1978 年到 2004 年国家的 GDP 增长了近十倍，而医院的床位数只增加了 60%。政府垄断导致整个中国的医疗服务严重供给不足，不仅诱发了医疗费用的超常增长，而且导致了现在形形色色的其他问题。

未来的医疗体制改革，可以简单地用两个问题来概括，第一个问题，设想要达到一种给定的医疗服务，那什么是成本最低的办法？第二个问题，如果我们知道对每一种给定的医疗服务，什么是成本最低的办法，那么按照国家的经济实力水平，我们应该达到什么样的医疗服务水平？在政策设计过程当中，有两个因素要考虑：一个是参与约束，一个是激励相容约束。我们设计的任何体制，如果不满足所有当事人的激励相容原则，肯定不能起到实际效果。

医疗体制改革要解决的一个非常重要的问题是：医生究竟是谁的代理人？他们是政府的代理人、药厂的代理人，还是患者的代理人？在过去的医疗体制下，医生是政府的代理人，在改革过程当中，很多医生成为药厂的代理人，而不是患者的代理人。我认为在一个健康的医疗市场下，医生应该是患者的代理人，应该是站在患者的角度，为患者提供服务，然后再处理与其他方面的关系。

此外，为了医疗体制改革，必须开放医院的进入权，我们现在所讲的公立医院、私立医院、营利性医院、非营利性医院，也就有四种可能性，一种是公立非营利性医院，第二种是公立营利性医院，第三种是私立营利性医院，第四种是私立非营利性医院。可能以后中国的相当一部分医疗服务仍然要政府的公立医院来提供，但是要留出一定的空间让私立医院存在。所以，我觉得最关键的是开放医院市场，允许非国有的、私人的资本甚至外资进入办医院。以美国目前来看，非营利性机构在整个 GDP 占 5%，但是，60% 的社区医院都是非营利性的，它们提供了 70% 的床位数，为 70% 的住院患者提供了服务，另外提供了30% 的护理服务。这些可以供我们参考。政府有责任办医院，有义务提供基本的医保，但是政府没有权力限制私人和其他机构办医院。

如果真正允许私人的机构、公司办医院的话，我觉得还可以解决一个很重要的转移支付问题：高收入阶层选择在私立医院就医，费用通过商业保险支付，省下来的钱可以用于低收入人群。其实，医疗收费自古就有收入再分配的功能，过去乡村的郎中给富人看病收费高，给穷人看病收费低甚至不收费。但如果继续由政府垄断医院的话，这个问题是没有办法解决的。很多国家的经验已经证明，普遍性的政府补助对富人更有利。政府舍不得让富人多付费，就没有办法帮助穷人。中国现在的情况就是这样，不仅医疗是这样，教育也是这样。我们以为是为穷人，实际上是补贴了富人。让高收入阶层通过付钱从而节省自己获得医疗服务的时间，实际上也是一个双赢的选择。

我还要强调一点，无论是公立性医院还是私立性医院，无论是营利性医院还是非营利性医院，医院的服务人员都有权利以合法的形式得到合理的报酬。现在我们经常将医务人员收"红包"归结为道德问题，这是不太恰当的。医务人员与我们所有人一样，都有理由以合法的形式拿到合理的报酬。如果不能以合法的形式得到合理的报酬，就会导致不合法的报酬，包括回扣、"红包"等等，最后污染了整个医疗队伍。如果医务人员能够拿到合理的报酬，就可以解决医务人员成为药厂代理人的问题，使得医务人员真正成为患者的代理人。

此外还要解决的一个问题是医疗价格的扭曲。治疗的价格压得太低，迫使医院不得不在药品方面寻求补偿，即"以药补医"。这个问题必须解决，否则没有办法解决医院和药厂勾结起来欺骗患者的问题。

总之，我要强调的是政府有责任办医院，但是没有权力阻止私人和其他机构办医院；政府有义务为医疗服务花钱，但不可以扭曲价格；医务人员有责任遵守职业道德，但也有权利以合法的形式获得合理的报酬。我还要特别强调，政府有关部门要在深思熟虑之后再出台一些政策，不要头痛医头，脚痛医脚，乱出一些没有办法实施的政策。

假如把月亮交给一位农村老太太

　　改革几十年来我们最大的成就是什么？我认为，最大的成就就是什么事都有人想，什么人都有事想。过去我们的体制是计划体制中央集权，所有人都围绕着中央转，靠中央想办法；现在情况发生了很大变化，好多地方、企业、个人都在想办法，思考问题、解决问题，而不是依靠上面。中国体制的变化比我们这些在北京的人想的要大得多。最近，有一个英国大使馆的一等秘书访问我："你们国家将来究竟怎么样？"我说，看一个国家有没有希望有两点，第一点是看这个国家的政府是不是给人民赚钱的自由，第二点是看这个国家的人民是不是不赚钱就不能活。英国在撒切尔政府之前有第一点没有第二点，不赚钱也能活，所以就没有希望。中国改革前，这两点都缺乏，现在赚钱的

＊　本文是作者 1996 年在国家体改研究会一次座谈会上的发言，曾收入《产权、政府与信誉》一书。

自由有了，不赚钱就没法活的压力也有了，这种变化非常重要，有利于调动人的积极性，建立有效率的体制。我认为看一个体制是不是好体制，不是看这个体制下有没有小偷，而是看这个体制中的人有没有防止小偷的积极性。现在的体制每个人都有东西需要保护，就有了防止小偷的积极性，就有了创造体制的需要，我们的体制就是这样创造出来的。

从某种意义上讲，十几年改革有的是歪打正着。有些我们当初认为是很好的政策，后来被认为是不好的，而我们当初认为很糟的政策后来证明是好的。很多具体的事与我们原来想象的不一样，这就说明我们的认识是有限的。举一个例子：财政分灶吃饭、包干制的改革，曾受到很多经济学家的批评。我认为这是过去单项改革政策中对中国影响最大的，传统的计划体制就是被这项政策打破的。原来国家计委可以把内蒙的羊毛调到上海，把山西的煤调到上海，包干后，再平调地方就不干了。不干了怎么办？建立协作部进行串调，串调是我们现代市场的第一个形式。国家给定的计划形式上不能违背，串换可以解决计划价格与市场交易的矛盾。串换按照计划价格与市场价格的差价的比例来进行。上海给山西一辆桑塔纳，山西给上海十吨煤；上海要从其他地方拿到计委分配的煤炭、羊毛，就拿出桑塔纳、自行车来，这样就把计划体制打破了。

当然，歪打正着也是有其内在的逻辑的。大家说的体制上要宏观突破、微观突破，我认为无所谓突破不突破，每天人家都在那儿干，就是在突破。企业制度改革，各地五花八门，人家认为有效的那就是有效的。我认为中国的体制改革走到这一步有其内在的不断向前发展下去的力量，悲观是没有必要的。过去有一句话是"年年难过年年过，年年过得还不错"，改革十多年我们就是这样走过来的。

对于腐败问题，我做了一些理论分析。改革之前我们的体制同样受腐败侵蚀，腐败并不是改革之后的产物。我曾经在数学上严格证明，在公有制下，官员索取剩余可能是一个帕累托改进，因为它有利于降低监督成本，调动官员的积极性。当然腐败的负面影响很多，我们必须反腐败。经济学上讲的公共产品的腐败是要坚决管住，但是现在政府管的大量是本该由市场管的，经济学上称为私人产品。如果腐败不能从体制上根治，那么私人产品腐败的存在，对社会、经济发展来说即使不是最好的，也是次优的。所以，反腐败的力度要把握适当。如果力度把握得不适当，间接带来的负面效应也非常大。我不是为腐败辩护，彻底解决腐败问题要在体制上治本，如果不能治本而是治标的话，效果是不会好的。举一个例子，消防队要求工厂必须添置消防器材，而消防器材只能到消防队购买，消防器材从 10 万到 30 万之间有好几种价格，如果给消防队送了贿赂，买消防器材就可以少花很多钱。治标性的反腐败就是检查谁收取了贿赂，治本性的反腐败就是允许多建几支消防队，相互竞争，哪个消防队收费低，哪个消防队就能生存，这样贿赂费用自然就降低了。同样，一个国家政府垄断产业进入权，什么都要由一个部门审批，腐败就严重；如果允许自由进入，腐败就少。因此，治标性的反腐败要非常适度，同时要加快治本性反腐败的步伐。

关于国有企业改革问题的几点看法

第一，现在提出的"抓大放小"的改革思路，我非常赞成。过去几年国有企业改革进展很快，实际产权已经被转移了，但是由于意识形态的原因，我们在法律上不承认。这种不承认在经济上称为"产权非安全"。非安全的产权，短期行为就非常多。现在"抓大放小"类似皇帝选妃子，选妃子要划范围，范围之外的老百姓自己结婚去，皇帝就管不着了。我们过去的体制，在某种意义上可以说，所有的国营企业都是妃子，几十年的情况证明，她们的生育能力很低。现在国家重点抓好一千家大企业，有利于这一千家大企业的发展，而放开的小企业也有了自由发展的机会，生育能力会大大提高。有些经济学家说得好，"抓大放小"最重要、最有意义的不是"抓大"，而是"放小"。

第二，国有企业产权问题。"国有企业的产权是很清楚的"，这句话在某种意义上讲是对的。为什么呢？因为从理论上分析，经济学中的产权涉及两个层次的问题，而我们经常把两个问题搅在一起。第一个问题，产权本身是不是重要？对此经济学家当中几乎没有分歧，产权是重要的。第二个，谁拥有产权最有效？对这个问题经济学家有分歧。近二十年来的研究主要集中在这个问题上。科斯定理讲，如果交易成本为零，产权是不重要的。这里讲的不重要是指谁拥有产权不重要，但其前提是有人拥有产权且交易成本为零。从这个意义上讲，国有资产的产权是清楚的。但是这样的产权安排本身是没有效率的。举一个例子，如果我们将月亮的所有权归给农村的一个老太太，这个产权是清楚的，但没有效率，美国人随便就飞到月亮上去了，这个老太太管得了吗？因此要把这两个问题分开，一是肯定有人拥有产权最重要；二是谁拥有它更有效。从第二个问题出发，可以澄清一些问题。我们之所以要进行产权改革，并不是因为产权不清楚，而是因为现存的安排没有效率。

第三，国有资产管理方式问题。我们这几年的改革，是"马背上画白道道以得斑马"的改革思路，即国有控股公司的思路。这个思路在理论上不能解决现存的问题。其一，不能保证有经营才能的人当选为经营者。因为有权选经营者的人不承担谁担当经营者的后果，因而不可能有积极性选择好的经营者。其二，不能解决政企分开的问题。我们总认为政企分开就是成立国有资产管理公司，其实政企不分家是指作为资产的所有者对企业不负责任、任意干涉。拥有企业控制权的股东与董事会和经理人员之间的权力划分是有很大模糊性的。譬如说，公司法和公司章程说董事会只管重大决策，但什么是"重大决策"并无明确界线。西方市场经济解决这个问题是靠默契。我让你经营我的企业，我信得过你，根本不管你，但如果你不能给我一个满意的回报，我就要干预。而政府作为所有者很难有这样的默契，不是过分干预就是内部人控制，即内部人与国家派去的监事、董事合谋形成内部人控制。其三，国有资产控股不能解决国有资产增值问题。作为股东，国家拿的是剩余，但是国家没有能力监督企业剩余到底是多少，同时监督人也没有真正的积极性去监督企业剩余是多少，企业说多少就是多少。按严格的会计制度来讲企业的盈利可能是很高的，但是报给国家的却可以是没有，因为没有办法监督。所以，对建立国有资产管理公司的思路要认真思考。我认为国有资产管理体制改革不要过多谈国家的控股权，可以考虑将国家资产变成一种债权。变成债权后，一般情况下，政府无权干涉企业，企业付给国家利息。这个问题又涉及国有企业债务重组的问题。债务重组说到底是所有制改革。现在我们国家的企业负债率在70%～80%，有的有100%。这么高的负债率，究其原因，我认为是金融体制没有真正改革。老百姓的钱存在银行，银行再贷给企业，老百姓的钱在银行增加一分，贷款就增加一分。直接融资不通，就变成债务融资。如果想解决国有企业负债率过高的问题，最关键的是要放开金融市场。如果老百姓存在银行的2万多亿中的20%或30%变成直接融资，企业就有了所有者权益，那么企业资产负债表的右边就变得比较合理了。不这样从体制上改革根本解决不了问题，只是头痛医头，脚痛医脚，今年负债率由80%降到70%，明年又涨上去了，使负债率不断复归。我认为金融体制的改革应该与债务重组联系起来，与整个国有资产体制改革联系起来。

第四，国有企业改革，过去总是着眼于国家与企业的关系，认为国有企业改革与非国有企业不沾边。我现在提出一个问题，如何利用非国有企业改造国有企业，及如何利用国有企业的改革发展非国有企业。过去非国有企业是在国有企业的边缘地带发展的，现在已经壮大。20世纪80年代我们谈到国有企业改革时曾经提出过这样的问题：谁有那么多的钱买得起、改造得起国有企业？现在有好多的非国有企业有这个能力了，利用非国有企业帮助国有企业改革，现在是大好时机。同时，发展非国有企业靠过去的原始积累太慢，现在的问题是如何利用国有企业改革促进这个进程。我认为可以允许第三者插足，允许第三者带走一些。就是说，允许非国有企业以股份的形式投入、兼并或买下国有企业。在此，有必要强调所谓公有资产流失的问题。对这个概念要进行具体分析，现在讲的"流失"有欠准确，有些实际上是保护国有资产的办法被称为"流失"。打个比方，某企业2元钱进的西瓜，放了半个月没有人要，有人提出1元钱买，结果1元钱卖出去了。有人马上就说，你看2元钱的东西你卖了1元钱，公有资产流失了。他没有看到瓜再放半个月一分钱也卖不了。公有资产好比这个西瓜，1元钱卖出去是保护了公有资产。最近我去上海的产权交易所，看到那里的情况很有感触，这种产权交易最有利于保护公有资产。还有一种情况是，如某企业原来资产总值50万元，有人花70万元买走了，由于经营好资产增值到100万元。又有人说，你看，100万元的东西你怎么70万元就卖了？实际上国家是净赚20万。买卖做得成不成，是看卖的人与买的人的评价是否有差距，卖的人比买的人评价低，交易就可以成功，而不在于实际的价值是多少。别人的评价比你高，你就应该卖掉。

第五，国有企业改革中的社会保障问题。现在各级地方政府都在搞社会保险、养老保险。养老保险究竟有没有必要由政府出面搞？我们每个人都知道自己要退休、需要养老，养儿就是一种养老。国家搞的所谓退休保险，究竟效益如何？我怀疑是雇了一只狼来看羊，听说管理费就要30%，1元钱拿走0.3元，剩下0.7元，这个债务政府要背，最后政府背不动时就要财政出钱，财政拿不出来就会变成社会危机。现在一讲到社会保障问题，好像就应该政府解决，这个思路还停留在西方的五六十年代。最好是让老百姓自己选择。

小问题？大问题？

这两年我在研究中国经济中出现的一些小问题，但小问题叠加起来，可以看出体制方面的大问题，令人不安。

一、重复建设和兼并困难问题

重复建设问题在中国很严重，根源何在？流行的说法是，计划经济放开以后，各部门、各地方都追求各自的利益，导致重复建设。

问题是，西方企业追求的都是自己的利益，为什么重复建设没有我们这么严重？我的研究表明，重复建设归根结底与国有产权制度有关。办任何企业都有两种收益，一种是货币收益，另一种是控制权

---

*　本文根据作者在北京大学中国经济研究中心 1999 年 12 月举办的一次研讨会上的发言整理而成，曾收入《产权、政府与信誉》一书。

收益。前者可以理解为通常讲的利润，后者包括指挥下属带来的心理满足感、当经理的社会地位、在职消费、将企业资源转移到能给个人带来其他好处的用途等所有难以用货币度量的个人收益。在国有企业中，经理和政府官员只能得到控制权收益，却没有合法的货币收益。为了追求控制权收益就必须多办企业，进行重复建设。比如说，假如全国只需要建 5 个汽车制造厂，但五个汽车制造厂只能安排 5 个总经理，如果建 500 个汽车制造厂，就可以安排 500 个总经理。于是，官员和国有企业有不断建设新厂的内在冲动。500 个汽车制造厂可能会使整个行业的货币收益变成负的，企业亏损，但这是由全国人民承担的，与政府官员和经理关系不大。如果政府官员和经理们持有企业股票，他们就不会搞那么多重复建设了。

国有企业兼并难，也是同样的原因，因为两个企业变成一个，就少了一个经理的位子。在西方，经理若搞重复建设或阻止有效率的兼并，股东可能会贿赂他。但是在中国，"股东"太多了，没有人会有积极性去贿赂经理。对中国政府官员和经理来说，搞建设，重要的是"过程"，而不是结果，因为只有通过一个一个的项目，才能得到控制权收益，所以他们特别热于铺摊子上项目。

二、企业内部的权力斗争问题

"内耗"是中国企业的一个普遍现象，国有企业的经理们常常忙于争权夺利，而不是改进企业绩效。不单国有企业，像四通、联想这样所谓的"民营企业"也不断爆发权力斗争。当然西方企业也有权力斗争，但无论在规模上还是程度上，中国企业内的权力斗争都要严重得多。为什么？我的结论仍然是产权制度问题。因为在现行的产权制度下，企业经理没有股票，只有控制企业，才能获得个人好处，而获得权力又没有一个合法的交易市场。比如一个私人企业，要获得控制权，需要把股票买下来，要付出代价。但是在国有企业和像四通这样的民营企业，控制权的转让与股票转让是没有关系的，因此，大家的心思都放在怎样获得控制权。获得控制权就变成了政治斗争，中国的国有企业就变成了一个政治组织。

与私营企业相比，国有企业经理更不愿意退休的原因也在这里。在私营企业，经理持有企业的股份，尽管退休会带来控制权收益的损失，但如果有一个年富力强的人接替自己，这种控制权收益的损失可以从股票的增值得到补偿。相反，在国有企业，经理只有掌握控制权才能得到收益，退休只有损失而没有补偿，因此，除非身体特别糟糕，退休是不划算的。联想集团用分配股票的办法解决"元老"问题，真是聪明之举，值得所有类似的"民营企业"效仿。不解决所有权问题，企业内部的权力斗争就会无休止地进行下去，国有企业很难有真正的起色。

三、恶性竞争问题

恶性竞争在 1999 年曾经引起激烈争吵，中央有关部门还下了一个文件，不允许企业降价。所谓恶性竞争，指的是许多国有企业的价格定得低于平均成本，甚至低于边际成本。以经济学的观点看，这也许不可思议。经济学证明，在完全竞争的市场上，价格等于边际成本，这是最好的事；如果竞争是不完全的，价格将高于边际成本。但在中国市场上企业为什么把价格定得低于边际成本？一种可能是为了把竞争对手消灭，然后垄断市场，获得垄断利润。但事实上，除电信业外，目前中国市场没有一个面临竞争的企业可以垄断市场，比如浮法玻璃，全国有二百多家生产厂家，有哪一家企业会期望垄断市场呢？

那么究竟为什么？我的研究表明，恶性竞争也与产权有关系。简单地说，在国有产权制度下，经理在企业收益中占的份额大，而在成本中占的份额小，这样个人边际收益和边际成本的比率与企业的边际收益和边际成本比率是完全不一样的，只要能把东西卖出去，就可以得到好处，至于成本，可以通过种种方式留给国家，于是，对经理来说，把价格定得低于成本是合算的。比如说，部队办了一家餐馆，用军用飞机到广州把基围虾运到北京的成本是 100 块钱，但这 100 块钱中仅有一小部分需要经理考虑，那就是飞行员的飞行补贴和当地进基围虾的采购价格，至于飞机的折旧等等都可以打入军事费用，于是这个餐馆可以把成本 100 块钱一斤的基围虾卖到 20 块钱。20 世纪 80 年代，军工企业用生产飞机的原材料生产自行车和电冰箱，所以在市场上颇有竞争力，其实与恶性竞争没有什么区别。

所以，恶性竞争的基础是现行的产权制度。在这种产权制度下，竞争有时不一定是好事。西方经济学中，"完全竞争"是最好的，但是，在国有制下，完全竞争却绝对不是最好的，因为完全竞争会使企业把价格定得低于成本，造成资源的过度消耗。从这个意义上说，现在的产权制度和市场竞争是不相容的。

四、商业道德问题

中国的商业道德是非常差的，讲信誉的人实在太少了。有人说中国文化中有不讲信用的底子，我认为不然，古人讲求诚信。比如说，19世纪，山西票号西到圣彼得堡，东到神户、大阪，那么远的地方，没有中央银行监督，但是信誉很好，没有赖过账。现在有那么多政府部门在监督，信息传输又快，信誉恰恰一塌糊涂。那么，是什么糟蹋了中国人的信誉和商业道德？

答案还是产权问题。所谓信誉，很简单，就是牺牲眼前利益，获取长远利益。在博弈论中，只有在进行重复博弈的时候，有充分耐心的时候，人们才会讲信用。但我们的产权制度使得几乎所有博弈都变成了一次性博弈。这个企业今天我管，明天谁管？不知道。那么我为什么要为了明天的利益而牺牲今天的利益呢？所以，大家都搞一锤子买卖，骗了一把算一把。如果企业是自己的，即使不想干了，也想卖个好价钱，也有积极性建立一个好声誉。所以说，道德基础败坏与产权制度有关。

五、投资行为问题

现在大家都说人们不愿意投资，所以总需求疲软，人们的投资行为是由预期决定的，预期什么？最重要的预期是产权的预期，也就是投资后的收益是否能得到保证，自己栽的树，果子是否归自己。如果个人的产权不能得到有效的保护，人们就不会有稳定的预期，谁会愿意投资呢？破坏产权不仅仅是把东西从你手里拿走，任何随意改变博弈规则的政策都是破坏产权。我今天买辆车，没什么限制，突然明天宣布说你的车尾巴太短，不能上长安街，这就是破坏产权。

有人说鼓励投资的最好办法是降低税率，其实最好的办法是保护产权。中国的投资问题不在税高税低，而在于征税的对象没有安全感。比如说，一个国家税率为零，但政府有 80% 的可能性随时没收你的产权；另一个国家的税率是 70%，但个人的产权得到有效保护。那么，显然后者比前者对投资者更有吸引力。不保护产权，降低税率作用微乎其微。中国的资本都流到国外去了，再用种种优惠政策吸引外资，无异于赶走亲娘找后娘。

中国经济持续增长的源泉在于制度变革

人们都关心中国经济能否持续增长的问题，但在讨论这个问题时，注意力多集中于资源和技术问题，或者所谓的"新的增长点"。在我看来，中国经济持续增长的关键不在生产要素的供给，也不在于西部开发，而在于制度环境。下面，我将集中谈两个问题，这两个问题对中国经济的持续增长非常重要。

必须废除政府部门随意制定"法律"的权力

第一个问题是法律制度。新制度经济学有关经济史的研究证明，法律制度是经济增长的关键。中国现行的法律制度存在许多问题，严重地制约着经济的持续增长。最大的问题是几乎每一个政府部门都享

---

* 本文是作者在 2000 年 3 月"中国发展高层论坛"上的发言稿，曾收入《产权、政府与信誉》一书。

有不受限制的"立法权"。政府部门经常随意地制定出各种稀奇古怪的规章制度，而每一个规章制度都有法律效力。在制定这些规章制度时，政府官员告诉我们是"为了维护国家利益""为了规范市场行为"等等，但仔细分析就会发现，大多数规章制度除了增加该部门官员的权力和寻租的机会之外，可以说是有百害而无一利。比如说，北京市交通管理局规定汽车上牌照必须有停车占地证明，买车的人花几千元买一个证明，但并没有停车场，严重地限制了汽车工业的发展。信息产业部规定办网络公司必须得到它的批准，严重地制约了信息产业的发展。吴基传部长讲，中国和西方国家存在着严重的信息贫富差距。问题是，谁妨碍了我们致"富"？不废除政府部门随意制定"法律"的特权，中国经济不可能持续增长。不废除信息产业部的"立法权"，中国经济的信息化和网络化就没有希望。

为什么这么讲？首先，政府部门随意制定"法律"严重地搅乱了人们的预期。无论企业还是个人，都是根据"预期"决策的。政府部门随意制定"法律"使得人们无所适从，想投资的人不敢投资，想消费的人不敢消费。比如说，你今天买了一辆富康车，过两天交通管理局说你的车不能上长安街，因为它没有尾巴。预期到你开车的权利随时可能被剥夺，你怎么敢买车呢？现在 IT 行业的投资者都很茫然，就是因为信息产业部的政策太变化无常了。当然市场总是存在不确定的，但西方市场经济中的不确定主要来自"上帝"，所以经济学家称之为"state of nature"，而中国市场上的不确定性主要是由政府部门造成的，我称之为"state of governments"。许多外商讲，预测中国政府部门的行为比预测天气还要难，因为政府部门是变化无常的。其次，政府部门常常把规章制度写得很模糊，因为他们知道，规章制度越模糊，他们的权力就越大，因为解释权在他们。结果是，经商做生意的人不得不把大量的时间和精力用于与政府部门搞关系，以求得到一个对自己有利的解释。在一个社会中，如果投资者干任何事情都得找政府，投资环境肯定很糟糕。再次，政府部门随意制定法律的权力导致了严重的腐败问题，常常使投资者望而却步，这就像一条马路上任何人都可以拉一条绳子就收费，谁还敢上路呢？

现在的法律制度存在的第二个严重问题是立法的精神不对头。在西方市场经济中，商法的目的是实现当事人双方自愿达成的协议，但中国的经济法规常常是阻止当事人自愿协议的实现。比如说，中国的《公司法》规定合伙办企业无形资产的股权不能超过20%（现在把高科技企业增加到30%）。如果我有一个好的商业创意和品牌，你愿意出1000万占20%的股，同意我占80%，但《公司法》说不行，这样，许多本来可以成功的合作不能做了，错过了大量机会。我理解，当时《公司法》这样规定是害怕国有资产流失，但国有资产流失的问题应该由国有资产的管理部门来负责，怎么能由《公司法》来管？总不能为了照顾盲人把所有人的眼睛都蒙上吧？还有，非法人之间的合同不受法律的保护，属于"无效合同"，也让人费解。

审批制应改为注册制

第二个严重的问题是在中国办任何企业都要多个政府部门审批。在有些产业，为了防止欺诈行为，审批是必要的，但像我们现在这样办任何企业都要得到批准，恐怕在全世界也绝无仅有。创业本来是一个人与生俱来的权利，但审批制把本属于个人的权利转移给了政府官员，剥夺了人们创业的自由。你想办企业，我可以批也可以不批；这个部门批了那个部门又卡住了。注册一个企业要盖几十个图章，比经营一个企业还难，浪费了无数的时间和资源。我一个朋友在美国、香港和深圳注册了三个网络公司，在美国通过网上注册花了几分钟，在香港注册花了半天，而在深圳注册花了两个多礼拜。如果在北京注册，我想他得花上两个月！他事后写了一个案例，得出结论说，看来中国落后是有原因的。为什么在中国注册一个企业要花那么多时间？因为要审批。第一次申请被打回来了，因为他的公司名称中有一个"网"，据说凡带"网"字的公司都需要信息产业部批准。所以他只好把"网"去掉。我不明白，为什么信息产业部有垄断"网"的权力？还有像有"中国""中华"字头的使用，也要国务院部级单位批准，这种要求的法理基础何在？第二次申请又被打回来了，因为工商局说他的可行性报告"不可行"，"盈利前景不好"。人家办企业，盈亏是自己的事情，你工商局管它干什么？这真像结婚登记还要接受感情方面的审查。注册资本的要求也是没有道理的，就像规定穷人不能结婚一样没有道理。

中国要搞市场经济，就得尊重个人创业的自由，应当按照国际惯例，把审批制改为注册制。一个审批制，阻碍了多少企业的出生，扼杀了多少创业精神，浪费了多少人力和物力，吓跑了多少外国投资者，导致了多少腐败现象，一想就让人毛骨悚然。我敢肯定，如果把审批制改为注册制，中国的国民生产总值至少可以提高30%，腐败现象至少可以减少50%。

中国企业家的困惑

在 1984 年的时候，也就是 17 年前，我写过一篇文章，标题是《时代需要具有创新精神的企业家》，这篇文章最后发表在《读书》杂志 1984 年第 9 期。在发表之前，编辑跟我商榷："企业家"要不要改成"实业家"？企业家的"冒险精神"要不要改成"探险精神"或"创新精神"？因为在当时的情况下，这两个词都是贬义的，在中国的词典里面都是有负面意思的。我最后还是坚持了自己的观点，编辑也没有强求我改动。这也是我们国内第一篇有关企业家问题的比较系统的论述。现在的情况已经发生了很大的变化，"企业家"在中国已经是非常褒义的一个词了，大家都去争当企业家，好多人都喜欢自诩为企业家，即使实际上并不能真正达到企业家的标准。这就好像在"文

＊ 本文是作者于 2001 年 2 月 22 日在中山大学岭南学院"岭南财经论坛"上的演讲，曾收入《产权、政府与信誉》一书。

化大革命"的时候，大家都非常自豪地称自己为"大老粗"一样。这在中国来讲是非常大的进步。但中国的企业家在这么多年的成长过程中，仍然面临着好多问题，我今天讲的，就是中国企业家的困惑。

一、什么样的困惑？

中国企业家有些什么困惑呢？我认为，简单来讲，有这么几方面的困惑是让我们头痛的。

第一个困惑是速度的困惑。在中国目前的情况下，企业如果不能高速发展，如果每年不能增长百分之几十，就不能算作成功，但高速发展也常常导致企业的崩溃。这样的例子好多，像巨人、三株、爱多等等这些企业，在年增长百分之几百的情况下，几年以后都垮了。

第二个困惑是规模的困惑。企业不搞大不行，没有足够大块头不行，不涉足多个行业不行——后面我会讲好多理由，但是规模大了，经营多元化，企业也就面临分崩离析的危险。

第三个困惑是与政府关系上的困惑。中国的企业家不傍着政府不行的，没有政府的扶持是干不成事的，是不能发展的。但是傍着政府，又容易陷入泥潭不能自拔，用我们现在一个很时髦的词，就是变成了一个"托"，变成了政府的一个"托"，最后企业仍然没有办法发展。

第四个困惑是家族管理的困惑。改革开放以后成立的企业，尤其是民营企业、私营企业，基本是都是家族化管理，也就是以血缘关系和朋友关系为纽带的控制。企业要发展壮大，要在市场上有竞争力，不走出家族化管理的体制，不利用市场上的人力资源、管理资源，不行。但是当企业家试探着迈出这一步，引入现代化的"所有权与经营权分离"的管理体制时，又缺乏可以信赖的职业经理人，大量的资产被偷窃，痛定思痛，最后发现"任人唯贤"还是不如"任人唯亲"，雇来的经理还是不如"自家人"值得信任，于是又要回到家族管理。

第五个困惑是利用资本市场上的困惑。企业的发展一定要获得外部资金，不利用资本市场不行。但是企业家在走进资本市场、获得外部资源的同时，他们最担心的是失去对企业的控制权，而企业的控制权对每一个企业家来说都是非常重要的。另一方面，买股票的投资者常常发现自己被欺骗了。

第六个困惑是有关游戏规则的困惑。中国的体制问题很多，政府管得太多，游戏规则不透明。如果企业家按照规则办事，循规蹈矩，合法经营，什么事情也干不成，更不用谈发展了。但是不按照规则办事又会带来更大的风险，甚至是杀头坐牢的风险。所以有句话说"不违规等死，违规找死"。

第七个困惑是面临加入 WTO 和经济全球化的困惑。中国的改革需要外力的推动，中国企业家需要外国投资者来解放。加入 WTO 和经济的全球化将迫使政府部门规范自己的行为，从而为中国的企业家创造更好的制度环境。但是与此同时，也将使中国的企业面临更为激烈的竞争环境，习惯于在政府的保护和摧残下生存的中国企业家在期盼着一个更好的制度环境的同时，又在畏惧着恶劣的竞争环境。他们困惑：加入 WTO 是好是坏？

在这七个困惑中，最根本的是后面五个，速度的困惑、规模的困惑可以解释为后面的几个困惑的表现，所以下面我集中谈这五个困惑。

二、企业家与政府的关系

中国市场与西方市场最大的不同是，我们的市场是由政府主导的，所以中国企业家的行为是面向政府的，而不是面向市场的。

在中国，市场经济最重要的进入自由我们没有。审批制就是中国的企业制度。办任何一个企业，甚至只是生产一种新品种的月饼，都要得到政府大大小小、上上下下好多个部门的批准。据权威部门统计，仅中央部门的审批就有 2000 多条，生产一个锅炉就要得到 40 个"准许"。企业还没有出生，企业家就已经把大量的资金投到政府部门。最近中关村科技园就在北京办企业的程序做了一个总结，根据他们拿出的材料，要在北京办一个企业，走完所有的程序，在纸上写下来有 5 米长。这是一件多么可怕的事情！

政府是企业最大的供应商。过去，政府控制着所有重要的原材料和能源。现在的情况好一些，原材料有了市场，但政府对信贷资金仍然享有绝对的控制权。民营企业如果得不到政府的支持，要获得银行贷款是不可能的。企业上市要得到政府的批准，自己向民间筹集资金属于"非法集资"。

政府也是我们企业最大的客户。很多情况下政府是企业产品的最大的买主。好比说，我们好多的工程，都是政府作为业主进行招标，那你一定要满足它的需要。政府还进行好多的采购活动，比如说，大量的住宅是卖给政府机关的。即使政府不进行直接的采购，通过地方保护和歧视性市场进入规则，政府仍然可以限制一个企业的产品的市场范围。好比你是一个广东的企业，你想在湖南、河北销售自己的产品，如果得不到当地政府的支持，你很可能根本进不去。政府甚至可以规定老百姓只能买这个企业的产品，不能买那个企业的产品。在山西，如果没有政府的批准，煤是不可能装上火车运出去的。

政府的政策在左右着我们企业的未来。处理风险是企业家的天职，但中国企业面临的最大的风险，是政策风险，而非市场风险。中国企业的失败，源于政策变化的远远多于源于市场变化的。所以对企业家来讲，预测政策的变化比预测市场的变化更为重要，更为基本。这就是为什么我们中国的企业家、企业领导人特别喜欢参加宏观经济研讨会的原因，而就我所知，外国的企业家根本不需要浪费那么多时间出席这些无聊的会议。不难理解，在中国，最受企业青睐的学者不是研究微观问题的管理学者，而是与政府关系密切的"宏观"经济学家，而为了获得企业的青睐，经济学家的报告必须以透露政府的新政策开头。

在政府全面控制经济的情况下，企业家要办企业，首先要搞定政府，首先要在政府内部建立起我们的关系网。无网不通，无网不灵，无网不行。有一句话是"经商要学胡雪岩"，就是要学胡雪岩怎样搞定政府官员。这方面，在座的企业界的朋友应该比我更有发言权，可以向我提供更多的案例。

为了得到政府的支持，我们在办企业的时候，即使是一个地地道道的私人企业，也要想办法搞成一个集体的企业，或者乡镇企业，甚至"国有企业"，也就是所谓的"戴红帽子"，染红。为什么呢？第一个原因就是在我们国家，好多行业只允许国有企业搞，不允许民营企业搞。如果你不给自己戴一个红帽子，你就进不了这些行业，得不到政府的批文，你就没办法开业。第二个原因是政府对私人的产权缺乏有效的保护。如果是国有企业的财产给人偷了，被会计贪污了，政府有公检法去抓这个人；但如果私人企业的资产被盗窃了，政府经常不愿意去抓人，去审判这些偷盗资产的人。但如果我戴了红帽子，我的财产也能得到一定程度的保护。

搞定政府的另外一个办法就是企业家直接进入能够影响政府决策的部门，比如说当政协委员，当人大代表，当全国劳模。有了这样的位置，就有了渠道，就可以见到政府领导人，可以提出一些政策上的要求或特殊的庇护，当然也可以享受一些优惠的待遇。如果企业的领导人就是人大代表，那么他得到贷款就要比政协委员容易一些，政协委员又要比不是政协委员的容易一些。我每到一个地方都会收到很多民营企业家给我的名片，翻开看一下，几乎很少能找到一张名片上面没有印着政协委员、人大代表、全国劳模头衔的。

搞定政府的最后一招是，如果合法的程序都不行的话，就只有贿赂政府官员了，通过金钱，通过其他渠道来贿赂政府。这当然是风险最大的一招，但企业家很无奈。如果有光明正大的办法，谁会走此路呢？

这样，我们的企业家要把大量的时间、大量的精力、大量的资源花费在处理与政府的关系上。我曾经问过一些企业领导人，你们有多少时间花在与政府打交道上，他们说有百分之五六十都是在应付政府。民营企业花在与政府关系上的时间比国有企业还要多！这是严重的资源配置扭曲。

但是，政府官员的偏好与我们企业家的偏好是不一样的。政府有政府的功能，政府官员有政府官员的规则。本来企业家只有商业的功能，只要经营好自己的企业，能够创造利润就行了。但是，为了搞定政府，企业家必须为政府官员分忧解难，最后是政府官员的偏好主导了企业家的偏好。

我前面讲的前两个困惑，都与这一点有关。为什么企业必须高速地、快速地发展？一个重要的原因就是政府喜欢速度。对每一个地方政府首长来讲，增长速度是他的政绩，是他升职的希望。但是增长速度怎么来？就要企业界的人给他努力。长虹就是一个典型的例子。为什么长虹要重视速度？这跟四川省重视速度有关。如果长虹一个新的老总，只关心企业的效益，企业的利润，但长虹的速度上不去，四川的速度就可能会被影响一两个的百分点，这个时候，四川省政府就可能更喜欢一个追求速度的领导人，而不是一个追求效益的领导人。

中国的企业也必须搞大，因为只有搞大，你才安全，你才能得到领导的支持，你才能搞到钱。政府最重视的是安定团结，一个企业搞大了，要垮的时候，就会出现安定团结的问题。所以这时候政府一定会出来想办法帮助你。如果你的企业很小，垮了也造不成什么社会影响，也没有人上街闹事，政府就一定不会重视你。

中国的企业为什么必须不断地投资新项目、新工程？因为政府需要政绩，只有新的项目才能代表政绩。前任的市长、前任的书记让你搞了个项目，上面的领导已经参观过了，新的市长、书记又要带着新的领导参观的话，总不能再看那个旧的项目，他一定要看个新的项目。所以政府一定是喜欢你搞些新的项目。

中国的企业也必须进行多元化经营。近几年来在中国经济学界、企业界，对于企业应该是专业化还是多元化经营有好多的讨论，我本人也就此发表过一些观点。在一个竞争的市场上，从一个企业的角度来看，集中一个行业搞好，搞到最好，是最重要的。但中国的企业都立足于多元化。这有好多的原因，我想与政府主导企业的外部市场这一点是分不开的。第一，政府官员是要消费的，你如果给他送钱，这个风险比较大。但是如果你搞一个桑拿浴、卡拉OK，请他去玩玩，潇洒潇洒，风险就可能不是很大。所以没有搞这个行业的企业家，在搞定政府的关系上，比从事这些行业的企业家要难得多。第二，政府官员也有好多的亲朋好友，需要安排工作。如果你只搞一个行业，他的亲朋好友都安排到这个行业，你的企业就搞不好，就很难有竞争力。这个时候对你来讲，最好的一个办法就是搞另外一些企业。你也不指望这些企业能赚钱，只是让那些亲朋好友在那里有个工作，可以领工资而已。

在这里，我给大家引用一段原湖北幸福集团总经理周作亮先生的话。我们知道，幸福集团两年前已经垮了，他也不再是这个企业的总经理了。这件事情在当地影响非常大，因为它差点酿成了湖北的一场金融危机，所以上面惊动了中央，下面惊动了省市。周作亮的话，我想说出了在座的好多企业家、好多企业领导人的心理状态。他说：

　　我是国家树立起来的企业家，有责任带这个头。全省学幸福，幸福怎么办？我们的目的就是把块头做大。我作为企业的法人代表、市政协副主席，感到潜江的紧迫性很大。我们潜江在汉沙公路旁边，如果领导到这里，你不发展行吗？我们下了很大决心，我要求市里向省里请示，幸福铝业开业后，要全省的工业来这里现场参观。我们在全国十佳乡镇企业中排名第五，如果我们再不上工程项目而别人上去了，别人就会甩掉我们，同全国的先进比，我们必须上。别人上去了，我们对得起领导吗？反过来，上级领导也不会再树我们这个典型了。省领导哪会来开现场办公会？哪个部门支持我们？交通部门哪会给我们500万解决这个道路问题？我们现在加快发展，所以领导都来支持我们，周边省市没有发展，就没有领导支持。现在全省都叫起来给我们借钱，有人说幸福是怎么得来的，我们没有亲，没有邻，市委谁跟我们是亲戚朋友？从过去到现在都没有。因为我们搞项目搞上去了，领导对我们很支持。领导需要好企业家，企业家需要好领导，这是辩证的，不是单一的。

周作亮的话代表了中国目前情况下一个企业家典型的心态。那么，企业家在取得政府支持和过多的关怀的情况下，得到了什么呢？我想，会得到一些资源，得到资金，得到政府的一些优惠，但最终仍然是政府的一个"托"，也就是政府手中的一个工具。政府的目标与企业的目标完全不一样，政府官员的目标是怎样不断地往上走，企业的目标是把整个企业做大，能够持续地发展。只有在我们的目标跟政府的目标一致的时候，政府才会真正地支持我们。当我们企业发展的目标与政府官员提升的目标不一致的时候，我们就很难再得到政府的支持。并且政府官员也是在不断地更换，新的官员不一定会买旧的官员的账。你跟现任的市长关系很好，但下一任的市长不一定会承认你跟现在的市长签订的合约，以及现在的市长对你做的承诺。像我们刚才讲的周作亮，他本来是一个非常成功的企业家，在政府的鼓励和支持下，一个本来只有5亿资产的企业投资了15亿资产的3个大项目。政府给他支持，让他办了个信用社，用信用社收来的存款来支持他企业的投资。这个信用社的力量有限，又承包给了武汉另外一个信用社，这个信用社在市场上用非常高的利息来为他融资。他的资金成本高达30％、50％，甚至100％。所以他的项目还没有建好的时候，15亿的投资，利息已经有6.9亿。这个时候政府会不会站出来为他还这6.9亿呢？也非常困难，因为现在的地方政府也越来越穷。那么在这种情况下，最后倒霉的是谁呢？不是政府，而是周作亮。史玉柱的情况也类似，上级领导的三次关怀，使他无比激动，十几层的巨人大厦改成70层，但最后破产的是史玉柱，而不是政府官员。我想这是一个深刻的教训：在处理跟政府的关系时，我们的企业家要保持清醒的头脑。

我们现在有什么办法来解决这个问题？从政府来讲，就是要大幅度地削减政府的权力，让政府大大小小、方方面面的机构真正废除对资源的控制，真正使创业变成个人的自由，资源能够在市场中自由地流动。还要不断地规范政府的行为，这一点我在后面还会谈到。

对于我们的企业家来说，我们要很好地把握住自己，不依赖政府不行，但过分依赖政府肯定是要出大问题的。所以这时候怎么跟政府保持一个若即若离的状态，就是一门要求很高的艺术，要我们的企业家很好地去掌握。从长计议，最重要的是要练内功，政府可以给你一定的资本支持，但重要的是你的产品一定要有市场，一定要最终得到消费者的接受。政府强制消费者买你产品的权力已经越来越少了，所以千万不要把希望寄托在政府身上，不要花费太多时间在与政府的关系上。我要特别警告那些已经在相当高的位置上的企业家。最终赢得消费者的是你的产品，是你的产品的信誉，你企业的管理体制和效率。当一个人大代表、政协委员，有一时的好处，可以提高你和企业的知名度。但这种知名度如果没有企业的产品、企业的信誉做支持，它是要垮下来的。这是我要讲的处理与政府关系上的一个问题。

三、企业家与职业经理人

接下来我要讲的是企业家与职业经理人之间的关系，这是家族企业走向现代化的一个重要问题，甚至可以说是关键问题。这里我并不想多谈论"企业家"与"职业经理人"在概念上的区别，但必须指出，有些人其实是职业经理人，但也称自己为企业家。企业家应该是个创业者，应该是个开拓者、创新者，是承担企业经营风险的人。

企业家总是想把自己的企业做大，把自己的市场做大，但要把企业做大，靠你一个人又不行，所以一定要雇佣更多的经理，雇佣更多的员工来帮助你把企业管理好。从这个意义上讲，一个企业发展壮大，也就是企业的委托—代理关系不断地延伸，不断地扩展。但如何控制代理人的行为就成为一个关键问题。

顾名思义，"代理"就是让别人替你干事，但要想使你的员工、高级经理能够按照你的意志实现你的理想，你就一定要给他们授权，要使他们有机会接触企业的核心资源、客户、技术，要把他们放在一个非常关键的岗位上。但是当这些员工、这些经理获得了企业的核心资源，或者知道得到这些核心资源的渠道后，他们可能会想：我为什么要为你干？为什么不利用这些技术自己干，自己创业，与你竞争？这可能是我们好多的民营企业面临的非常残酷的现实。

一个企业搞大之后，就可能会发现好多"叛将"出来了。"叛将"通常也不是一个人，他下面还有好多人，"叛将"走的时候可能会带走好多"叛军"。我们知道孙子对父亲比对爷爷更亲，一个副总、部门经理离开企业的时候，老总可能很难留住副总、部门经理下面的人。这个问题不仅仅是中国存在的问题，在西方也存在。美国硅谷就存在好多这样的例子。比如说著名的英特尔（Intel）公司，它的两个创始人 Noyce和 Moore，一个是以前 Fairchild（仙童）的总经理，一个是研发部主任。在他们离开之前，Fairchild 的一个技术人员发明了一个新的芯片，这个芯片后来就成为 Intel 的核心技术。我们知道现在 Intel 已经垄断了芯片市场，Fairchild 已经变得没有人知道了。据 Inc. 的统计，全球 500家增长最快的企业中，71% 的核心技术都来自于他原来企业的雇员。所以西方企业中有一个忠告：从来不要让你的员工干你对你过去的雇主干过的事情。

中国企业的问题又有非常特殊的一面。在西方有相对完善的法律制度来保护企业家的产权，而中国的法律非常的弱。在前段时间，我听到硅谷有 6 个中国人被判刑，就是因为盗窃了企业的技术，然后拿去创办自己的企业。在这样一个环境下，中国企业家面临的一个任务是怎么能够保证你雇来的人，帮你创业的人，真正是为你的企业服务，而不是利用你的企业来获得技术、资源，然后离开你，与你竞争。最重要的一点，就是对产权的法律保护。一个人要离开你，他要承担他的成本，包括盗窃你的技术引起的法律成本。产权保护越好，他离开你的成本就越大，剽窃你的技术的可能性就越小，企业的规模才能做得越大。如果法律制度对企业的产权没有给予很好的保护，企业就不可能做大。世界上有好多这样的例子，比如在意大利，那里的黑社会很多，产权的有效保护非常的弱，所以意大利流行小企业。

产权保护的有效性也与企业的资产本身的特点有关系。要保护一个钢铁企业，那是很容易的，因为如果要防止一个人从钢铁企业那里偷走钢材、机器，我们只要雇佣两个彪形大汉守在门口就可以了。但如果我们经营的是一个知识型企业，企业最核心的技术都要通过工程师、管理人员的脑子来保存，然后再传输、再生产，那么这时候门口的两个彪形大汉对于保护产权就没有多大的作用。所以越是知识型的企业，产权保护就越困难。

对企业家来讲，最重要的资源是什么？就是一个想法，就是知识。我们知道好多成功的企业家都是因为有一个好的想法，然后再去组织资源、人力，把这个想法变成产品，在市场上出售，就能够赚钱了。但如果这个想法本身不能得到有效的保护，企业家就很难成功。事实上，企业家之所以要成为企业的所有人，一个重要的原因就是我们没有办法使他那个主意在市场上得到一个合理的定价。好比你现在有一个很好的主意，这个主意能赚钱。然后你拿这主意到市场上卖，买的人就要听你解释这个主意。如果他没有听明白，当然不会付钱；而当他听明白了，觉得是个好主意后，自然也就没有必要付你钱了。所以你这个主意没法直接变现，只能雇人进行生产。企业收入扣除支出的成本，剩下的就是你的收入，这就是你的主意的价格。所以保护企业家的剩余索取权就变得非常重要。

如果你无法阻止"叛军"离开你的企业，那么你就要贿赂他，使他不背叛你，也就是如何通过激励手段使他觉得，待在你的企业里面比他自己干，与你竞争，能得到更大的利益。所以，在一个高科技的企业，一个知识型的企业，激励机制变得更为重要。知识型的企业，甚至非知识型的企业，高层的员工一定要持有企业的股票。

在这里我要特别强调，产权保护越困难，产权的分享就越重要。记得我在农村的时候，我们家有一棵苹果树，这棵苹果树离我们家比较远，离另一家人比较近，我们很难保护这棵苹果树。所以我们家每年秋天摘了苹果都要送两筐给这家人，这样他就不偷苹果了。这个道理适合所有的企业，当你的产权没法有效保护的时候，你一定要送两筐苹果给最容易偷窃你的资产的人，也就是让他自己在里面也有产权。但是我知道我们的企业家经常不愿意出让产权，这样最后不但苹果没收获，连苹果树也让人家扛走了。企业家要有核心员工保驾护航，最安全的护航员是谁呢？就是你身边最有可能接触到你的核心技术、核心资源的人。拉拢住了这些人，其他人就好办了。

初始的合约对产权保护也非常重要。我们好多企业家在开始创业的时候，都不注意初始合约，几个人糊里糊涂就走到一块办企业。一个原因是开始的时候谁也没想到能赚很多钱，但一旦企业做大之后，产权的纠纷就来了。企业的产权说不清是谁的，不清楚谁有多少股，自然也就无所谓偷，法院也没办法判这个案。我要提醒企业界的朋友注意，一定要在一开始，在"结婚"之前就能想到"结婚"后的事，尽量减少"离婚"时的冲突。

如果防止"叛将"很困难，如何做到有"叛将"无"叛军"就变得非常重要。也就是说，怎么能够做到，也许你的副总、部门经理背叛你，但他下面的人不跟他走。当然，如果能做到这一点，他背叛你的积极性就小多了。这里我想提供一个例子，就是北京慧聪公司的例子。慧聪是我们国家一个非常成功的信息企业，它一年的收入比我们最著名的三个网络公司加起来还要高好多倍。这个企业基本是做到了有"叛将"无"叛军"。它有一个部门经理跑了，但是没有人跟着他跑。为什么呢？因为企业里的产权进行了很好的分割，由于"叛将"手下的人在企业里面有股票，他们如果跟着"叛将"走了，其持有的股票也就一分钱也不值了，所以宁可留下来，也不愿意跟他走。

除了产权问题、激励机制外，我还要强调一个问题，就是职业经理的职业道德。没有职业经理，就没有大企业。什么是职业经理？第一他有管理的专业技能，第二他要有职业道德。当我们去选一个人当经理的时候，我们能够信赖他，愿意把权力交给他。光有能力是不够的，他还要有很好的职业道德、诚信和责任感。就好像你上火车，你是个老太太，背着个很重的包，看到一个年轻小伙子，年轻力壮，你愿意把背包交给这个年轻小伙子帮你扛吗？肯定不愿意，尽管他的力气很大，你最担心的是你把包给他以后，他又跑得快，你就追不着他了。所以在西方，经理人的职业道德非常重要，不值得信赖的人不可能成为经理人。

在中国，可信赖的经理人比能干的经理人更稀少。有一次我去北京郊区的一个企业访问，那里养了好几条狗。我问老板为什么养这么多狗。他说，养狗比雇人便宜多了，狗也比较忠诚，不会偷你的财产，不会拉走你的客户。这当然是一个笑话了，但也说明一个职业经理人对企业的忠诚是多么重要。我们已经有好多这样的例子，郑百文就是这么一个例子。大家都知道，郑百文是个上市公司，已经垮了，现在正在商量怎么重组它。郑百文的失败有好多原因，包括个人素质、经营战略、政府干预等，但是我相信里面有一个重要的原因，就是职业经理人的背叛。当西方的大公司派人到中国等发展中国家来办分公司的时候，几年以后，当地的企业就很有规模、很像样，像摩托罗拉、诺基亚等等，但我们想一下，当中国的企业要派出一个经理到其他地方开拓市场、办一个企业的时候，你最大的危险是几年之后，这个企业就变成他的了，已经不是你的了。包括我刚才讲的慧聪公司，也出现过这个问题。有些地方经理竟然在北京的老板不知道的情况下，把公司的注册改了，变成了自己的公司。当然这里面有我们的工商部门的配合，否则这种事情是做不成的。郑百文在全国建立了大大小小好几百个子公司，他们相当一部分子公司的经理是利用郑百文的销售渠道、郑百文的投资来为自己赚钱，销售自己的产品。企业的收入就归这个地方经理所有了，而企业的成本都写在郑百文的账上了，这样的企业是不可能搞好的。

　　为什么我们中国这样缺乏好的经理人呢？我想这不是我们中国人品性比较差，我们水平比较低，而是因为我们的制度有问题。职业经理人要有职业道德，首先对职业道德要有市场需求。在计划经济下，国有企业只需要职业官员，经理的职业道德是不值钱的，因为我们的政府部门对于职业道德不是很欣赏。在外国，在市场上缺乏良好声誉的经理是很难找到工作的。但我们国有企业用人的时候，我们并不考虑这一点，政府官员甚至与企业经理合谋盗窃企业资产。所以说职业经理的道德是一个制度问题。职业经理的职业道德是由企业家、资本家培养起来的，就像保姆的职业道德是由家庭主妇教养出来的一样。如果我们不能够改变我们的产权制度，经理的职业道德的建设就会非常难。

　　我们现在改革国有企业的办法，尽管在摆脱政府对企业的干预方面可能有积极的效果，但从长远看，可能对经理人职业道德的建设带来一些负面的影响。好多国有企业都说自己已经建立了现代企业制度。标志是什么呢？第一，企业的产权已经多元化了，不仅有国有股，也有非国有股，甚至股票已经上市了；第二，企业已经成立了董事会，总经理已经由董事会任命了。那么，我们就要分析一下：为什么要产权多元化？为什么有董事会？在西方，产权多元化无非两个理由：一是项目的投资太大，没有一个人能拿得出钱来；二是即使有人能拿得出钱来，他也不愿意冒这么大的风险，而要与其他人分担风险，所以他只向这个项目投入10%、20%的钱，邀请其他人跟他合伙，也就是招股了。但是产权多元化之后，马上就面临怎么控制代理人的问题。如果你买了这个企业的股票，投资了，但你并不是这个公司的经理，那你就面临着经理可能会侵吞企业财产的危险。在股权很分散的情况下，让每个股东都直接监督经理是不可能的，也是不必要的，怎么行使你的所有权？怎么约束经理？就是通过一个董事会。所以，董事会是所有者在产权多元化的情况下行使所有权的一种方式、一个工具。但我们国家的情况不是这样，国有企业的产权多元化，前面讲的两个理由都不成立，因为企业的资产本来就是国家的，他有那么多钱；国家已经有那么多企业，也没有必要再分散风险了。那么我们为什么要搞产权多元化？为什么要搞董事会？就是为了摆脱政府部门对我们的干预。国有企业积极组织董事会，因为我们相信，董事会能够相对隔离那些不负责任的政府官员对企业的横加干涉。但是，如果这个逻辑延伸下去，变成一种文化，对我们的职业经理人的职业道德的形成就会造成一个很大的障碍。企业的董事会不是所有者行使所有权的手段，而是一个摆脱所有者的工具，我想这是非常可怕的。

这样，我们前面所讲的困惑就很容易理解了。我们的民营企业都是家族化经营，好多的经济学家、管理专家都在批评这个现象，认为一个企业要搞好、要发展，一定要建立现代企业制度，要用能人，要由职业经理人管理企业。这个道理没有错。但我们的民营企业家都觉得非常的困难，不是他不愿意，而是太缺少值得信赖的人了。没有职业经理，没有职业经理的职业道德，我们的企业就只能停留在家族企业的层面上。过去的家族企业可以搞得比较大，你生了七八个儿子，儿子又生孙子，一家有一二百人，也可以组成一个有一定规模的企业。现在一家人只生一个，搞一个家族大企业就非常困难了。

这就又引出了另一个问题，就是企业的发展速度问题。前面讲了，我们的民营企业的发展，要得到政府的关爱就要非常快地增长，民营企业家自己也有冲动想很快地发展。但发展速度太快了，就会掉进一个陷阱。企业的持续发展，需要有忠实的、有能力的职业经理人，而忠实的、有能力的经理人队伍的形成，需要有一个漫长的培养过程。不是说你一天在市场上招了 500 个人，你的企业规模就真的有西方

500 人企业那样大，因为市场上招进来的人在还没有跟企业里的人融合，没有跟企业的利益的关联度提到很高的情况下，是最有可能从你的企业里盗取资产、盗取资源的人。所以，企业的发展速度主要取决于员工的融合程度，而不是取决于你一下子雇佣了多少人，一下子投入了多少资本。我在好多场合讲过这样的话，就是在下面的一层没有夯实之前，千万不要往上铺新土。我分析了我们国家在 20 世纪 90 年代兴起的民营企业，大体上可以划分为两类：第一类，我用打坝的例子，是撒一层土夯一层，速度不是非常的快，但是坝打起来后就坚不可摧。另外一类企业，用推土机一个晚上就把坝填平了，但是下面的土是虚的，要从坝顶往下夯，但怎么也夯不实，所以来个小洪水，坝就给冲垮了。这是农民都懂的道理，但是我们的企业家、新兴的企业却忘了，所以在急剧的高速发展以后，很快就垮下来了。

我还要忠告的是，企业家在企业创立的初期不要当甩手掌柜，你必须直接控制企业。一个成熟的企业内部一定会有完善的管理制度，企业的资源不会是单个的个人能够完全控制，但是新兴的企业最重要的资源就是一个想法，一个市场关系。这时候一定是一个人控制。如果你当了甩手掌柜，资源由你的经理来控制的话，你就变成多余的了，企业就成了他的了，而不是你的。

政府可以给你资源，给你资金，给你贷款，但政府不能够给你员工的忠诚。没有员工的忠诚，更多的贷款可能意味着企业破产的可能性更大。怎么办？除了我们刚才讲的激励制度外，企业家必须还要有很好的内部控制制度，也就是企业这个大厦的"承重结构"。设计内部控制制度的目的是什么？就是要保证在企业业务扩展的同时，企业的核心资源不会由少数人来掌握，不会对企业家构成很大的威胁。一个大楼能盖多高，取决于地基，取决于材料的品质。企业组织可以是一个非常高的金字塔科层结构，也可以是扁平的水平结构。如果你的产权不容易被盗窃，你可以用高科层的制度，有副总，下面有部门经理等等。但如果你的产权很容易被盗窃的话，你的科层越高，你的危险就越大，那就要实行一个相对比较扁平的企业结构。在扁平的企业结构下，由于"叛将"手下的兵很少，他背叛你的积极性也就比较小一些。但如果你是高科层的话，内部股权也不会很奏效，那就非常危险了。

企业还要设计很好的财务审计制度。在现代企业制度中，事后的审计是非常重要的，财务上的相对集中控制也非常重要。

企业家也要设法提高一些重要岗位的可替代性，降低经理人讨价还价的能力。这就像剧团一样，如果一出戏只有一个名角演的话，那么剧团老板就会经常受到这个名角的要挟，要你涨工资，不涨今晚就罢演了。所以一个剧团一个剧目一定要有两个人演主角，一是以防意外的情况，二是要降低每个人讨价还价的能力。所以怎么使你的岗位有可替代性，对于保护你自己的企业非常重要。但这里有个问题，就是激励与约束的冲突，你这个位子的可替代性越强，对他的约束就越强，但激励就变低了。他想着你随时可以替换他，他就不愿意在你的企业吸引新的知识。

另外，完善的劳动合同也非常重要。在西方，重要的资产、技术保密方面有竞业的限制条款。比如说，你离开我的企业，在几年内都不能到我的竞争对手的企业里工作。但中国没有，这是因为中国的合同精神跟西方很不一样，西方的合同法是尊重个人选择的自由、签约的自由；但我们中国的合同法带有更多政府的意志，使当事人的选择空间变得很小。再有，一些高科技的企业，一些直接研究开发、市场营销这样的部门，是坚决不能搞第二职业的，因为第二职业是企业内部人盗窃企业资产的一个非常重要的渠道。如果我们没有办法限制这一渠道，没有办法直接控制它，那么我们就只能限制你，不允许搞第二职业。

四、企业家与资本家

我们现在谈一下企业家与资本家的关系。企业家本身通常也是资本家，但是如果企业要发展壮大的话，除了企业家自己的资本之外，还需要引入外部资本，或者我们称为投资者。这一点在传统的企业也是一样的，但在新兴的企业，就变得更重要了，特别是对我们现在讲的所谓"知本家"而言，没有外部资本是不可能起步的。

近几年来，知本家的身价比较高，人们觉得似乎历史在改变，使得没有资本的人可以很容易地获得资产，一下子搞出一个大企业，资本家的位置越来越不重要了。但事实上，我觉得这可能是一个错觉。如果你是一个知本家，你有很好的想法，有雄心创办一个企业，但是谁来信赖你呢？如果没有人信赖你，你怎么搞到资源？而信赖你的人一定要是资本家。如果投资者信赖你，愿意支持你，你就可以办企业；投资者不信赖你，你就没法办企业。

也就是说，企业家，无论在任何时候，仍然摆脱不掉一个"资本雇佣劳动"的逻辑。你获得了风险资本，但风险资本对企业家行为的限制，比普通的投资者对上市公司的限制更多、更严。如果你想获得资本，你就必须放弃一些自由，甚至放弃你对企业的控制权。在中国，我们已经发现很多知本家与资本家之间争吵的官司，我想，有两方面的原因：一方面，我们有一些国有的"资本家"，比如说一些国有的风险投资公司，本身不是以资本的增值为目标，所以它对经理人的干预不是那么市场式的有效率的干预；另一方面，确实也有创业者、企业家方面的问题，他们错误地理解了知本家的地位，既想拿到别人的钱，又不想放弃自由，不想放弃一定的控制权，所以引起了好多的冲突。世界上没有免费的午餐，要获得别人的资源，就必须与别人分享控制权。

这里，我要特别强调与中国资本市场发展有关的一个问题，就是保护投资者的重要性。我们这么多年下来，有一千多家上市公司，大体来讲，大部分上市公司都是在"圈钱"，他们不是在保护投资者利益，不是为投资者提供更好的回报，而是在欺骗投资者。这种情况能不能继续下去？我觉得比较困难。但是，已经十年了，基本状况没有改变。是不是说，我们市场上的投资者就那么傻，心甘情愿地继续希望你在骗他？我们看到，已经入市的股民没有多少人退出，而且不断有新的股民入市。这是什么原因？也可能确实是他们智商有问题，他们太傻。但我觉得，主要不是这个问题。主要问题在什么地方？就在于我国目前为止的资本市场的发展中，政府垄断了资源。在政府垄断了资源的情况下，它可以使资源从场外转移到场内，所以这些受骗的人其实最终也没有吃亏。举个例子，好比说我是一个庄家，或者是一个上市公司，我从你手里骗了100块钱，但是你知道政府会给你补120块钱，所以你仍然有积极性继续跟我玩。这样玩了十年，你也高兴，我也高兴。那么政府通过什么样的办法来实现这一点？一个是对上市资格的垄断。在西方讲，企业股票的价值是什么？是这个企业未来收入流的贴现值。就像一棵苹果树的价值，等于每年结的苹果卖的钱的贴现值。但是，得加上一点，如果苹果树不结果子了，把苹果树砍下来，能卖多少钱，这也很重要。中国的大量上市企业，就像一棵不结果子的苹果树，但这个树枝最后还很值钱。为什么？因为政府对上市公司有严格的限制，就是形成了所谓的"壳"。即使这家企业是亏损的，但是企业的壳却非常值钱，所以仍然有人愿意买它。好比最近的一个例子，还是我刚才讲的郑百文，本来破产了，资不抵债，资产是负的，企业的价值没有了，股票的价格自然就应该为零。但是郑百文事实上涨了好几个涨停板，价格不断地往上走，为什么？就是有人愿意收购他这个壳。山东三联为什么愿意收购郑百文这个壳？因为山东三联想上市的话，非常的困难，很可能花几个亿都上不了，所以它还不如花几个亿，把郑百文这个壳给买下来。只要这个壳是由政府垄断的，上市是由政府控制的，这个企业的股票价格就不可能反映它真实的利润流、真实的信誉流。它最终反映的，可能只是企业的残值。这就像一个80岁的老太太能嫁一个18岁的小伙子，小伙子不是爱这个老太太，而是爱老太太的遗产，所以他甚至巴不得老太太快点死。她死得越早，她的遗产就越值钱。我们的上市公司，死得越早，壳越值钱。现在不死，到以后壳也可能不值钱了。

另外一个原因，就是我们的政府作为上市公司的主要股东，作为它的主要推荐人，拼命利用自己手里的资源在为企业输血。一个例子就是几年前破产的琼民源。琼民源通过坑蒙拐骗，搞了好多钱，但是最后这个企业破产了，只好宣布停盘。停盘的时候，当时股票的价格是 24 块多，最后琼民源的股票就以 1:1 的比例换成了中关村科技的股票。一开盘，琼民源原来的股东皆大欢喜，他们的股票一下子涨到 37 块钱了。为什么？我们想一下，中关村科技里边，包含了多少由政府垄断导致的有形资产、无形资产，所以有人讲，中关村这三个字，它在股市上就值几个亿。这就给投资者形成一种非常不好的预期：我买这个股，垮了亏了，我知道政府应该会给我换成另外一只股。所以现在买中关村科技股的人也不担心，因为如果中关村科技垮了，可以换成另一个公司。这样的话，在买股票的时候，就不会注重这个企业的真实价值。

问题是，这样的游戏我们还能玩多久？这依赖于我们的政府还有多少资源可以释放。新一届证监委已经花了很大的力气来监管上市企业，特别是现在上市越来越自由了，这样，壳的价值可能过几年也就没了。我们的地方政府，国有的资源可能还有，可能还能够玩几年，我们的企业家，特别是民营企业家，应该看得远一点。国家的垄断资源，在壳没有之后，有没有可能到你手里边？我觉得可能比较困难，因为国家对国有企业输血，大致还说得过去的，但如果继续给民营企业输血，就可能在理论上讲不通。所谓名不正则言不顺。所以我们的民营企业一定要做好思想准备，你能不能上市？上市以后，能不能有好的投资者来追捧你？关键看你是不是为资本家真正带来收益，企业的资产是不是真正有价值。

五、企业家与博弈论规则

接下来我再简单讲一下企业家与博弈论规则的关系。目前来讲，在中国的情况下，我们的游戏规则非常混乱。我们政府的政策就经常在变，今天合法的，明天不一定合法。在这种情况下，我们的企业家经常感到无所适从，更有积极性追求短期利益，而不是企业的长远发展，或者想方设法地绕过规则，通过各种不合法和不正当手段来为自己牟利。如果遵守规则，就像前面所讲的那样，我们的企业就很难做大，我们的很多企业都要停业，没法生存，所以我们只有违规，违规就包括贿赂政府。

但是违规的代价是什么呢？代价也很大。第一个就是你违规越多，你对企业内部员工的控制力就越差。为什么这么说？如果你平时的行为都是违规，你怎么能够管你的副总？你不敢管的。如果你得罪了他，他以后一告你，那你就完蛋了。据我了解，现在我们好多老总给抓起来了，大多都是被内部人控告的。你连你的司机也不敢得罪，因为你的司机手里拿着你的好多把柄。那么，你这个企业要有效率，要真正利用能人，要能够辞退不能干的人，就变得非常困难了。这也会导致激烈的企业内部斗争。在西方的话，你的副手与你不合的话，那他就得走人。但在中国，他不走，还要跟你斗，你也没有什么好办法。

怎么解决这个问题？首先，政府要修订这些规则，废除不合理规则，提高规则的透明度，给企业家一个更自由的创业环境，使得遵守规则成为最有效率的经营行为。其次，企业家要认识到，推动规则的变化比利用现有的规则或者通过贿赂违规，更为重要。我们知道，改革是比较难的，但企业家要有推动改革的责任感、使命感。至少你可以进行一个成本—收益的比较：假如你违规，贿赂政府官员，最后你可能要坐牢；但如果你推动规则的改革，你就是一个改革家，最糟糕的情况也不过是坐牢而已。所以推动规则的改变，包括跟政府打官司，都比你通过贿赂越过规则更优。这是我们中国企业家的一个责任，也是所有进入中国市场的外国企业家的责任。本来外国企业家来到中国，看到不合理的东西，看到不合国际商业惯例的规则，他们应该大胆地提出来，去跟政府争，然后促进政府去改变规则，但好多外资企业不是这么做，而是想尽办法跟政府拉近关系，然后给自己一个特许权。如果大家都这么干，就会觉得这个规则不重要，就像中国有句话：不怕你干不到，就怕你想不到。所以我想提醒一句，对企业家来说，推动规则的变化，从长远来说，比利用现有的规则更重要。

六、企业家与 WTO

最后我再讲一点：企业家与 WTO 的关系。加入 WTO 带给我们最重要的变化是什么？就是规则的变化，也就是我们的规则要跟国际接轨，要适应国际的规则。这样的好处是什么？是给我们带来更多的创业机会、更自由的创业环境。但是中国企业家也面临一定的困惑：新的规则，更为自由、透明的规则将导致市场上更为剧烈的竞争。这对我们好多民营企业来讲，都是一个挑战。所以我们的企业家处于一种非常矛盾的心理状态：我们希望有更好的规则、更透明的规则、跟国际接轨的规则，但是我们又很担心在这样的规则下，我们有多大的生存能力。所以有时候，又宁可这些规则不要改，因为我们中国人要比外国人更能适应这个规则，这样我们就可以跟他们竞争。这就像阎锡山的铁路一样，尽管与其他地方不接轨，但好处是可以使得他人的火车开不进来。

下面我引用一位中国很有名的民营企业家的一段话，他这段话很有意思，他说的是对内开放的问题，对内开放的问题也就是国内的规则如何与国际接轨的问题。他说："从民营企业这些年来的发展条件看，中国现在的情况甚至比美国、德国还好。在西方充分竞争的条件下，它们的私营企业要成长可能更难。而在中国，民营企业的成长速度是非常惊人的，一个重要的原因是，中国有一大批非民营企业，与民营企业相比，这些企业的制度非常落后。所以中国民营企业虽然吃了政策的亏，但占了制度的便宜。更何况，有些地方已经在给民营企业'吃偏饭'了。"

我觉得他的这段话表明了我们的企业家的一种心态，我们希望有一个更好的制度环境，但是我们也很担心跟国际接轨的时候我们能不能站住脚，所以又想"吃偏饭"。但是这个"吃偏饭"的政策跟国际的规矩是不相容的，我们中国的企业就是吃了太多的"偏饭"。撇开"偏饭"引起的腐败问题不讲，更重要的是"偏饭"提高了交易成本，使企业之间没办法进行公平的竞争。

当然，心态归心态，如果中国要加入 WTO，规则是非改变不可的。网络化、WTO 和经济全球化对政府的挑战最大。简单来说，它使政府变成了一个"企业"。在一个封闭的经济中，政府享有垄断权，在它的领土之内没有人跟它竞争，经济全球化使政府要面临国际的竞争，政府本身也要经受生存竞争的考验。因为没有竞争，过去政府制定规则时可以不考虑老百姓接受不接受，但未来可能不是这样了。中国人即使不出国，也可以为外国公司工作，限制人才的流动也越来越难。这样，政府就要重新研究一下，你怎么能够留住你的"客户"。政府的客户是谁？是企业、消费者、投资者。如果你不能满足你的客户的要求，投资者就不会来，中国投资者也会将资金投到国外去；消费者就不买中国的产品，而买外国的产品；中国的企业也可能跑到外国去了。作为政府的客户，他们需要什么？需要的不是政府为他们承担风险，为他们提供具体的产品，而是一个安全的产权，一个稳定的投资环境，和一个创业的自由。只有一个国家的政府能够为投资者、消费者和企业创造这样的环境的时候，这个政府才具有竞争力。这样，国家之间的竞争实际上不是技术的竞争，不是人才的竞争，而是制度的竞争。愚昧的、落后的制度征服先进的、文明的制度的历史不可能再有了。要在国际竞争中生存，我们一定要有好的制度，我们一定要有投资者信任、让人安心消费的制度，所以我们中国的规则怎样改变对中国的国际竞争力是非常重要的。我们有些规则也许可以与国际上的不一样，但这些不一样的规则必须变得非常透明，让人容易理解。举个例子，在香港开车是靠左行，我们大陆是靠右行。香港回归之后，这个规则不一定需要改变，但是香港的司机一定要知道大陆是靠右行的，这样他们才可以开着大卡车到深圳来。但我们政府制定的很多规则恰恰不是这样，让你违规了，你还不知道。加上规则随时更改，使人们无所适从，资源浪费非常大。交通规则也是这样，好比在北京，这个道路今天还允许你左拐，明天又不允许你左拐了；今天这路还允许卡车走的，明天说奥委评审团来了，就不让卡车走了。规则随时变化带来什么问题？你要有对这种预期不到的规则改变的准备，比如说，去机场必须提前出发。如果我们每一个人办每一件事都要这样提前5分钟、10分钟，资源损失有多大？所以规则的稳定性和透明度变得非常的重要。我相信我们的政府一定会改变这样的规则，我们企业家要适应这种变化，预期到未来的变化。靠政府的保护已经不可能，通过跟政府搞关系、贿赂政府官员得到优惠政策，以后会更困难了。政府要考虑怎样告诉企业，不要再依赖政府了。这就好像教育孩子一样，我们对孩子要求很严，因为我们知道孩子长大以后我们保护不了他，所以从小就要练内功。我们的企业也一样，再过5年、10年，我们的政府，无论中央政府还是地方政府都不能保护你们，所以你从现在开始就要练内功，这样才有持续发展的可能性。

为民营企业家进一言

　　国有企业的民营化为中国民营企业的发展提供了新的历史机会。但是，民营企业能不能抓住这个机会，利用好这个机会，很大程度上取决于民营企业自身素质的提高。要利用好这个机会，你就要练内功。下面我就民营企业经营当中要注意的几个问题讲点意见。

　　第一，企业快速扩张的问题。国内外的经验都证明，企业成长中面临的一个重要问题就是"青春期过度症"，就是高速期栽跟斗。企业的快速成长常常掩盖了内部毛病，如果企业经理不注意改进内部管理，过度扩张就会导致企业运行成本急剧加大。希望集团目前也面临加强内部管理的问题。目前，国企的民营化给你们带来了许多机会，但这些机会也可能是陷阱。民营企业兼并国企不要只看到表面上的好

＊　本文内容取自作者于 1998 年 3 月 20 日在希望集团华北片区总经理扩大会议上的一次演讲，曾收入《产权、政府与信誉》一书。

处，好的背面可能有无形的东西，这可能是一个很大的灾难，影响你们的发展。一些国企的"私生子"一大堆，你兼并的这个企业下面有几个分公司，都亏损就容易把你套进去。你们在兼并国企的时候一定要把它的债务、机构和人员这些东西都搞得非常清楚，尤其是要搞清楚什么样的企业是你们真正需要的，有利于自己未来的发展。你们要有意识地去选择你们真正需要的东西，而不能见好的就买。有一个说法叫"低成本扩张"，但这是最容易使人误入歧途的。像希望集团这样的企业，这么大名气，这么好的牌子，你到我们这个地方，就给我们增光荣啦，我们一分钱不要，这个企业也就给你啦，但这是不是低成本扩张，你还要去考察一下。对企业来讲，真正的成本不是你付了多少钱，而是未来能赚多少钱，这才是最重要的。形式上的低成本扩张实际上可能是成本非常高的扩张。为什么呢？你之所以现在能低成本扩张，是靠你的声誉、靠你的品牌。但假如你扩张完了之后，企业打着你的品牌，生产的产品质量有问题，你的声誉完了、品牌完了，这时你的扩张就付出最高的成本。低成本扩张失败的例子很多，像中国郑州的亚细亚集团、日本的八佰伴。声誉好的企业一定要注意低成本扩张中的无形成本的损失。你可以让别人贴上你的标签去搞，实际最后你会被摧垮。民企在这个时候特别要警惕这种低成本扩张的陷阱，国企无所谓，它扩张完了，企业领导可以不负责一走了事，民营企业的领导不能这样，因为你的命运和企业是连在一起的。希望集团这方面做得很好，刘（永行）董事长也给我讲了，在前几年兼并几十个企业之后，今年要停下来整顿一下，不再兼并新的企业。我知道，现在想与你们希望集团联合的企业特别多，这就是对你们的考验。面对机会，你不要想不要白不要。对低成本扩张的冲动，一定要理智。一般人不易经受住这种考验，如一些人出名后，报纸杂志不停地跟他约稿，他经不起诱惑，最后垮台了。

民营企业家必须明白，制约企业成长的一个重要因素是内部人力资本的供给。企业能扩张多快，很大程度是要看内部管理人员的培养速度。在一定时期，通过从外部招聘管理人员是必要的，但经验表明，一个企业，如果管理人员不能从外部招聘为主转向内部提拔为主，就不能算走上正轨的企业。在许多情况下，企业必须根据内部可提拔人才的数量决定其业务的扩张速度，而不是简单地由扩张速度决定招聘人才的数量。许多急剧扩张的企业后来失败的一个重要原因，就是过多地从外部招聘。外部招聘的另一个危险是，吸纳进对企业不忠的人，因为跳槽的人有相当比例是属于对企业缺乏忠诚感的机会主义分子。所以我们看到，许多外国大公司刚开始进入中国市场时，到处挖人，除了母公司派来的总经理外，从普通员工到高层经理，几乎所有等级岗位都对外开放，但一旦进入稳定发展阶段后，就转向以内部提拔为主。

第二，多元化经营问题。在过去几年，多元化经营是我国流行的一种时髦，诱惑的不仅是国企，而且有民企。我曾在这个问题上警告过，在 1994 年就给四通公司讲过，多元化经营的成本是很大的。大在哪呢？再有能力的企业家，精力总是有限的，你的企业经营的门类很多，你就很难集中精力考虑一个企业，稳扎稳打搞出成就来。短期内你可能扩张得很快，但长期却没有盈利。在同行中你没有竞争力，就会垮掉。20 世纪 60 年代美国企业的这种教训太多了，许多中国企业也正在吃这个苦头。

企业扩张有多种方式。一种是垂直性的扩张，即产品之间有一个上下游链条，一种是水平性的扩张，再就是多元化扩张。最可怕的是多元化的，搞饲料，又搞房地产、计算机等等。我不是一概地反对多元化，但在一个企业掌握不好的时候，我是力主精力必须集中于一个行业。像可口可乐和百事可乐，现在都把一些非主业的产业剥离出去，像韩国的一些靠国家支持的多元化大企业，现在不行了。

国有企业经理搞多元化经营也许有他的道理。这些厂长经理，反正钱也拿不着，只好吃，只好消费，所以企业什么都办，比如说办卡拉OK他就可以去唱歌。国有企业多元化也与安排人有关。民营企业就不一样了，你干得好，利润高，你爱怎么样就怎么样，没有必要什么都办。这是民营企业的优势。但好多民营企业发展壮大后都容易头脑发热，认为自己肯定什么都能干，肯定了不起。例如巨人集团，先计算机，后房地产、脑黄金，什么都搞，最后垮了。我认为，一个企业家在成功以后如何保持清醒的头脑尤其重要，好多时候是当局者迷旁观者清。希望集团在这方面做得不错，企业发展快了，一定要牢记这些。

倪润峰先讲独生子女战略，现在又讲多胎子女。长远看一企业，你20年以后还在不在榜上，就是看你这企业在20年中是不是挤在行业的前三名。不是说你能干什么你就干什么，在国外最有名的通用电器，干一行就一定要挤在前三名，保持在这个名次上，那20年后你就会存在，否则你就没名了。

第三，与多元化这个问题相关的还有一个所谓的"资本经营"问题。我觉得在座的分公司的经理们，你们不要考虑资本经营的问题。现在好多经济学家和企业家都在说资本经营，报纸上炒作这些概念的特别多，特别诱惑人。这也是一个陷阱。什么叫资本经营？经营企业本身就是资本经营，就是你投资后怎么样赚钱。为什么要提出资本经营概念呢？国有企业以前只管生产，不管赚钱，它提资本经营可以理解，而你民营企业从第一天养鹌鹑到生产饲料都是资本经营。搞好生产是最重要的资本经营，麦当劳就是资本经营，从这个意义上讲，你们不需要考虑这些问题。刘董事长是不是要考虑这个问题呢？我还是要强调，搞好你的饲料工业，就是最重要的资本经营。我是不主张提资本经营这个概念的。

　　第四，上市的问题。一个好的企业，在你现金流量非常充分的时候，不要考虑上市问题。上市的成本是很高的，不是你上市就赚钱。股票一上市是流动的，它会出现很多问题。国外企业什么时候上市？一是我的企业有很好的项目，但我缺少资金；二是企业的风险太大，我要让别人来承担风险。不要以为上市就可以花别人的钱。当企业上市的时候，人家买股票的人就会怀疑这家伙为什么卖股票，这时买股票就有一个折扣问题，本来值100的东西只能卖50，而人家还是不相信你，凭什么你说了算，所以他要有一定控制权，要说话。这时候对你的经营就会形成好多制约，很可能有些股东只考虑短期的问题，你为了满足他们的短期要求，就会干短平快的事，甚至去炒股票，就没有精力去考虑企业的长期发展。所以我认为这里的负面作用很多，我觉得对希望集团来讲目前不应该考虑上市，你不缺钱，一上市又拿一笔钱，拿着这钱就可能瞎花，因为你总得找个地方用钱，满足股东对回报的要求。现在许多企业钱一多就瞎花，而市场一波动，问题就暴露出来了，它掉头都掉不过来。

第五，信誉问题。对一个企业来说，最长远的资本是什么？就是你的信誉。在经营企业中，要牢记这一点。许多人误以为信誉是可以不断利用的无形资产，其实，信誉是一种责任，是企业不欺骗顾客的承诺。企业为什么不能说假话？信誉是一个很重要的原因，如果你说假话，信誉就没有了，以后就没有人愿意买你的产品了。刘董事长为什么不敢作假？他这么大的牌子，一作假希望就完了，所以农民买饲料就信任他。但你不能保证下面的每一个公司都不会作假。作一点假，提点奖金我就走了，没有什么损失，所以这就是上司怎么约束下级的问题。我想，希望集团最重要的资产就是希望的信誉。用什么样的制度保持和加强这个信誉，而不是削弱它，是最重要的。保持这个信誉，不是董事长一个人的责任，它是所有企业成员努力的结果。好比说北京片区饲料造假就会殃及河北，进而波及所有希望饲料。所以必须有制度上的办法调动大家的积极性来保护这个信誉。

同样，对于我们每一个人来讲，活着的价值就是名声。国外好多企业雇人的时候，不希望这个人跳槽太多，如果你一有好的机会就抛弃你的老板，那你到我这里来后说不定哪天也这样对待我，所以跳槽太多的人，工作不好找，这也是一个信誉问题。无形资产搞得好就值钱，搞不好一夜之后不值一分钱。

寻找绿色经济的商业模式

　　我们知道中国有句古诗，春江水暖鸭先知。这是自然界的现象，鸭子能够预知到气候的变化，经济和社会的变化谁是最好的预测者？按道理应该是企业家。企业家应该是对未来最敏感、最有判断力的人群。当然我不是说他们不会犯错误。平均而言，他们犯的错误比其他人群要少。这也是我们需要企业家的一个重要原因。

　　如果企业家不能够比其他人群更有能力判断未来，那么企业家的存在也就没有价值。现在我们所有企业家都谈绿色经济，所以我相信这个判断是正确的。但是问题是，我觉得现在有一种倾向，好像一提到绿色经济，就马上想到说政府要做什么，马上可能不市场运作了，先对立起来。我想绿色经济只有通过市场才能真正地实现。其实我们看到，当一个市场不能运作的时候，导致的浪费会非常严重。比如前

＊　本文是作者在"2010 中国绿色公司年会"上的演讲，曾收入《产权、政府与信誉》一书。

年四川发生地震之后，市场当时就无法运作了，我们出于爱心，我们
可以捐好多的物资，但是可能有过多的方便面运到那个地方，有过多
的矿泉水运到那个地方，现在看灾区很多建筑设施是超标准的。这是
不是符合绿色呢？我觉得可能值得讨论。

　　我的意思是说，任何情况下只有我们能够通过市场运作，才能使
得发展可持续。具体来讲，对我们企业家来讲，我们是不是可以找到
商业模式，如果我们找不到一个商业模式，绿色经济最多只是一个口
号，是我们每年都可以讨论的口号，没有可持续性。商业模式的本质
是什么呢？绿色公司是不是比传统的不太绿色的公司更赚钱？进一步
来讲，也就是说我们这个社会消费者是不是愿意为更环保和更低碳的
产品和技术支付价格。我要特别强调一下价格的功能，离开了价格，
我们不可能有绿色经济。

　　首先，价格是一个信号，我们什么事情该做，什么事情不该做，
我们绿色要绿色到什么程度，低碳要低碳到什么程度，谁能够告诉我
们？最终只有价格。

　　我们没有办法相信靠某一些人坐在屋子里面确定的那个标准就一
定是对人类最好的标准。我举一个简单的例子，一次性筷子和重复使
用的筷子，如果离开了价格，我们没有办法判断哪一个更绿色。有人
说可能一次性筷子浪费了好多的木材，其实我们想一下，制造这些一
次性筷子的木材，如果不造筷子，它能做什么，到时候也要砍伐。重
复使用的筷子可能更绿色，但是它消耗好多洗衣粉和消毒剂，如果消
毒不干净又引起其他疾病传染，导致住医院，又要吃药，又导致大量
消耗。所以我们没有办法判断一次性筷子更绿色还是重复使用的筷子

更绿色。

第二，价格是一个激励机制。我们没有办法改变人的本性，只有通过利益的诱导，人们才会做出正确的选择。如果我们想节约用水，最有效的办法或者唯一的办法就是你要把水价提高。我们要节约能源，最有效的办法就是把能源的价格提高。如果我们不想提高水的价格，另一方面我们又要节约用水，我想这个目的是达不到的。第一点，告诉我们什么该做，什么不该做；第二点，能够激励人们选择正确的行动，这就是价格的功能，非常重要。

我们的绿色要进步最终一定来自技术创新，没有技术创新，我们不可能真正改变增长模式。但是价格和利润是决定绿色技术和低碳技术的选择标准和动力。好比说我们石油价格足够高，就会诱发更多的新能源技术开发，那个时候我们就可能不再需要石油。其实从历史上来看，在西方照明用的是什么？用鲸鱼的油。到上上个世纪鲸鱼快捕杀完了，所以它的价格非常高，促使人们发现石油，石油用了一百多年，用到现在，现在觉得石油不环保，要枯竭。所以未来的替代品在技术上需要根本的突破，仍然需要商业模式。

产权界定很重要。要有市场就得有产权，有了市场我们才能找到绿色的途径。未来低碳市场、碳交易可能是一个最有潜力的市场。

当然我们影响市场还是有办法的，就是改变消费者的偏好，因为偏好在影响着需求，而舆论和教育是可以影响人的偏好的。好比我们一个人应该几天洗一次澡，如果我们每天洗一次澡的话，我们花费的水要多得多，如果像在农村一个月洗一次澡的话就比较环保。当然我也没有办法告诉你洗几次为合适，但是从用水的这方面讲，肯定是洗的次数越少越绿色、越环保。但另一方面，洗得少了也可能染上某一种疾病，这种疾病可能住院，又会引起其他的消费。

还有一个例子，使用动物的皮革和人造皮革，日本人信佛教的多，汽车只有 3% 的皮革是用动物的皮革，而中国的汽车 20% 是用牛皮皮革。如果我们通过教育使得人们觉得使用牛皮有一种犯罪感的话，我想更多人就不需要牛皮了，牛皮的价格就会掉下来，包括我们穿的鞋。当然这会有另外一个问题。如果牛皮价格掉下来了，牛肉的成本就会大幅度上升，因为养牛的成本只能更大比例分摊在肉上了。现在牛皮可以分担相当一部分成本，让牛肉相对便宜。所以结果怎么好，我也不清楚。还有吃肉和吃素的问题，如果中国人信佛教的话，吃肉就大大减少。

我想有一些事情可以从很简单的做起，好比说桌子上，我们开绿色会议，但是看看我们吃饭的时候浪费了多少，我们在桌子上浪费了多少？今天好多的宴会，一半的食品，至少三分之一的食品都是浪费的。我想如果每一个企业家从这个做起的话，是不是会立马见效？

我还想讲一点，不要把绿色、环保与工业文明对立起来。公元前10000 多年前，那个时候没有工业文明，但气候变暖，冰川融化了。汽车今天被认为是污染的重要源头，但汽车发明时，是解决城市环境的最好手段，伦敦大街上都是马粪，环境非常糟糕。非洲好多地方没有工业文明，但是他们沙漠化非常严重。我特别想讲一下我的家乡陕北高原，几百年前植被是非常好的，后来破坏了。到改革开放前，我在农村的时候山是光秃秃的，很少有树木，更不要谈草地了，那么这个时候也没有工业文明，但是人类仍然过度开发。今天再去陕北，从鄂尔多斯走高速公路，一路到榆林、延安、西安，绿化变得越来越好了。为什么？这个地方有钱了，发达了，老百姓不需要上山砍伐了，还有退耕还林的政策，植被自然恢复非常快。如果没有工业文明，我们现在面临的环境可能要糟糕得多。其实人类是很无知的，我们的行为对外部环境造成什么样的影响其实我们并不清楚，包括气候的变化、温度的上升，究竟多大程度上是由于人类的行为，我们不是很清楚，我们现在只是一种猜想。

当然，我们要做出比较谨慎的措施。但是在这个时候我们仍然要有适当的平衡，包括我们好多措施，它可能要搞很长的时间才能见到效果，如果我们觉得它有很大威胁的话，最好要防止这种现象的出现。好比我们讲焚烧垃圾，在几年前我们仍然认为这是解决环境问题的办法，现在又听说焚烧垃圾产生有害气体，有很大的伤害。还是回到刚才讲的，经验证明，只有市场是纠正错误的最好办法，现在有些错了，发现市场慢慢通过价格的调整和利润或者亏损的惩罚，使我们纠正我们的错误。所以我们在这方面还是应该对市场予以信心。

我们也经常会拿后代说事儿。人类必须关心后代，我相信在座的每一个人都一样，但究竟什么有利于后代，什么对后代没有利，我们并不是很清楚。在我的老家有一个真实的故事，一家弟兄两人，父亲给两人留下相同的地。哥哥为子孙考虑，守着这块地，一直看管它，精心耕种它。弟弟把地卖了，拿着钱出去上学了，后来当了大官，买回来好多好多地。后来弟弟又出问题了，土改时他是地主，把他斗死了，孩子也抬不起头。你说哪种做法对后代好？现在大家一打着"绿色""低碳"的旗号就好像占据了道义的制高点，其实像我刚才讲的，对人类的未来我们知道得非常少。当然我们企业家也是追求政治上正确的一种人群，所以我们也要顺应时势，但是我们应该允许不同的声音、不同的观点在表达。我们好多企业都是有既得利益的，现在非政府组织好像变得更高尚，我只想提醒一点，任何组织都可能变成既得利益集团，而不仅仅是企业。所以在这个时候，我想用人类的历史证明，有多种声音总是比有一种声音要好。

Ⅳ 危机后的转型

把握中国经济的大局与动力

2008—2009 年发生的世界金融危机是当今经济学家与政、商界领导不能遗忘的重大事件，有人把它与上世纪 30 年代改变世界历史进程的大萧条相比。今天的人们可能不关心 2000 年的网络科技泡沫，不关心 1997 年的亚洲金融风暴，不关心 20 世纪 80 年代的日本泡沫经济，但不能不牢记这场让每个人深受影响的严重危机。

危机到来的时候，金融市场岌岌可危，信贷紧缩，企业家信心指数一落千丈，工业生产和销售快速下滑，就业形势急剧恶化，好像所有企业在同一时间都犯了错误，让人无法理解。我们知道，企业家的本职工作就是预测市场，判断未来应该做什么、不应该做什么，成功的企业家就是因为比一般人更能把握市场未来的趋势，失败的企业家

---

* 本文是作者主编的《金融危机后的中国经济》的序，完成于 2010 年 4 月 5 日，曾收入《通往市场之路》一书。

则是因为缺乏这种能力，但如果说大部分企业家在同一时间出现错误，那就不是企业家素质的问题了。

在预测个别市场的变化趋势方面，企业家比经济学家更在行，但要他去判断整个宏观经济的走势是困难的，恰恰这对企业的生存和发展又非常重要。好比你要在墙上挂一幅画，你可以把位置找得很准，钉子钉得很牢，画也挂得很漂亮，但如果这个墙根基不稳，哪天突然塌下来，你的画挂得再漂亮，钉子钉得再牢，最后还是没有用。所以，企业家要关注宏观形势，就像钉钉子的人要关心那面墙一样。

预测宏观经济走势的任务应该由经济学家承担，但这次危机的出现，表明经济学家不能胜任这一点。很多人都问，包括 2008 年 11 月英国女王访问伦敦经济学院的时候也问：为什么没有人预测到这次危机？后来一批经济学家对此表示歉意，他们说当前的经济学理论不足以对经济危机的时间、幅度和严重性做出预测和判断。可见，这次危机也是传统主流经济学的危机，会对经济学的发展产生深刻的影响。

危机也会影响改革的进程。这次危机发生后，有人认为自由市场又失败了，一些极端的观点说："美国垮了，市场经济失灵了，中国为什么还要自由化？""中国之所以没有出大问题，是因为金融体制没有自由化。"这对中国未来的改革提出了挑战。如果认为危机是市场失败的结果，我们就要加强政府对经济的干预；反之，我们就要坚持市场化的改革方向。对危机的不同理解，将导致完全不同的政策。

出于上述种种考虑，2010 年 1 月举行的第十一届北大光华新年论坛主题确定为"金融危机后的中国经济"。我们希望通过对本次金融危机的反思，展望未来的经济前景和产业趋势，使各界人士在防范新的危机形成、顺应产业格局变化、寻找新的市场立足点等方面得到有益的借鉴。

现在看来,这一轮危机最严重的时候或许已经过去了,但世界和中国经济中的结构性问题还远远没有解决。全球经济复苏与就业增长的基础非常薄弱,各国的贸易保护主义纷纷抬头,人民币汇率受到来自各方的指责和压力。在应对全球气候变暖的背景下,各国围绕节能减排和经济发展空间展开了复杂的博弈。这将对中国未来的经济政策和产业格局产生深远的影响。

金融危机之后,中国经济面临的重要问题仍然是加快结构调整和深化体制改革。这不仅是政府和学者所关心的,也是产业界和普通大众关心的事情。本次论坛上几位主题演讲嘉宾有关国有企业改革、民营企业发展、产业重组、国内市场开发等方面的论点,对我们认识未来中国经济的走向具有重要的意义。

就人民币汇率而言,升值或许是大势所趋。这不是因为别人对我们施加压力,而是为了中国经济更健康的发展。美国政客把汇率问题政治化不好,中国人把汇率问题情绪化也不好。

2007年,在全世界各大经济体中,只有德国出口占GDP的比重略微超过中国,中国是37.5%,德国是39.9%,其他国家如美国、日本、英国、法国、意大利、西班牙和加拿大,全部远远低于中国。再看外汇储备,日本和德国在实现工业化的阶段,1955年到1975年,外汇储备对美国GDP的比例从来没有超过2%,但中国的这个数字现在到了12%。以外汇储备占本国GDP的比重来看,德国和日本在高速成长期很少超过5%,而我们现在超过了50%。

过去 20 年来，中国经济中的单位劳动成本下降了 40% 左右，但人民币兑美元的汇率只上升了 20% 左右。长期来看，两国的货币和购买力很大程度上是由劳动生产率来决定的，劳动生产率提高，汇率就要提高。20 世纪，德国从 60 年代开始，日本从 70 年代开始，都经历了这样的过程，但中国一直没有走完这一步。

现在，无论是从外部还是自身的情况看，中国以出口为主导的增长模式都无法继续下去了，我们必须开拓国内市场。但如果继续保持人民币的低估，不仅会引起国际贸易的纠纷，还会阻碍中国企业家开发国内市场。所以，人民币升值是"躲过了初一躲不过十五"，企业和相关各界的人士要做好准备。

从长期来看，中国与世界经济持续发展的关键在于技术和产业的创新。创新的方向在哪里？新能源，生命科学，以及信息、生物、航天材料和纳米技术的综合，将构成未来产业与科技创新的制高点。这一切，又与低碳环保的世界潮流密切相关。为此，第十一届光华新年论坛邀请国家发改委领导对世界气候大会和中国的低碳发展规划进行介绍，并组织"新能源与中国经济"专场讨论，希望帮助有关各方认清发展趋势，洞察行业状况，及早采取行动，在未来的国家与产业竞争中占据主动。

汽车业是未来中国消费增长的重点之一。2009 年，中国汽车产销量超过 1300 万，增长超过 40%，这是非常惊人的速度。在未来的 10 到 15 年，按照参加本届论坛的业界人士保守估计，汽车市场的平均增速至少能达到 15%，它将对中国的经济增长和社会生活产生深刻的影响。但如何创建自主品牌，使中国从一个"汽车大国"转变为"汽车强国"，依然是一个的巨大挑战。其实不光是汽车业，整个中国产业界都面临着如何从"中国制造"转变为"中国创造"的问题。

无论技术创新，还是品牌建设，最终要由企业来完成。事实上，经济发展的原动力就来自企业，所以，中国的企业家可谓任重道远。撇开体制环境不谈，企业家的出现和生长取决于人类的创业、创新精神。按照经济学家熊彼特的描述，那是一种追求"有创造的快乐，把事情办成的快乐"的秉性。在本届新年论坛中，能看到很多演讲嘉宾不仅体现出创业的激情，还有创业的智慧。如果这种精神在社会中发扬光大，中国经济的未来将是一片光明。

在企业创业、创新的过程中，金融的支持至关重要。随着市场化改革和竞争机制的形成，中国的银行业已经取得长足的进步。他们之间有了差异化的定位，一部分银行的服务慢慢向中小企业和民营企业倾斜，并开始尝试国际化的经营。在这样的背景下，在本届光华新年论坛上，招商银行、民生银行等银行业的领导就国际化过程中得到的经验和教训与各界听众进行开诚布公的交流，不仅为其他企业的国际化提供了良好的借鉴，也让我们看到建设世界一流企业的希望。

如果说有一件事值得担心，那就是我们的体制环境。中国宏观经济中的很多问题，背后实际上是体制问题，如城乡二元歧视、国有行业垄断、政府主导投资等等，这些问题不解决，所谓转变经济增长方式、提高居民收入、扩大内需等目标，都无法实现。我们必须认识到，体制环境有问题，不仅会打击企业家创业、创新的积极性，更会把人们的热情引向权力寻租和短期炒作，造成贫富分化、就业困难、资产价格泡沫等影响社会稳定的重大隐患。所以，进一步推进改革，建立一个公平、自由的市场环境，不仅是光华新年论坛反复强调的主题，也是中国经济持续发展、实现国家富强与人民幸福的关键所在。

本书是第十一届光华新年论坛的思想成果。由于篇幅所限，上述介绍远远不能涵盖本届论坛的丰富内容，所以我向更多的人推荐这本书。我相信，每一位关心中国经济发展和产业变化趋势的读者，无论重点在政府改革，还是产业格局，还是个人创业与发展的机会，都能感受到它的价值和分量。

最后，要特别感谢出席本次论坛的所有演讲嘉宾。他们在繁忙的工作中抽出宝贵的时间参加论坛，与上千参与者分享他们的所思所想，是这个论坛成功的关键。我要感谢听众和媒体朋友，也要感谢为本次论坛召开付出艰苦劳动的光华师生和各位同事，和他们一起，为探索中国经济发展和企业成长的未来贡献微薄的力量，是我深深的荣幸。期待有更多的朋友参与到下一届光华新年论坛中来！

加入 WTO 给我们带来什么？

用市场的逻辑思考问题

我们应从更长远的历史角度来看 WTO。人类在一万多年前已经占据了世界每一个适合生存的地方，也在一万多年前，由于冰川融化，世界被分割为几个不同的部分，大致包括亚欧非大陆、美洲大陆、澳洲大陆三大块。我们现在的很多文化都是在这之后形成的。但过去500 年出现了巨大的变化，生活在这几大洲的人类重新连接起来，这个连接我们可以整体把它叫作"全球化"，现在我们也无非就是在这500 年连接过程中。

500 年的全球化，世界各国之间的关系无非也就是两种逻辑，一

* 本文根据作者在中国社会科学院"国际经济评论"编辑部于 2011 年 8 月 4—5 日举办的"WTO 十周年研讨会"上的发言整理，原文发表于《国际经济评论》2011 年第 9—10 期，曾收入《通往市场之路》一书。

种逻辑我叫它"强盗的逻辑",通过使别的国家、别的民族、别的人不幸福而自己获得幸福;第二种我们可以叫作"市场的逻辑",使别的国家、别的民族、别的人民幸福,自己也幸福。观察这500年大体也就是这两种逻辑起作用。

但我高兴的一点是,市场的逻辑,或者我们一般讲的"多赢""双赢"变得越来越主流,而强盗的逻辑尽管仍然存在,有时候很强势,但相对来讲它在慢慢衰退。西方国家崛起过程中存在强盗逻辑,但市场的逻辑作用更大。贸易就是典型的市场逻辑。二战时,日本、德国就是按强盗逻辑行事,导致了失败。二战之后,日本、德国为什么崛起了?它们靠的是市场的逻辑。WTO总体上是市场的逻辑,使得所有参与方都得到好处的逻辑。

当今国际上仍然有很多成员喜欢强盗的逻辑,虽然只有强权国家才能按强盗逻辑办事,但很多落后国家也喜欢用强盗逻辑思考问题。我们中国就比较喜欢用强盗的逻辑思考问题,不是按照市场的逻辑来考虑。我们不是特别强大,所以老觉得别人在算计我们,不是分析我们自己和别人从中得到什么好处。就像过去谈陕西人和广东人做生意的区别,广东人做生意只在意自己拿到多少,陕西人总是看别人碗里有多少,人家多我就不高兴,不干,而不看自己碗里留下多少。这两种思维在国际关系中仍然非常典型。

如果用强盗的逻辑来考虑问题,那我们总是在考虑我们哪些部门受到了损害,让出市场,不一定换来技术;但如果我们通过市场的逻辑来考虑问题,可能我们就会想我们得到了什么,假如没有WTO,这10年我们的发展,或者是未来的发展会是什么样的。

涉及产业政策问题，我特别想谈的是，我们不要看产业，要看要素。从要素角度看，中国最缺少什么？就是土地，就是资源。假如从中国的民族利益角度出发，我们开放，加入 WTO，能够用外国的土地养活中国人，用外国的资源发展我们，这为什么不是一件好事呢？现在中国用世界 7% 的可耕土地养活 20% 的人口，但如果中国有一半的人靠外国的土地养活，这就是很了不起的成就，而不能叫作失败。

现在我们对石油的进口超过了石油使用量的一半以上，这也是成就。不能说我们过分依赖别人就是失败，这是不对的。如果西方用这种思维，它也根本不可能发展起来，欧洲为什么能够起来？就是在发现美洲以后解决了欧洲的土地短缺问题。欧洲人原来是靠砍伐树木种庄稼，后来不砍了，森林就开始恢复。用美国人的土地为欧洲人生产食品，那才有了今天的欧洲。

能源方面更是这样。能源在经济发展中非常重要，中国总体上是一个缺少能源的国家。中东、俄罗斯、中亚的石油不是美国人用，就是日本人用。如果中国人用得更多，这本身也是更大的成就。所以谈比较优势最根本的还不在某一个产业，而在于最基本的要素。自己最缺少的资源，没法儿生产的东西，就要用其他国家的资源替自己做。

与此相关的还有刚刚谈到的技术进步。来看大历史，我们要承认一点，当今的技术进步非常快，但当今技术传播的速度比技术进步速度还要快，这是一个基本特点。和几百上千年前不一样，那时技术进步不快，但技术传播的速度更慢。造纸是中国人在公元 100 年左右时发明的，但到了公元 751 年才传到了中东伊斯兰世界，花了 650 年。现在大家看任何一个技术在美国、欧洲出现，如果没有政府的禁令，很快就会在其他地方出现。

　　所以我想，对于这个问题要换个角度来看，自主创新等概念不一定完全适合。如果每个国家的所有技术都是所谓自主创新，那世界全球化的意义可能就不很大。全球化就是利用人类共同的智慧，这也是人和动物不一样的地方。人有学习的能力，每个人都会接受别人积累的知识，接受历史积累的知识，动物是做不到这一点的，只有人能够做到这一点。从这样一个我叫作"市场的逻辑"的角度来看，可能对现在面临的很多问题的思考会不太一样。

　　回过头来我也特别想谈前面谈到的一点，对于中国来说，究竟什么是好的、什么是坏的，我们并不是很清楚，当然，我们自以为很清楚。我们评价WTO，评价某个产业，我觉得不那么简单。路风教授刚才有个结论，不在于开放不开放，而在于我们执行什么政策。我觉得还是要发挥企业的作用，不是在政府层面评价哪个政策好不好，而在于企业家。我相信如果没有WTO，华为不可能有今天，你看华为那么成功，但它一半以上的销售收入来自国外市场，如果没有WTO，华为在世界上不可能走得那么畅通。如果把华为所有最聪明的人圈在那儿，过不了几代他们就死亡了，所有人类的技术进步，包括欧洲的技术进步，也吸收了很多其他地区的知识。所以开放非常非常重要。

　　总之，中国无论是普通老百姓、学者还是官员，都要学会用市场的逻辑来思考问题，因为人类只有用市场的逻辑思考问题才有前途，用强盗逻辑思考问题没有前途。国家之间的利益冲突、企业之间的利益冲突远比我们想象的要小，好多冲突都是我们主观认识的冲突。当然，我们可以倒过来推想，如果那些冲突都是实际没法解决的冲突，那人类是没希望的，只有我把你干掉，你把我干掉。正因为我们想解决这些冲突，所以才会用其他的方式。加入WTO10年，短短一瞬，我们还要看世界过去500年的历史和中国过去200年的历史，不光只着眼这30年，只有这样，我们才能够看得更清楚，中国才有机会成为大的、制定游戏规则的国家。

市场结构是非常不稳定的

我们谈市场的话一定要有消费者主权的观点，很多贸易保护主义者不考虑消费者，而是生产者说了算，从消费者的角度，谁给消费者创造的价值高谁就赢，为什么中国的产品能走向世界？因为美国人喜欢、欧洲人喜欢。

路风讲到市场结构是稳定的，其实是相当不稳定的，不往远了看，就看十年前，刚才你举的例子，贝尔、摩托罗拉，十年前华为、中兴算不了什么，现在是什么地位？十年前索尼不把三星放在眼里，现在可能是三星不把索尼放在眼里。所以我说市场的结构是非常不稳定的，国际结构也是不稳定的，如果真的稳定，不会有日本的崛起，不会有德国的崛起，不会有美国的崛起，更不会有中国的崛起。

我想它的不稳定性来自于技术路径非常不清楚，除了企业家在摸索，没有任何一个政府官员、学者能看清技术的路径。索尼公司那么领先都看不清技术的路径，最后也落后了。正因为这一切的不确定，我才主张用市场的逻辑思考问题。

我同意知识的积累是全球化中最重要的。不要说500年，2000多年前从丝绸之路开始都是这个过程，但在这个过程中，我们不可能把知识的传播、学习和贸易分开，很多无形的知识都镶嵌在有形的技术中。我说中国人的学习能力很强，但确实有一个问题，中国人占世界20%的人口，聪明人也应该占世界的20%，但你看世界做出重大贡献的比例，我们占到了多少？没有多少，这就是我们封闭的结果。我想路风并不是反对开放，但我想说的是，加入WTO之后中国企业学习的速度远远超过加入WTO之前。现在的国际贸易保护主义很大程度上是因为政治问题，用我的话说就是"无耻的利益集团"在背后撺掇各种理论，而不是真正科学的分析。

优势来自竞争

我认为汇率的调整可能有助于中国产业的升级，卖很便宜的东西，没有任何一个企业感到压力。我同意余永定的观点，中国企业有相当的承受力。商务部测算的压力我觉得是有问题的，现在很多出口企业的利润率只有2%~3%，如果升个2%~3%，这个企业就完蛋了，这种推断完全是错的。市场不是那样运作的，现在货币再贬，贬到10块，中国企业还是只能挣2%~3%，因为他们做的产品是充分竞争的，汇率贬了，他就把价格降下来；升了以后还是2%~3%，可能不会有那么大的影响。比如美国人8块钱愿意买的东西，我们4块钱就卖给他了，如果你汇率升值，人家可能愿意买5块、6块的，汇率升值以后，每个消费者要支付更多钱。国际大品牌公司的利润会降低，而中国企业本身就在生存线上，面临的竞争原来就已经非常充分，能竞争到最边界，只有那些大跨国公司拿的利润会降低，也就是说，从收入分配的角度，汇率升值之后有助于在总的增加值里让中国企业的收入比重上升，这是我的判断。

实际我们还是有一个基本的问题，很多经济学家认为，我们比市场更聪明，我们总是人为地设想很多，包括刚才对动态、静态的比较，其实这都是市场竞争出来的，我相信这一点。我反对经贸保护主义，对所有产业政策我都是反对的，大家看有几个产业政策做得好的？产业政策最后都变成了既得利益者的分配问题，现在很多所谓新能源的产业政策都是勾结起来找国家申请补贴。所以，一定要相信市场，虽然市场很抽象，但中国人很聪明，只要你放在那儿，它就会竞争出优势。也许现在我们认为不是中国优势的东西未来就会变成中国优势，这是靠企业家才能真正做到的。企业家脑袋别在裤腰带上投资，我们认为他不懂，要由一个三十多岁的处级干部来决定他能不能投资，这是非常荒唐的。

还有个领导力的问题。任何一个变革一定要有决策，如果领导本身什么事儿都不想干，所有的下属想干那都是没有用的。1977年邓小平决定恢复高考，当时教育部部长曾向邓小平报告说："恢复高考很复杂，今年我们搞不成，来不及。"邓小平说得很简单："你看，能搞你就搞，你们搞不了，我知道谁可以搞得了。"结果教育部部长马上就搞了。

中国的WTO是里程碑式的，对防止体制的倒退也大有好处。我感觉到，如果没有WTO，这几年改革的倒退要比现在严重得多。

关于金融危机的经济学反思

几乎所有的人，而且都是聪明人，在同样的时间犯了同样的错误，这是经济危机的重要现象。企业家的本职工作就是预测未来，判断未来应该做什么、不应该做什么。如果说大部分企业家的判断同时出问题了，那究竟是什么原因？

这次经济危机也是宏观经济学的危机

经济教科书有一个最简单的假设，经济是单一的产品，这个产品叫"GDP"（国内生产总值），这个单一产品的假设有时候会导致非常

＊ 本文由作者 2009 年 5 月在光华深圳分院十周年论坛上的演讲整理而成，曾收入作者主编的《金融危机后的中国经济》一书。

荒唐的结论。比如，一个人花 100 万盖一栋房子，另一个人花 100 万造一门大炮，然后用大炮把房子炸了，结果是，社会财富损失了 200 万，但统计上，我们的 GDP 反倒增加 200 万。这就是只关注总量分析的迷误。

宏观经济理论第一个问题，就是不看结构的问题，只看总量。在宏观经济学里面，GDP 又分解为消费、投资加净出口，即所谓的"三驾马车"。比如，在一个经济中，消费 60，投资 35，净出口 5；另一个经济是消费 80，投资 20，净出口是 0，这两个经济被假定是可以互换的。假如投资掉了 15，净出口的 5 没有了，政府可以通过扩大内需，把国内消费由 60 增加到 80，这个经济马上就恢复了。这是大错特错。第一个经济和第二个经济是完全不一样的，尽管它们在总量上是相等的。大家多吃多穿，我们的钢材生产能力过剩的问题能解决吗？水泥生产过剩问题能够解决吗？无论是世界还是中国，现在面临的都是结构的问题，而不是投资不够了就增加消费，消费不够了就想办法出口。我们中国出口给外国人的东西，未必就是我们中国人能够消费的东西。中国是生产假发最多的国家，有多少人能够消耗这些假发呢？

还有就是假定货币只影响总量，而不影响结构，比如对相对价格和产业结构、收入分配的影响。实际上，货币不是中性的，谁先拿到货币谁就占便宜，谁后拿到货币谁就吃亏。假如现在货币总量增加一倍，都放在我手里，意味着我从你们每个人手里面剥夺一半的财富，而不是简单所有的价格增加一倍，因为我的需求结构和你们不一样，价格结构和原来就不一样了。货币对经济的影响都是通过相对价格的变化而发生的。由于忘了这一点，宏观经济的政策有一个目标：CPI（居民消费价格指数）保持稳定。这就大错特错了。80年前的1929年发生的大危机和这次危机之前，CPI都没有太大的问题，为什么我们的经济出现了大问题？就是价格稳定并不代表宏观经济是正常有效的。

我们分析宏观经济，一定要理解国民经济是由不同的部门组成的，每一个部门的波动是不一样的。2007年10月到2009年2月工业增加值的增长率，基本的特点是，经济在高涨的时候，重工业增长的速度远超过轻工业，而经济走低的时候，轻工业增加的速度也超过重工业，我们怎么可以说由于消费不足导致了衰退呢？显然不是的。再如1999年到2009年几种价格指数的变化，包括生产资料出厂价格、工业品出厂价格和消费品价格，经济在高涨的时候，越到上游，生产资料的价格涨得越快，消费品不怎么涨，而经济到下滑的时候，就倒过来了。可见，生产资料相对于生活资料的价格变化更大。这关乎宏观经济当中的重要问题，也许CPI很稳定，物价很稳定，但是上游原材料价格暴涨的时候，预示着经济要出问题了。如果我们仅仅看CPI，我们觉得这个经济很正常，这是格林斯潘几年前为自己辩护的理由：我的宏观经济没有问题，因为我的价格很稳定。但是资产价格、原材料价格暴涨他就不考虑。所以我们要明白，不能把货币理解成为中性的，只关注总量，不关心结构。

物价指数的下降现在被认为是很可怕的事情，物价下降就被当作萧条。从历史上看，通缩和经济萧条没有必然的联系。从1873年到1896年，西方许多国家的价格水平年平均下降2%左右，但没有带来萧条，相反，生产水平年平均增长了2%~3%。美国1870年到1879年这10年间，价格水平平均每年下降1.8%，但这10年是美国历史上增

长的黄金时期。现在我们习惯了通货膨胀，而不习惯于通货紧缩，看
到物价水平下降，我们就着急，就要注入货币，帮助它提起来。经济
正常的状态应该是什么？就是随着技术的进步、生产力的提高，物价
略有下降。物价略有下降，是所有人分享到了经济增长带来的好处，
但是，政府不让它下降，就要增加货币，谁拿到增加的货币，谁就占
有经济增长的好处，而其他人很难分享到这个好处。货币对经济的破
坏在于对结构的破坏，政府稳定物价的时候，实际上注入了太多的货
币，这个时候扭曲已经开始，当他发现问题的时候已经太晚了。

现在宏观经济学还有一个错误，把储蓄理解为罪恶，而不是一种
美德。如果说储蓄是一种罪恶的话，美国人的消费那么高，为什么美
国会出现问题呢？我们所有的技术进步都离不开投资，投资只能来自
于储蓄。从历史来看，早期经济学家把储蓄看作美德，但自凯恩斯之
后，储蓄变成了罪恶。很多人说为什么经济下调了，因为储蓄率太高
了。大家都说中国的储蓄率太高了，但是高到哪去了？中国的家庭储
蓄1996年的时候占到GDP的20%，到2006年的时候占到16%（印
度是22%），同期，企业的储蓄由13%到20%。企业的储蓄，特别是
国有企业的储蓄，有多少是好的，多少是不好的，这才是应该分析的
重点。企业的储蓄就是投资，这些投资是不是有效率，如果不是，就
会产生过剩的生产能力，恰恰是导致经济危机和经济下调的原因。

美国人多年来一直到危机之前都不储蓄甚至是负储蓄。美国政府
现在要鼓励美国家庭储蓄呢，还是应该鼓励他们消费呢？他们没有办
法回答这个问题，他们讲的理论基础就是有问题的。按照宏观经济学
的说法，有一个乘数效应，如果收入的1块钱里面，8毛钱消费，2毛

钱储蓄了，国家投资 1 块钱，GDP 就增加了 5 块钱。如果你的收入里面 9 毛 9 都消费了，就是投资 1 块钱，GDP 就增加了 100 块钱。这是非常荒唐的。

宏观经济学把目的和手段颠倒了，我们看看 GDP 的公式，所谓三驾马车：GDP= 消费 + 投资 + 净出口，增加消费就能增加 GDP。实际上，恒等式不是因果关系，我的收入等于买车花了多少钱、买房花了多少钱，等等，但不是说我多买了一辆车，我的收入就多增加了十几万。GDP 本来是我们的一个手段，我们的目的是生活得更好，大家的消费可以持续地增长。现在倒过来了，为了维持 GDP 的增长，号召大家增加消费，目的和手段完全颠倒了。

再看看投资。投资的目的是为了增加未来的消费，我今天花 1 块钱投资，明天、后天可以消费 2 块、3 块钱，这是我们投资的目的。现在的经济政策和经济理论怎么解释？投资是为了今年 GDP 的增长。这个区别非常重要。如果投资是为了未来的消费，每 1 块钱的投资必须带来足够多的收益才值得做，但是如果投资是为了今年的 GDP 的话，我们不需要关心投资在哪，只要钱花出去就行了。

这样你就可以理解我们现在的宏观政策多么的混乱，因为目的和手段颠倒了。为了 GDP 而消费，不是为了消费而创造 GDP；为了今年的 GDP 而投资，而不是为了未来的消费、未来的财富而投资，这样怎么能够保证投资是有效率的呢？我们知道美国政府、中国政府及其他各地方政府的思路，我今天投资 1 块钱，一年后报废了，投资之后有没有效率，我不关心，因为我关心的是今年的 GDP。如果我们的出发点不是为了有效的投资，就根本不可能保证投资有效率。

政府如何应对危机

我认为，这次危机是由于货币太多引起的，不是太少引起的。太多的信贷、太多的投资、太多的消费，出现问题后，我们继续为经济增加货币，就回到刚才讲的，投资不行了就增加消费，消费不行了就增加投资。其实，不可能解决根本问题。我们要寻找更加有效的方法，要在自由竞争的市场上把我们的企业做得更好。

我非常同意厉老师刚才讲的，中国的经济问题主要是结构问题，不是总量问题，或者说没有结构问题就无所谓总量问题。除了产业结构和地区结构，我还要加一条，所有制结构，我们那么多浪费性的过剩生产是哪来的？很多是我们的政府做的。国有垄断企业赚钱没有人分红，又不能发太多奖金，怎么办呢？唯一的办法就是投资，乱投资。

市场是调节结构问题最好的办法。应该使我们的价格制度、工资制度、就业制度变得更加灵活，而不是像现在这么僵硬。如果在去年我们不通过《劳动合同法》——这里有一些条款对中国经济的伤害是很大的，我们这次调整就要轻松得多。现在包括老板和员工之间，我们都用坚固的防范，都把对方当成小人来看待，影响很不好。劳动的制度变得僵化了，我们的调整就会变慢。企业玩不下去了，该裁员就要裁员。只有市场不断调节，创造新的就业岗位，失业的问题才能有效地解决。

我也非常同意要大力发展民营经济，我们的国有部门仍然垄断了很多行业，我们很多的投资仍需要政府进行批准。小商小贩是一个问题，除了小商小贩，大商大贩也放不开，只有有了自由竞争的权利，经济才能真正地恢复。

减税我也同意。政府要考虑国家的整体经济状况，困难时期，政府要宽宏大量一点，要看得更远一点、更宽一点。日子难过大家要分担，大家都有困难，每人分担一部分。世界也好，中国也好，不能靠消费来解决问题。假如从现在开始，所有的工资不发钱了，发消费券，3个月就过期，那就都消费了，能解决中国的问题吗？不能解决。还有一些振兴计划，有些是可以振兴的，有些是不能振兴的，它已经过剩了，产能已经超过 20%、30%，3 年之后超过了 50%、100%，那问题就更大了。

企业如何应对危机

第一点，企业家一定要回归到企业家的本性，企业家的本性就是发现市场。我们看到生产过剩了，一定有没有被满足的市场，你要很好地观察，很好地研究它，找到它。

企业家在困难的时间应该各地都走一走。很多人是怎么变成企业家的？就是由旅游变成的。他发现这个地方的人没吃的、没穿的，竟然有这么多资源，就发现了市场。有一些企业原来是出口型的，面临了困难，你没有订单了，别待在家里，你要出去看看，是中间商还是哪里出现了问题，一定要回归企业家的本性，寻找市场。

第二个要利用好价格机制。该降价就降价，不要老耗着、拖着。应该说万科的王石是好榜样，2008 年他降房价的时候很多人都骂他，骂得王石心情很不爽。现在证明人家是对的，人家降价不是说思想有问题，提前降价现金流就回来了。每一个企业家都要考虑降价，尤其是困难的时候，你现在定多少价应该看未来，看边际成本。

第三点就是制度创新。中国的企业家是非常擅长制度创新的，这是我们这30年不断走过来的原因。政府可能出台一些政策，有些是对的，有些是不对的，越是不对的政策，越需要制度创新来纠正。我想提到一个例子，1989年中国经济危机的时候，经济增长掉到3.8%，民营企业、乡镇企业怎么应对这次危机的？一个重要的办法就是让工人不领工资，然后把他的工资变成股份，就解决了问题，这些企业就活过来了。这就是制度创新，我们的企业家要在这方面多动脑子。

第四是技术创新。如果你能够降低成本，你就可以有市场。原来经济繁荣的时候，大家花钱如流水，现在精打细算了，你在降低成本方面能够做什么？我去西安调查，一个生产汽车齿轮的企业，做得非常好，因为它用低成本的办法，它的市场很快就恢复了。

第五是自主品牌建设。凡是有自主品牌的企业，面临的困难就没有那么大，不像纯粹做OEM（代工生产）的，中国企业过去一直强调贴牌，危机的时候，那些和你订货的人不订货了，你可以创一个自己的牌子，用你自己的牌子就可以卖了。

第六是产业重组。中国的行业集中度太低，这次危机恰恰是提高企业集中度最好的机会，行业的兼并一定要出现。大家不要想着企业死了资产就没有了。一个企业死了，他的优质资产被人拿走了，而不是说这个资产就一把火烧了。这是所有权变革的过程，结果是提升资源的利用效率。

最后，我们的企业家一定要在危机中学习。尤其是最近成长的企业家，没有过过艰难的日子，不像先辈的企业家，一开始的日子非常的难。通过学习，以后头脑不要那么发热了，看经济总是看那么几条曲线，有些部门价格高的时候，后面的问题就出来了，无论是地产还是股票市场，只要价格太高，后面一定出问题。

我们也不要太悲观。我预计再过 30 年，中国的企业里面一定有一些会和世界的大企业称兄道弟。条件很简单，你研究一下美国企业的历史，就是市场经济。人类的历史就非常的清楚，没有哪一个政府靠自己能把经济搞好的，只有靠企业家的作用，靠市场自发调节。我相信中国在危机的时候会多做一些改革，而不是仅仅花钱搞刺激。如果我们的企业家更多承担企业家的责任，去发现市场，我们经济复苏的速度就会快一点。

中国未来金融稳定的三大潜在威胁

　　金融危机的导火线通常是金融机构的支付危机。现在人们很担心国有银行的坏账问题，但在我看来，最需要担心的可能并不是已经存在的银行坏账，因为这些坏账的经济后果已经被吸收，现在的问题是如何做账的问题。如果处理得当，问题不会很严重。真正需要担心的是新的坏账的形成，特别是一些非银行金融机构的坏账问题。保险业、养老金社会保障和"投资基金"可能是中国未来金融稳定的最大潜在威胁。

保险业的支付危机

　　中国的保险业发展很快，现在各类保险公司已达 20 多家；同时，也有越来越多的外国保险公司进入中国。经济学家常常讨论的是投保

---

* 　本文写于 1998 年 6 月，曾发表于《中国市场经济报》1998 年 7 月 10 日，曾收入《产权、政府与信誉》一书。

人的道德风险对保险市场的损害问题，而目前中国保险业的道德风险主要发生在保险公司，这是保险业的真正危险所在。现在国有企业之间的恶性竞争引起了普遍关注。事实上，保险公司之间进行的远不止恶性竞争，而是掠夺性竞争，是抢钱的竞争。为了吸引客户，拿到保费收入，保险公司竞相推出各种各样的优惠险种。好多寿险的回报率高得令人难以置信，内行人一看就明白，如果没有国家最后兜着，这样高的回报率根本不可能兑现。我怀疑，有些保险公司在设计险种时，压根就没有想着偿还。明明知道一个母鸡一天最多只能下一个蛋，偏偏要告诉投保人自己养的鸡一天可下两个蛋，这与欺诈没有什么差别。

保险公司与保险代理人之间的合同关系也很不正常，对代理人是激励过度，约束不足。合同不完善，代理人拉着客户到处打游击，每换一个保险公司，就多拿一笔佣金。好多业务员为了拉客户，向投保者传递一些欺骗性的信息，甚至与投保人合谋，骗取赔偿，损害公司的利益。比如说，为了拉客户，保险公司的业务员在做汽车保险时，承诺投保人随时想修车就可以修（不管其行为是否在投保范围之内）。为什么要这样做？因为只要有客户，业务员就可以拿到佣金，但赔偿是由保险公司支付的，与业务员的收益无关。

保险公司的支付能力主要取决于其投资收益率。现在人民银行规定保险资金只能投资于国库券、银行储蓄等无风险金融资产。保险公司认为这种对投资组合的限制是不合理的，希望能被允许投资于股票市场、房地产等。但我担心的是，在目前保险公司的治理结构严重不合理的情况下，如果允许保险公司投资于股票市场、房地产市场，保险资金就会变成投机资金，因为盈了是自己的，亏了是人家的。现在还只是把一个鸡蛋说成两个鸡蛋，搞不好，怕是一拿到母鸡，就宰着吃了。所以，当务之急是改善保险公司的内部体制。

中国的保险业现在处于扩张期，保费收入总是大于理赔支付（人寿保险尤其如此），眼下不大可能出现支付危机。但我担心的是，一旦市场平稳，保险公司就可能发生支付危机。当然，这可能是 10 年以后的事情，但现在就应该注意这个潜在的金融危机的根源。

养老金的支付危机

养老金保险是可能导致金融危机的又一大根源。目前我国养老金的 30％被挪为他用（诸如盖办公楼等），这对将来的支付必然造成影响；况且养老金去向单一（只购买国债和存入银行），也使得养老金投资回报率过低。事实上，如果仅仅是购买国债，还不如由个人购买，因为个人购买国债至少不会出现"30％"的洒漏，同时，个人购买国债的利率高于作为机构投资的养老金管理部门购买国债的利率。

搞社会化养老保险的合理性本身就是值得怀疑的。有人说，因为中国缺乏社会保险，才需要家庭保险，才需要养儿防老。这种说法是有问题的，因为它等于说"因为政府不生产鸡蛋，农民只好自己养鸡"。我们知道，养老保险的实质就是把当前收入储蓄起来用于未来老年消费。在没有货币的时代，人们只能依靠家庭保险来解决养老问题。比如一个种西瓜的人，年轻时生产的西瓜多于吃的，老年时要吃西瓜但又没有能力生产西瓜，他不能把西瓜储存起来留到老年用，便在自己年轻时生养子女，让子女吃自己生产的西瓜，以便老了以后自己吃子女生产的西瓜。到了有货币的时代，如果仅仅为了在年老时有西瓜吃，即使没有社会保险，也无需"养儿防老"，因为他完全可以在年轻时把多余的西瓜卖掉，把钱存起来，到年老时买西瓜吃。所以说，把社会保险当作家庭保险的必要替代是没有道理的。事实上，社会保险也不可能替代家庭保险，因为老人从政府那里领养老金和从子女那里得到生活费的感觉是不一样的。从子女那里拿钱会有一种天伦之乐的体验，感觉上会更幸福一些。天伦之乐绝不仅仅是一个钱的问题。

　　问题的实质是养老保险由谁来决定？保险金又由谁来使用？从这个角度看，养老保险制度无非就是两大类：一类是政府强制的保险，另一类是个人自愿选择的保险。政府强制的保险是最危险的，保险金由政府来管就更危险，通常由于政府的浪费而使得未来若干年后养老金的支付存在严重的困难。有一个寓言讲，一只母羊养了两只小羊，整天忙碌，一只狼就过来说：你这么忙，多辛苦啊，让我来帮你照顾它们吧。于是，母羊就把两只小羊交给了狼看管。不久后，狼就吃掉了一只小羊。社会保险就类似把两只羊交给一只狼来看管。比如说，假定国库券的利息率为 8%，社会养老金的一次性洒漏为 30%，正常的管理成本为 0.5%，那么，一个人把 100 元交给社会保险管理部门，20 年后连本带息得到 296.8 元，而他自己买国库券却可以得到 466 元。为什么这样简单的算术居然没有人算一算？

　　现在要提出一个问题，就是个人积累好还是国家积累好？是个人买国债好还是交给保险机构买国债好？其实，无论是哪种保险，关键是看谁来对投资承担责任。如果我们把钱交给他人去管，除非具备两个条件：一是他人必须比你自己聪明，能够用这些钱去获得更多的回报，然后再将这些回报返还给你；二是他人很爱护你，甚至于这种爱护超过了对自己的爱护，就像一个小孩得到压岁钱，父母怕他随便花掉而替他保管起来那样。否则，这些交出去的钱就很可能变得越来越少，或根本就收不回来了。社会养老保险的收费办法给人一种错觉，似乎养老保险的大部分是企业支付的，其实羊毛出在羊身上，企业本应支付你 1200 元的工资，现在只支付你 1000 元，然后要你拿出 50 元交保险，企业拿出 200 元交保险。为什么不把 1200 元都给个人，让每个人自己决定多少用于现在消费，多少用于老年消费？个人保险是中国的一个传统，在城市，这个传统被计划经济破坏了，现在需要恢复，而不是继续破坏。社会保险作为补充也是必要的。对于那些没有自保能力的人，国家要提供必要的保障，但这部分人只占很少的比例，甚至不应该超过 5%，可以通过政府救济的办法来解决。社会保险只在特定的条件下（比如经济大萧条时期）才有非常明显的作用，但这不能成为在经济正常发展时期使用的理由。就像一个人生病了，需要打吗啡，但并不是说病好之后就可以抽大烟。治病的药不能变为生存的饭。

需要纠正的一个看法是，许多学者认为计划经济时期是企业保险，这是不符合事实的。事实上，在计划经济时期我国是典型的社会保险，国家统收（以利润的形式）统支，企业（包括事业单位、党政机关）职工调到哪里，养老保险就会带到哪里，只不过是当时国家没有单独开立账户而已。后来的问题是，原来收上来的钱浪费掉了，只好说"你们自己管自己吧"，而现在又说"你们自己管不了自己，还是把钱交给我来管吧"。我不理解，为什么这么简单的问题没有人挑明，而非要编一个"将企业保险变成社会保险"的故事来。谁能保证新收上来的钱不浪费掉呢？

基金危机

机构投资（基金）是一种很好的形式，但如果没有好的监督体系，是十分危险的事，尤其是现在的这种封闭式管理就更没有约束可言了。现在到处都在搞基金，只要有"门路"，谁都愿意把别人的钱拿来花。当然了，金融市场上就是一部分人出钱，一部分人花钱，但如果不对花钱的人形成有效的约束，后果是非常危险的。搞不好，投资基金就会变成最具破坏力的投机基金。这就要求政府在制定政策时必须明确，是从保护出钱人的目的出发呢，还是帮人骗钱。

警惕下一次危机

　　一年前，我们由于金融危机的冲击而不知所措，很着急。今天看到过去一年里 GDP 能有 8% 以上的增长，我们总算松了一口气，甚至欢欣鼓舞。但是这个时候我想到中国古人的一句话：乐极生悲。我要讲的问题是如何防止下一次经济危机，这不是危言耸听，其实真正的问题不是我们会不会有下次危机，而是下次危机会在什么时候，严重程度有多大。

　　我不同意某些人所说，中国是这次危机的根源。但是，我同意这样一句话：没有中国的话，这次危机可能和现在的情况完全不一样。简单地说，中国经济进入世界之后，改变了世界的生产成本、经济结构和政策效果。但是中国的这种影响力并没有被各国政府，包括发达

---

* 本文根据作者于 2010 年 1 月在第 11 届光华新年论坛上的演讲整理，曾收入《金融危机后的中国经济》和《通往市场之路》。

国家和中国本身充分地认识到。打一个比方，就像火车上又增加了一个火车头，所以时速由原来的 120 公里变成 200 公里了，但是在我们所有的信号系统中，包括司机脑子里面的概念，这个火车仍然是按照每小时 120 公里的速度在跑，这样的话，它就会出问题。

具体来讲，危机是信贷扩展和低利率政策的后果。2001 年之后，美联储和格林斯潘认为经济可能要萧条，所以就放松信贷，降低利率。这么做的前提是没有通货膨胀，而事实上，恰恰是由于中国的进入，世界经济的生产成本发生了巨大的变化，使本来应该出现的通货膨胀没有显现出来，于是放纵了低利率政策的实施。

再看一下，全世界各国应对危机的措施，恰恰是这次危机产生的原因。好多国家不仅实行低利率，甚至变成了零利率和大规模的信贷扩张。我们中国当然也不例外，进行了世界货币史上最大规模的一次试验。

在过去 30 多年里，除了 1989 年之外，中国没有任何一年信贷的增长超过 2009 年（1989 年是特殊情况），过去十几年，信贷的增长速度一般都在 10% 到 20% 之间，但 2009 年到 11 月份为止，增加了 33%。投资方面，除了 1985 年、1992 年、1993 年的高增长之外，没有任何一年的投资增长超过 2009 年——2009 年投资增长也超过了 30%。

再看全社会固定资产投资占 GDP 的比重，在 20 世纪 90 年代初期只有 26% 左右，之后大部分时间保持上升，特别是 2004 年超过 40% 以后，2009 年达到了 67%，这是世界任何一个国家没有过的纪录。再看信贷对 GDP 的比例，过去 30 多年，大致都在 0.8 到 1.2 之间，最多的时候是 1.17，但在 2009 年，这个数字上升到 1.19。所以我说中国在进行人类历史上规模最巨大的一次货币政策的试验。

这些政策有什么长远后果？猛药之后肯定有不良的反应，有两种可能诱发经济的宏观问题。一是货币增加太多，出现通货膨胀预期之后，政府肯定会采取紧缩政策，下一轮的萧条就来了；另一种可能是过度的投资导致银行不良贷款积累，由金融部门引起经济危机。世上没有免费的午餐，从这个角度想，如果我们 2009 年的 GDP 增长不是 8% 而是 6%，我们未来的日子可能会好过一些。

另外，我们的经济增长对出口依赖太大，要继续维持比较难。2007 年，在全世界各大经济体当中，只有德国出口占 GDP 的比重略微超过中国，中国是 37.5%，德国是 39.9%，其他的国家，如美国、日本、英国、法国、意大利、西班牙和加拿大全部远远低于中国。

外汇储备的情况也说明问题的严重性。日本和德国实现工业化的阶段，1955 年到 1975 年，外汇储备占美国 GDP 的比例从来没有超过 2%，但中国的这个数字从 2001 年之后不断攀升，现在到了 12%。以外汇储备占本国 GDP 的比重来看，德国和日本在高速成长期很少超过 5%，而我们现在超过了自己 GDP 的 50%，也就是德国和日本高增长期的 10 倍。

无论是从外部还是自身的情况来看，出口导向的增长模式是没有办法继续下去了。我们的出路，就是开拓国内市场。

中国国内市场的潜力非常大。我们看一下中国除港、澳、台外的 31 个省市自治区，如果当成一个独立的国家算，国内第一的广东的 GDP 排在世界的第 18 位，大于波兰、印尼、瑞典和印度；第二位的山东和第三位的江苏，都大于挪威、意大利、伊朗、丹麦和阿根廷；第四位的浙江大于委内瑞拉、南非；第五位的河南大于芬兰、泰国和葡萄牙。我们最小的经济体是西藏，但是它还大于蒙古国。全世界发达国家加起来人口占世界总数的 18%，而中国一个国家的人口占到了世界的 20%。200多年前，亚当·斯密就讲道，中国的市场比所有欧洲国家加起来还要巨大，可惜我们一直没有很好地开发这个市场。

在这次金融危机之后，我们能不能防止下次危机，或者使下次危机的严重程度不那么大，就看我们多大程度上开发好我们国内的市场，用国内市场的开发吸纳那些多发出去的货币和那些过度追加的投资。

开发国内市场究竟有什么障碍？为什么中国企业开发国外市场很勤快，开发国内市场这么懒惰？我总结有五个原因，第一是所有制结构不合理，第二是产权制度脆弱，第三是城乡市场分割，第四是行政主导经济，第五是人民币汇率。

首先，所有制结构不合理，国有部门比重太大，占有的资源太多。带来的问题是居民收入来源单一，居民主要靠劳动收入，资产性收入太少，所以在 GDP 当中居民收入的比重很低。本来是"供给创造需求"，但是我们现在的供给、我们创造的收入大部分都留在政府部门和一些企业部门，供给不能变成可持续的消费需求。好多人说中国人不消费，中国人喜欢储蓄，但其实中国居民储蓄率比印度还要低。过去十几年里，我们的储蓄上升不是由于居民储蓄率（居民储蓄率在 2007年的时候和 1993 年没有什么区别），真正变化的是企业的储蓄和政府的储蓄。而且，在过去的十几年里面，政府消费的比重在不断地上升，居民消费的比重在下降。如果不能解决这个问题，开发国内市场的困难就比较大。

第二，产权保护太弱。开发国内市场不是靠国家的货币政策和财政政策，而是靠企业家的积极性。如果产权得不到有效的保护，行政权大于产权，投资朝不保夕，企业家就没有心思开发市场。这里要特别提醒，山西煤炭的整合起了一些非常不好的示范，如果这种现象继续扩展的话，过去30年形成的好多关于产权的共识都会受到严重的毁坏，对于企业家开发市场非常不利。这不仅是煤炭行业的问题，也是所有中国企业家都应该关注的一个问题。中国的政策制定者应该认识到，不按照法律办事、违反产权规则的做法，侵害的不仅是企业家开拓市场的积极性，更是整个国家的利益。

第三，城乡分隔，不能形成统一市场。城乡的制度性分隔是中国的特色，打破城乡分隔，特别是允许土地流转，废除户籍制度，对开拓国内市场是非常重要的。土地的流转会创造出一批类似中产阶级的人士。还有，我们应该彻底废除城乡户口制度，这方面改革有进步，但速度还不够。只有不存在城市人和农村人概念的时候，没有城市户口概念的时候，城市化才会更快地实现，占世界20%人口的国内市场才能真正有效地开发。

第四，行政主导经济。行政主导必然导致地方保护主义，不利于统一市场的形成和区域优势的发挥。下一步怎么打破行政部门对经济的主导权，对开发国内市场非常重要。

最后，企业过分依赖出口，出口市场更赚钱，跟人民币汇率有关。人民币升值的话，有利于提高中国企业家开发国内市场的积极性。人民币升值也能创造财富效应，缩小收入分配差距，增加消费需求。汇率问题如果不解决，未来我们面临的不仅是跟美国的矛盾，而且是跟日本、欧洲和所有国家的矛盾，因为你跟美元挂钩，意味着美元贬值你就要对全世界货币贬值，这样其他国家不会轻易认同你。有人担心人民币贬值会导致中国的外汇储备损失，但我想，外汇储备账面损失一些，能换来中国经济更好地发展，就等于用废纸换了有用的东西，是值得的。

总之，唯有国退民进、健全产权保护、推进城乡市场一体化、减少政府对经济的控制、人民币升值，才有可能开发好国内市场，唯有开拓国内市场，才有希望缓解下次危机的严重程度。

回归亚当·斯密，告别凯恩斯

在科学研究里，有一个词叫科学史的辉格主义，什么意思呢？科学总是进步的，今天的比昨天的好，晚来的比早来的好。但我们看一下历史，这并不成立，即使在自然科学界也不成立。比如说，一般人通常认为，哥白尼最早提出日心说，其实不是。早在公元前二三百年，古希腊的天文学家阿里斯塔克就提出日心说，认为地球围绕太阳做圆周运动，但大家认为他错了，托勒密的地心说统治人类思想一千多年，直到哥白尼 1543 年发表《天体运行论》之后，日心说才逐步得到确立。经济学有类似的情况，就像亚当·斯密和凯恩斯的经济理论。

中国经济转轨，特别是最近非常强调的增长模式的转变，有很多人关心和讨论，这里比较一下，从亚当·斯密和凯恩斯理论的角度看，

* 本文根据作者 2010 年 11 月 20 日在"中国经济学家年度论坛暨中国经济理论创新奖颁奖典礼"上的演讲整理，曾收入《通往市场之路》一书。

这个问题有什么不一样。

按照亚当·斯密的观点，经济学家应该关注财富增长和经济发展。经济发展从何而来？生产率的提高。生产率的提高来自技术进步和创新。技术进步和创新依赖于劳动分工。因为分工，才有专业化，才有熟练程度的提高和专心致志的研发，最终才有发明创造。分工深度由市场交易的规模决定。市场规模的扩大，导致分工提升，导致技术进步，导致经济发展，又进一步通过收入水平的提高扩大市场规模，如此形成一个正向循环。

从这个模型理解中国这 30 年的变化，最重要的经验就是利用市场，扩大市场的规模。改革形成国内市场，开放利用全球市场，发挥中国在国际分工中的优势，就取得了发展和进步。未来中国发展的潜力，仍然是利用市场，扩大市场的规模。我们过去利用国际市场比较成功，但是国内市场开发做得不够，做内贸比做外贸还难。其实，中国国内市场的潜力是非常巨大的，中国人口占世界的 20%，GDP 已成为世界第二，许多省的经济总量已超过许多中等国家，中国 34 个省级行政区加起来本身就是一个全球。未来怎样开发国内市场，是中国经济持续发展的头等大事。

遗憾的是，由于凯恩斯理论的影响，我们形成一些认识上的误区。凯恩斯主义宏观经济学的一个基本公式是：GDP= 消费 + 投资 + 净出口（如果愿意的话也可以写上政府部分）。依据这个公式，GDP 怎么增长呢？用现在流行的说法，经济增长有"三驾马车"，这驾跑不动让那驾跑。出口不行了，靠投资，像去年，政府大规模增加投资。现在投资太多不行了，靠什么？消费。这就是很多人理解的经济增长模式。

　　亚当·斯密的思想是微观经济学的概念，凯恩斯理论是宏观经济学概念，从两者理解未来经济转型，政策含义是不一样的。

　　从亚当·斯密的理论来看，中国经济增长需要的是进一步开放和开发国内市场，由企业家创造新的产品，满足市场需求，这是企业家的职能。从凯恩斯理论来看，经济增长要靠增加内需，特别是通过货币政策和财政政策刺激总需求，变成了政府的职能。打个比方，如果需求不足了，凯恩斯理论的建议是由政府补贴或增加货币量，刺激大家多买电脑，原来一个人一台电脑，现在让你买两台（或者让原来的电脑提前退休）；但从亚当·斯密的角度看，增加需求就是通过生产质量更高、价格更低的新产品，开拓新的市场，像苹果公司生产的iPad受到大家的欢迎，才是真正的增加需求。

　　也就是说，从亚当·斯密的角度看，增加需求意味着开发市场，必须靠企业家创新。企业家创新靠什么？激励机制。特别是，有可靠的产权保护，较低的交易成本，创新才能有合理的回报。而从凯恩斯的角度讲，增加需求靠的不是创新，而是依靠政府的经济刺激政策。但是，当企业家发现在宽松的货币政策下很容易卖掉产品，而产权保护并不可靠的时候，没有人有积极性认真搞创新，因为创新是长期持续和承担风险的行动。

　　再看投资。从亚当·斯密的角度看，投资是为了提高未来生产率，今天放弃100块钱，是看未来能不能带来110、120块钱的回报。投资本身是为了提升效率，如果不能提升效率，投资就没有意义。如果投资是有效率的，储蓄率高不仅不是件坏事，而且是经济发展必需的。但从凯恩斯主义的角度看，投资就是为了增加需求，无论有没有效率，只要增加投资，就能扩大需求，就可以创造 GDP。这样一来，凯恩斯主义政策推动的经济增长，不仅效率不高，反而经常是浪费。GDP 增加了，但真正的财富并没有增加！

再看贸易政策。根据亚当·斯密的观点，市场规模越大，分工越细，创新越多，经济发展越快。所以，好的贸易政策就是降低贸易壁垒，扩大市场自由，反对贸易保护。但是从凯恩斯主义的角度看，只有净出口可以增加需求，从而增加 GDP。比方说，一个国家一年出口 100 亿美元，进口 90 亿美元，净出口 10 亿美元，这驾"马车"对 GDP 增长的贡献是正的；另一个国家，出口 1000 亿美元，进口 1001 亿美元，算出来发现净出口是负的，国际贸易不仅没有增加 GDP，反而减少了 GDP，太荒唐了。所以，信奉凯恩斯理论，一定会导致各种形式的贸易保护主义政策，因为只有少进口、多出口才能增加 GDP。从亚当·斯密的角度看，这完全是错的。

再看所有制结构。经济发展靠国有企业还是民营企业？用凯恩斯的理论去看，不管国有企业、民营企业，只要能增加需求就好。在产权改革与法治制度不完善的情况下，增加总需求的最好办法就是增加国有企业投资。在去年中国的经济刺激政策中，大量贷款都给了国有企业，确实，由于投资增加，速度上去了。但从亚当·斯密的角度看，这样做，对经济持续增长没有积极意义，反而会造成巨大的损害。一方面，国有企业缺乏创新的动力；另一方面，从增加消费的角度看，如果国有企业占经济的比重那么大——现在仍然在 35% 以上，国内市场是没有办法开发的。过去十几年，特别是过去几年，居民收入在整个国民经济中的份额不断萎缩，增加的 GDP 不能真正变成老百姓的购买力。这种情况下，谈什么经济转型呢？

经济学家都知道，凯恩斯主义关心短期问题，不关心长期问题。政府怎么能不关心短期问题呢？这是凯恩斯主义者的自我安慰。我们要追问，如果一项政策给这个国家的长期发展带来伤害，为什么还要坚持这样的政策？唯一的理由是政治上的考虑。政治家一般只考虑短期的事情，不考虑长期的事情，凯恩斯主义也就适合只考虑短期利益的政治家使用。

不幸的是，"短期"有时候太短，来不及逃的时候问题就发生了。仅仅一年前，为了应对全球金融危机，我们都在关心怎么样提高总需求，手忙脚乱地用各种各样的刺激政策，增发货币、增加贷款、降低利率、扩大投资、发放政府补贴等等，遏制通货收缩。但最近，国务院刚开完会，最担心的问题是什么？通货膨胀。甚至提出，必要的时候要用行政手段稳定物价，实际上说白了，就是计划经济时期的价格管制。

现在看来，为了把经济增长提高到 8%，我们要付出的不仅仅是通货膨胀的代价，还有国有企业规模扩大的代价，还有体制改革可能倒退的代价。所以我再次呼吁大家，回到经济学的基本原理，回到亚当·斯密的市场理念，放弃凯恩斯主义的短期政策，中国经济不能再任由凯恩斯主义忽悠了。

中国经济转型靠什么？

2008—2009 年的全球金融危机给了我们三个启示：第一，中国比想象的重要，甚至可以说，如果中国的重要性能被决策者充分认识到的话，金融危机也许就不会发生；第二，中国过去30 年的增长模式不能持续下去了；第三，我们的内向封闭思维不再适应今天的世界。

理解经济转型：回归亚当·斯密

未来中国的经济发展需要转型，转型的方向包括：第一，从出口导向的增长，转向国内、国际市场更为平衡的增长；第

＊ 本文由作者在 2010 年第 9 届中国企业领袖年会上的演讲整理而成，曾收入《通往市场之路》一书。

二，从沿海地区主导的增长，转到沿海和内地、东部和西部更平衡的增长；第三，从投资驱动、低成本优势的增长，变为创新驱动、高附加值的增长；第四，从新企业不断进入、数量扩张的增长，到现有企业兼并重组、规模扩张的增长。

理解这些转变，需要一点理论基础，也就是 200 多年前经济学鼻祖亚当·斯密提出的财富增长理论。亚当·斯密认为，社会财富的创造来自劳动生产率的提高，劳动生产率的提高依靠技术进步和创新，技术进步和创新又依赖分工和专业化，分工又依赖于市场规模。一个巨大的市场，意味着更细的分工，更细的分工意味着更大的技术进步，更大的技术进步意味着更快的经济增长、更多的财富积累，反过来又推动市场规模的扩大。这就是亚当·斯密的增长模型。

从这个角度看，过去 30 年中国经济成长最重要的经验，就是利用了国际市场，在国际市场上找到一个价值链上的分工，与自身的优势，特别是与劳动力优势结合起来，由此创造出令人惊叹的经济奇迹。

国内市场潜力巨大，中西部正在崛起

然而，现在看来，中国对国际市场的利用比较充分，但对国内市场开发不够，两个市场很不平衡。举个例子，2007 年，中国出口占 GDP 的比重是 37.5%，在世界十大经济体当中除了低于德国，高于任何其他的国家。而且，中国是一个城市化落后的国家，农村人口占全国人口一半以上，在这种情况下出口占到 GDP 比重如此之高，是一个不正常的现象。过去 30 年，我们的出口增长平均是 GDP 增长的

1.5 倍，这种情况估计很难持续下去。

另一方面，中国的国内市场规模非常大。就 GDP 来讲，中国算是半个"全球"了。例如，广东在世界上按国家算已经排在第 18 位，规模大于印尼、挪威；河北的经济规模已经大于香港；北京、辽宁的经济规模都大于新加坡。人口对市场规模起到很重要的作用。在中国，每个行业都是一个巨大的市场，因为每个人都需要衣、食、住、行、学习、娱乐等等。大家可以看到，足疗在中国都是非常大的行业，还可以看到中国已经有 12 个教育公司在美国上市，这在其他国家是很难想象的。

在过去的印象中，国际私募基金、风险资本来中国，似乎都投资于高新产业，但现在好多资本都在寻找传统产业。由于城市化的推进，传统产业在中国仍然有很好的前景。未来 30 年，如果每年有一个百分点的农村人口进入城市，中国会增加 1300 万城市人口，相当于增加 13 个百万级人口的城市。由此产生的需求是巨大的，并不都是高科技的。中国传统产业的发展空间仍然很大。

与此同时，我们的区域增长模式正在转变。举例说，中国改革开放的第一个 10 年，经济增长最快的前四个省份是广东、浙江、福建、山东；第二个 10 年是福建、广东、浙江、山东；第三个 10 年变成了内蒙、陕西、天津、宁夏；2003 到 2008 年，经济增长最快的是内蒙、河南、陕西、山东。这说明经济发展到一定程度后，中西部地区的潜在优势开始体现出来，包括劳动力成本优势、自然资源优势，最重要的是土地价格的优势——因为制造业需要大量的土地，这对中西部地区的发展特别有利。

中国人口多，但人多并不意味着形成市场，一定要把人口连起来，才能形成市场。交通在这个过程中起到至关重要的作用。长期以来，我们的交通运输比较落后，但过去 20 年已经发生了很大的变化，尤其是高速公路和高速铁路的修建，为中国统一市场的形成奠定了重要的物质基础。现在的问题是交易成本太高，比如我们经过高速公路的时候经常堵在收费口上，这就是一种交易成本。中国开发国内市场，关键在于降低交易成本。

投资增长不可持续，劳动力优势逐渐消失

现在的宏观经济政策都是基于凯恩斯理论建立的。它的一个基本公式是：GDP= 消费 + 投资 + 净出口。依据这个公式，用流行的说法，经济增长靠"三驾马车"，这驾跑不动让那驾跑。这种思维方式是错误的。比如说，投资本身是为了提升效率，如果不能提升效率，投资就没有意义，但从凯恩斯理论的角度看，无论有没有效率，只要增加投资就可以创造 GDP。在这种理论的指导下，宏观经济政策的恶果越来越明显。

中国的投资率去年达到 67%，到了荒唐的程度。这意味着什么？打个比方，人抓住老虎的尾巴，有两种选择：一种是放开，老虎把你吃掉了；另一种是跟着老虎跑，最后累死。现在的投资就是这样一种境地。政府不追加投资，经济增长马上掉下来；如果继续增加投资，未来的问题会越来越多。这两年投资这么剧烈集中，过两年干什么，不可能每个村都通高铁吧？未来中国经济如果出现大的滑坡，一定是由这

种投资过度引起的。

再看人口结构的变化。1988 年，中国单年新出生 2500 多万个婴儿，2008 年只生了 1500 多万，减少了 1000 万；1990 年，每 100 个就业人口有 8.5 个新就业者，到了 2007 年，已经降到 5 个。可以说今天的中国社会，虽然在结构上存在大学生就业难问题，但从总量上看，正面临劳动力逐步短缺的局面。

由于人口一胎化政策，未来好多产业都面临挑战。比如劳务输出到非洲，没有人愿意去，因为家里都是一个孩子。现在我们去坐飞机，看到空姐都很年轻漂亮，到饭馆都有两排年轻漂亮的女生为你服务，这种景象 10 年、20 年后可能就不存在了。廉价劳动力的优势逐步消失，迫使我们进行经济产业结构的调整。

开发国内市场不同于扩大内需

如果我们很好地开发国内市场，中国的创新潜力是巨大的。但要注意，开发市场跟扩大内需是完全不同的概念。扩大内需靠货币政策，是政府的功能，是周小川的事；而开发市场靠企业家创新，是马云、王石、柳传志的事。

举例来说，经济不景气，电脑卖不出去了，扩大内需是由政府补贴或增加货币量，刺激大家多买电脑，原来一人一台电脑，现在让你买两台、三台。而开发市场是通过生产质量更高、价格更低的新产品，赢得消费者的认可，就像苹果公司生产的 iPad 那样。房地产也是同样的道理，你要生产出大家喜欢、有能力购买的房子，而不是通过增加贷款促使大家买房子。这两个思路完全不一样。

如果我们的思路是通过经济刺激政策扩大内需，一些转型就没法进行。比如创新，假如在宽松的货币政策下任何东西都好卖，你为什么要创新呢？中国经济转型能不能完成，关键在企业家。如果企业家都抱怨钱太少了，要求政府发更多的票子，经济转型就很难实现；如果企业家都致力于开拓市场，发现每一个未被满足的需求，我们会有很好的前景。

如何突破障碍？改革不能"空转"下去

如上所说，开发国内市场是企业家的事，但也面临很多体制障碍。

第一，我们的国有经济比重太大，占到 GDP 的 35% 以上。世界上没有一个国家在国有经济如此庞大的情况下，可以把国内市场开发出来。由于存在大量的国有企业，GDP 增长不能变成消费者的购买力，这是我们消费占 GDP 比重持续下降的重要原因。只有真正解决国有部门问题，把更多的国有资产变成老百姓手里的股份，变成他们的资产收入，开发国内市场才会有一个好的基础。

第二，我们的产权保护制度依然不完善，好多企业家对未来缺乏信心。我们的政府权力太强大，对经济活动干预太多。当人们的财富超过一定程度以后，都想着办绿卡，移民到国外，很少定下心来，拿出真正的精力去搞创新，满足潜在的市场需求。这样一来，企业家开发市场的作用便不能很好地发挥。

还有，我们的汇率严重扭曲，导致资源配置扭曲。大家知道汇率是一个价格，人民币估值偏低，会导致中国企业家更愿意出口，而不是开发国内市场。这是资源配置的扭曲，也是企业家能力使用的扭曲。有人提出用通货膨胀的办法来冲销汇率，承受更高的通货膨胀，人民币就不需要升值了。我不认为这是个好办法，还不如让人民币汇率回到合理的价位。

总之，未来中国经济的转型，关键在开发国内市场，开发国内市场靠的是企业家精神，而不是宽松的货币政策，靠的是"柳传志"，而不是"周小川"。要完成这个转变，一定要有制度方面的重要变革，包括政治体制改革。

在这个问题上，最大的挑战是如何在政治民主化过程中保持精英治理，把精英治理和民主化结合起来。要完成这个挑战，首先应该允许大家去讨论它，以各种不同的观点去碰撞和探索。但是很遗憾，现在只有少数人在呐喊，而没有纳入政府的议程，没有人去讨论我们怎么向前走，所以政治改革的前景充满不确定性。

记得上世纪八九十年代的时候，我们的改革往往是做得多，说得少；现在是说得多，做得少。谈改革很多，真正的措施没有。我打个比方叫"空转"，只踩油门不挂挡，听起来轰轰烈烈，但是不往前走。这种状况不应再继续下去了。